LEGENDÄRE ITALIENISCHE AUTOMOBILE

„La bella macchina!"

HEEL

INHALT

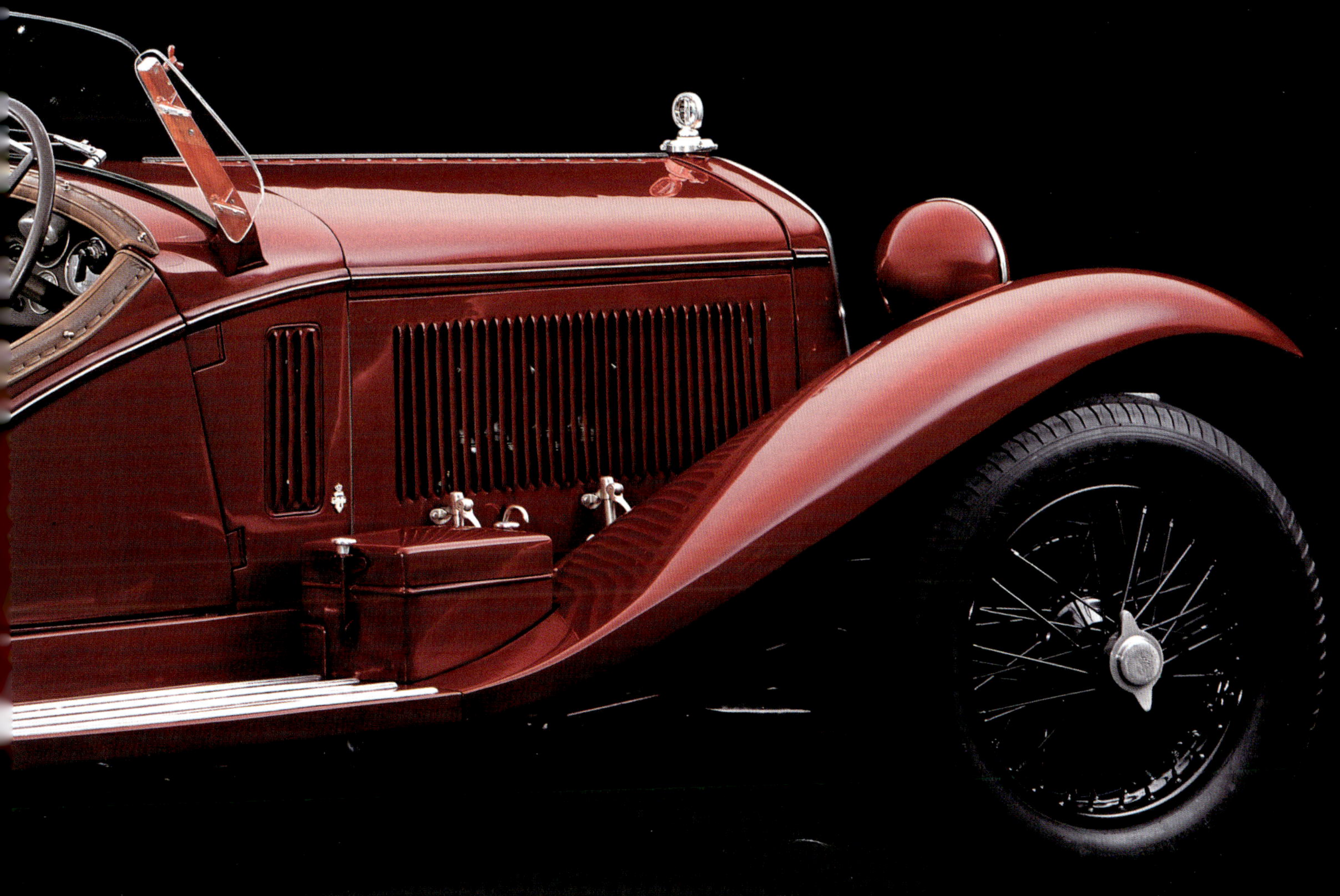

VORWORT

von Giorgetto Giugiaro

Dieses Buch bietet umfassenden Einblick in die Geschichte des italienischen Automobils und illustriert die rasante Entwicklung sowohl der Bedeutung als auch der Nutzung des motorisierten Fahrzeugs von den Anfängen bis heute. In einer Ausgabe des Pedretti von 1920 – einer ausführlichen „Bedienungsanleitung für Chauffeur-Mechaniker" – fand ich die folgende Definition des Automobils: „Ein Automobil ist ein Fahrzeug mit Eigenantrieb, das sich, durch einen Fahrer gelenkt, von einem Ort an einen anderen bewegen kann."
Zweifelsohne standen der Motor unter der langen, imposanten Motorhaube und der damit verbundene Rausch der Geschwindigkeit im Mittelpunkt des Interesses der Autoliebhaber; zahlreiche Publikationen zeugen von der Begeisterung für die neue, moderne „Maschine".
Die Motorisierung der Massen erleichterte, begleitet von einem raschen Ausbau des Autobahnnetzes, den Neubeginn nach dem Zweiten Weltkrieg. Neben der Befreiung und der wirtschaftlichen Erholung stand vor allem das Interesse an neuen Technologien im Mittelpunkt: Die „Dream Cars" erschienen wie von einem anderen Stern, wie die Vorankündigung eines neuen Stils, der die Architektur, die Landschaft, ja das ganze Leben grundlegend umformen sollte.
Während der fünfziger Jahre überquerte Pinin Farina in einem Überseedampfer den Ozean, in der Hoffnung, durch die beginnende Zusammenarbeit mit Nash-Healey neue Geschäftsbeziehungen mit den Automobilherstellern von Detroit abschließen zu können; die positiven Pressestimmen, wie vom Magazin New Yorker, der 1952 seine Sondermodelle als „rolling sculptures" bezeichnet hatte, ermutigten ihn.
Es war vor allem die Karosserie, die das Publikum schätzte, und weniger die Technik, obgleich die Motoren immer leistungsfähiger wurden. Die Essays in den Magazinen *Arte e Stile* und *Arte e Design* erregten allgemeines Interesse. Alberto Giacometti stellte in einem Artikel in der Arts 1957 zur Diskussion, „welche Beziehung zwischen der bildenden Kunst und der Schönheit eines Automobils besteht", und meinte dazu:
„Das Automobil ist ein Objekt, das entworfen wurde, um zu funktionieren und benutzt zu werden … – Eine Skulptur ist kein Objekt, sondern erzeugt, wie eine Frage, eine Reaktion, und als solche kann es niemals abschließend definiert werden … – Von einem Auto bleibt am Ende nur Schrott zurück; eine in mehrere Teile zerbrochene Skulptur behält ihren Wert und lässt neue Skulpturen entstehen."

Viele italienische Automarken haben seit den sechziger Jahren eine bedeutende Stellung bei den internationalen Autoausstellungen inne. Italienisches Design eroberte die Märkte und begeisterte Liebhaber aus der ganzen Welt. In allen Disziplinen konnten dank der Zusammenarbeit von Designern, Konstrukteuren und großartigen Rennfahrern beispiellose Erfolge erzielt werden.
Fahrzeugausstattung, Vielseitigkeit, Fahrzeugtechnik und Komfort dominierten die Gestaltung der Automobile der letzten Jahrzehnte des 20. Jahrhunderts, das führte zu einer Veränderung der Fahrzeugproportionen und zur Entwicklung neuartiger Großraumlimousinen wie Minivan, Van und SUV. Zum Ende des Jahrtausends könnte die Definition eines Automobils so formuliert werden: „Ein Automobil ist ein Fahrzeug, das ein praktisches, sicheres und komfortables Fortbewegungsmittel für den Menschen darstellt und somit den Bedürfnissen von Beruf, Familie und Freizeit gerecht wird."
Die Geschichte des Automobils ist, wie die aller Erfindungen des Menschen, ebenso faszinierend wie problematisch, da es die Beziehung von Mensch und Natur, die in einem engen und komplexen Beziehungsgeflecht stehen, beeinflusst und die Auswirkungen mitunter erst viel später deutlich werden.
Die Ölkrise – mit ihren Vorläufern in den siebziger Jahren – und die globale Rezession im Herbst 2008 haben in vollem Umfang ihre Spuren in den Geschichtsbüchern hinterlassen und der wirtschaftlich-finanzielle Niedergang wird zu neuen Konzepten führen, die die Faszination für das Auto in neuer Form aufleben lassen, sowohl bezüglich der Funktion als auch der Gestaltung, für alltäglichen oder außerordentlichen Gebrauch.
Ich wage eine weitere – und sicherlich nicht endgültige – Definition des Automobils: „Ein Automobil ist ein Fahrzeug für den privaten oder halböffentlichen Gebrauch, das in ein intermodales Verkehrssystem integriert ist und auf Prinzipien der Nachhaltigkeit basiert, die zum Schutz der Ressourcen sowie zur Reduzierung des Energieverbrauchs und der Umweltverschmutzung dienen."
Befreit – wenn nicht geläutert – durch das Bewusstsein des rechtschaffenen und kritischen Homo Faber, tauchen wir in die Welt der legendären italienischen Autos ein, mit ihrem Chrom, ihren anziehenden Formen und Lichtreflexen, mit den beeindruckenden Geschichten der Menschen und ihrer Erfolge und der kontinuierlichen Weiterentwicklung von Technik und Materialien.

13 Giorgio Giugiaro, bedeutender Automobildesigner des 20. Jahrhunderts, in einer Aufnahme von 1999 mit Entwürfen für den Brera, den sportlichen Alfa Romeo, der 2005 erschien.

EINFÜHRUNG

Das Automobil ist eines der Symbole für „Made in Italy". Dank des Genies und der Kreativität italienischer Konstrukteure entwickelte es sich zum Bannerträger eines Volkes, das aus seiner kulturhistorisch reichen Geschichte schöpfte und anspruchsvollste, innovative Konstruktionen schuf.

Das erste Automobil entstand in Deutschland, in Italien wurde von Eugenio Bersanti und Felice Matteucci 1853 der erste Verbrennungsmotor entwickelt. 1919 bot das Modell Isotta Fraschini Tipo 8 den ersten Achtzylindermotor aus Serienfertigung; der Lancia Lambda von 1922 war weltweit das erste Fahrzeug mit selbsttragender Karosserie und Einzelradaufhängung; der Cisitalia 202 mit einer Karosserie von Pinin Farina aus dem Jahr 1947 ist eine Ikone der Sportwagen, und der für den Grafen Ricotti 1914 gebaute Alfa Romeo mit einer Karosserie von Castagna ist der Archetypus der modernen Großraumlimousine. 1950 gewann ein Alfa Romeo die erste Weltmeisterschaft der Formel 1. Die weltweit erste Autobahn, die Autostrada dei Laghi, die von Mailand nach Varese führt, wurde 1923 eröffnet.

Die Liste bedeutender Persönlichkeiten ist lang: Enzo Ferrari, Vincenzo Lancia, Nicola Romeo, Ferruccio Lamborghini, Alfieri Maserati und Ettore Bugatti. Zu erwähnen sind auch die Karosseriebauer wie Giugiaro, Pininfarina, Bertone, Scaglietti, Zagato und andere, die mit ihren Entwürfen zum Erfolg der Automobilhersteller beitrugen; beispielhaft die Arbeiten von Marcello Gandini und Flavio Bertoni für die Meisterwerke von Citroën.

Nicht zu vergessen die Konstrukteure, unter anderen Vittorio Jano für Alfa Romeo sowie Dante Giacosa für Fiat, der die industrielle Fertigung im Automobilbau in Italien einführte und den Siegeszug des modernen Kleinwagens eröffnete.

Dann wären da die italienischen Autorennen, die von nicht zu unterschätzender Bedeutung sind; eine Vielzahl an erfolgreichen Rennfahrern in unbesiegbaren Sportwagen hat mit ihren Heldentaten die Entwicklung des Automobils beeinflusst und bereichert.

Das vorliegende Werk möchte – durch Personen, Fahrzeugmodelle und Ereignisse – die Geschichte des italienischen Automobils illustrieren. Die Einteilung der Kapitel ist chronologisch aufgebaut und berücksichtigt auch die für die Ära des Automobils und seiner Entwicklung bedeutenden sozial-ökonomischen und politischen Aspekte Italiens und der Welt genau wie die Impulse durch neues Design und technische Innovationen.

1 Der Ferrari 308 GTS, ein Gran Turismo Spider, erschien 1977; mit herausnehmbarem festen Dachmittelteil ließ er sich in eine „Berlinetta", also in ein Coupé verwandeln.

2-3 Mit dem Ferrari F50 von 1995 feierte die Marke ihr 50-jähriges Bestehen. In einem Straßenmodell wurde erstklassige Technologie aus der Formel 1 präsentiert.

4-5 Der Maserati A6 GCS kam 1954 heraus und triumphierte dank hoher Geschwindigkeit und großer Wendigkeit.

6-7 Der Alfa Romeo 6C 2500 Villa d'Este hieß nach dem Ort des Concorso d'Eleganza, den er 1949 gewann.

8-9 Der Lamborghini Raptor Zagato wurde 1996 beim Genfer Automobilsalon vorgestellt: avantgardistische Linienführung mit 629 PS und 330 km/h Spitze.

10-11 Schick und Eleganz eines Sportwagens, der die Rennen der 30er Jahre dominierte: der 6C 1750 Gran Sport, eine Ikone der Alfa-Geschichte.

14-15 Der 250 GTO (Gran Turismo Omologato) von 1962 ist eines der Meisterwerke von Ferrari. Die sinnliche und zeitlose Form ist dem Designer Sergio Scaglietti zu verdanken.

16-17 Ein Lancia Astura in gelber Lackierung von 1935; als Cabriolet wurde das Modell oft als Staatslimousine genutzt.

18-19 Der Luxuswagen Isotta Fraschini Tipo 8, ab 1919 in Produktion, darf zweifellos als das eleganteste, exklusivste und raffinierteste Automobil seiner Epoche gelten. Der Wagen war mit dem ersten Achtzylindermotor aus Serienfertigung ausgestattet.

20-21 Der Ferrari 550 Maranello wurde von 1996 bis 2002 in einer Stückzahl von 3600 Exemplaren hergestellt und bot einen V12-Motor mit 5474 cm³ und 485 PS, die Höchstgeschwindigkeit lag bei 320 km/h.

22-23 Das Sondermodell Ferrari P4/5 von 2006 wurde vom Karosseriebauer Pininfarina als Weiterentwicklung des Ferrari Enzo für den Amerikaner James Glickenhaus gebaut, der auch den ersten in die USA exportierten Alfa Romeo 8C Competizione besitzt.

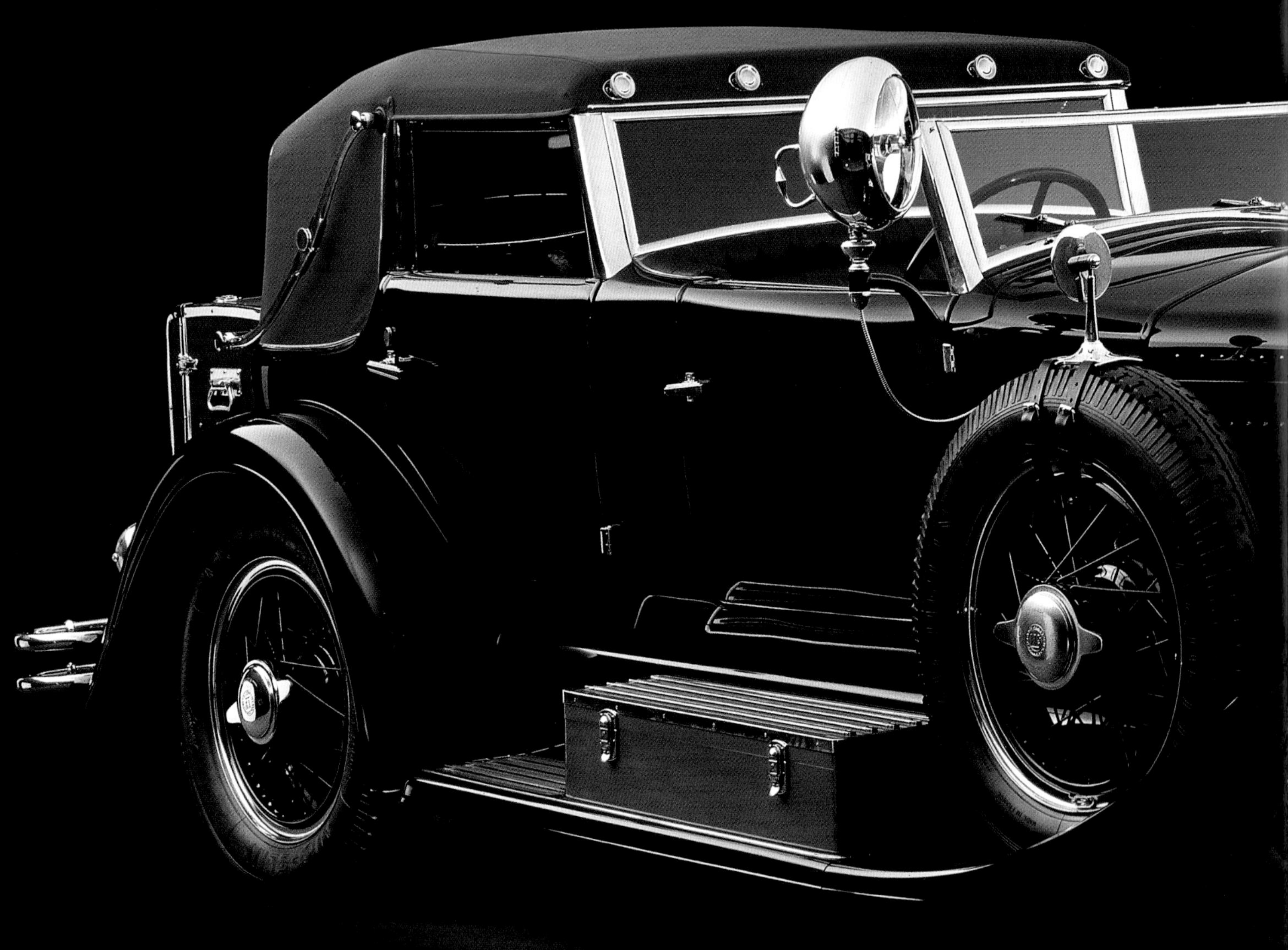

KAPITEL 1

Italien wirft die Motoren an: Die ersten Konstrukteure, die ersten Autos

Die Pioniere: von Benz und Daimler bis zu Menon und Bernardi

"Italiener, Volk der Poeten, Heiligen und Seefahrer!" Und auch Volk der Autofahrer, haben doch die Italiener von Anfang an Geschichte auf vier Rädern geschrieben. Das von einem Verbrennungsmotor angetriebene Automobil hat mit den Technikern Karl Benz und Gottlieb Daimler seinen Ursprung 1886 in Deutschland, und in der Folge war die Zeit reif für seine rasche Verbreitung. Aber nicht nur in Deutschland, nein, auch in Frankreich, England und auch und gerade in Italien begann kurz darauf der Siegeszug des Automobils.

Ohne dass sie voneinander wussten, hatten Benz und Daimler praktisch gleichzeitig Fahrzeuge mit drei beziehungsweise vier Rädern auf die Straße gebracht, 1926 schlossen sich die daraus entstandenen

24-25 Der Senator Giovanni Agnelli, Gründer von Fiat, am Steuer und Luigi Storero, Inhaber einer Fabrik für Zwei-, Drei- und Vierräder wie das Modell Phoenix, auf dem sich die beiden nach dem Sieg beim Rennen von Verona im Jahre 1899 ablichten ließen.

26-27 Die Zeichnung zeigt von Eugenio Barsanti und Felice Matteucci aus Lucca entworfene Motoren. Die italienischen Ingenieure gelten als die Väter des Verbrennungsmotors, der im Jahre 1854 in England patentiert wurde.

27 oben Die Dampfkutsche Bordino von 1854 steht heute im Automobilmuseum Carlo Biscaretti Ruffia in Turin. Der Wagentyp basiert auf einem Landauer, einer mehrsitzigen Kutsche, die ohne Pferde gefahren wurde, mit Wassertank im Heck und Antrieb unter dem Wagenkasten.

Firmen, Benz & Cie. und die Daimler-Motoren-Gesellschaft, zur Daimler-Benz AG zusammen und bauten den ersten Mercedes-Benz. Die beiden deutschen Erfinder waren dem eigentlichen Automobil mit Verbrennungsmotor immer näher gekommen und hatten die Stunde Null des Autos eingeläutet – nach einer frühen Periode selbstständig fahrender Versuchsmodelle mit elektrischem oder mit Dampfantrieb.

In diese Kategorie fielen in Frankreich der Wagen von Cugnot, ein 1769 entwickeltes Militärfahrzeug zum Transport der Artillerie, oder die ebenfalls dampfgetriebenen Vehikel von Amédée Bollée, Léon Serpellot und Georges Bouton, die bereits damals weit eher einem Kraftfahrzeug entsprochen hatten als die Modelle aus der zweiten Hälfte des 19. Jahrhunderts. Bouton schloss sich 1881 mit dem vielseitigen Albert Jules Graf de Dion zusammen, der nicht nur den französischen Automobilclub gegründet hat, die erste Kraftfahrzeugvereinigung der Welt, sondern auch Inhaber bedeutender Patente im Bereich der Mechanik war, etwa für die De-Dion-Achse.

In England, dem Land der frühzeitigen Industrialisierung, waren öffentliche Transportgefährte mit Dampfantrieb nur folgerichtig, einige Konstrukteure wie Walter Hancock fuhren bereits mit selbst erfundenen Exemplaren umher. Der elektrische Antrieb war nicht nur in den USA verbreitet: 1894 verkehrten in New York die ersten elektrischen Taxen, während „La Jamais Contente", das „Geschoss" des Belgiers Camille Jenatzy, 1899 in Frankreich als erstes Fahrzeug überhaupt die Geschwindigkeit von 100 Stundenkilometern überschritt. Die Vorliebe für den Elektroantrieb war rein praktischer Natur: Beim Dampfantrieb benötigte das Wasser ungefähr eine Stunde, bis es in einem Behälter mit etwa hundert Litern erhitzt war und somit den nötigen Druck aufbauen konnte. Hinzu kamen die ständigen Pausen, um Wasser nachzufüllen.

In Italien trieb Dampf den Zweizylindermotor des Bordino-Dampfwagens an, eines Landau, der 1854 in der Turiner Waffenfabrik entwickelt wurde und der heute im Museum Biscaretti in der piemontesischen Hauptstadt ausgestellt ist. Sein Namensgeber war ein Offizier der sardischen Armee, Virginio Bordino, der die Erfahrungen seines Studiums in London für den Bau des Wagens genutzt hatte.

Aber es war der Verbrennungsmotor, der sich als Antrieb etablierte. Ständige Experimente und unaufhörliche Verbesserungen führten zu größerer Effizienz, besserer Einsatzfähigkeit und leichterer Bedienbarkeit, mit der Folge, dass der Verbrennungsmotor immer beliebter wurde und sich schließlich gegen Dampf- und Elektroantrieb durchsetzte.

Als Väter des Verbrennungsmotors können die Italiener Eugenio Bersanti und Felice Matteucci gelten, die 1853 in der Accademia dei Georgofili in Florenz ihre Aufzeichnungen zur Konstruktion ihres Verbrennungsmotors einreichten, der im Jahr darauf in England patentiert wurde. 1882 ließ sich dann Enrico Zeno Bernardi, Veroneser Professor an der Universität zu Padua, den Benzinverbrennungsmotor patentieren. Es handelte sich um einen Einzylinder mit 130 Kubikzentimetern und einer Leistung von weniger als einer Pferdestärke, der anfänglich dazu diente, kleine Werkzeugmaschinen zu betreiben.

Im Jahr 1897 konstruierten die Brüder Carlo und Luigi Menon aus Roncade einen vierrädrigen Vis-à-vis-Wagen mit einzylindrigem, wassergekühltem De-Dion-Bouton-Motor, der einen Hubraum von 490 Kubikzentimetern aufwies und dessen Leistung 3,5 Pferdestärken betrug. Bis 1902 wurden schließlich 20 Exemplare gebaut, von denen eines noch erhalten ist und sich in den Händen der Erben befindet.

Auch das Fahrzeug, das Enrico Bernardi entworfen hatte, ging in Serienproduktion. 1896 entstand in Padua die Gesellschaft Miari, Giusti & C., die in den darauffolgenden sechs Jahren – ab 1899 unter dem Namen Società Italiana Bernardi – sechzig Dreiradfahrzeuge, von denen fünf noch erhalten sind, sowie einige Vierradfahrzeuge herstellte.

Die vierrädrige Variante wies die gleiche Motorisierung und Leistung auf wie die dreirädrige, hatte jedoch ein Differenzial zwischen den Hinterrädern und ermöglichte verschiedene Aufbauten. Hierzu zählten unter anderem ein Modell mit zwei nebeneinander angeordneten Sitzen wie beim

Dreiradwagen, ein offenes Fahrzeug mit einem Fußraum in der Länge des Radstandes und zusätzlicher Rückbank, eine Version mit Windschutzscheibe, Gepäckkörben und Regenschirmhaltern sowie ein Viersitzer.

Dank Menon und Bernardi wurde Venetien zur Wiege des italienischen Automobils. Auch Gaetano Rossi zählte zu den Pionieren. Er war Inhaber der Firma Lanerossi, eines Betriebes der Wollindustrie in der Provinz von Vicenza. Am 2. Januar 1893 wurde ihm per Bahn ein Peugeot Vis-à-vis mit der Fahrgestellnummer 25 geliefert, den er im August 1892 bestellt hatte. 14 Monate lang war der Industrielle aus Vicenza der Einzige in Italien, der mit einem Automobil umherfuhr, bis sich im Februar 1894 Signor Ginori aus Florenz mit seinem feuerroten Panhard-Levasseur dazugesellte.

Ein Großteil der Erfindungen in den Bereichen Mechanik und Elektrik, deren jeweilige Weiterentwicklungen wir bis heute nutzen, wurde bereits in den ersten Entwicklungsjahren des Automobils gemacht. Die Protagonisten der Revolution auf vier Rädern fanden sich in Europa und in den USA. Das Automobil entstand in Deutschland, entwickelte sich in Frankreich weiter und reifte in den USA aus.

Auch England und Italien spielten bei diesem Prozess eine bedeutende Rolle. Insbesondere Italien sollte sich auf die Technik konzentrieren und sich der Weiterentwicklung des Verbrennungsmotors widmen. Aber auch in Bezug auf Stil und Design verdienen einige Italiener höchste Anerkennung.

Einer von ihnen ist Carlo Castagna. Geboren 1845, war er ein Mann sowohl der Kutschen als auch der Karosserien, da er den Übergang vom pferdegezogenen Transportmittel zum Automobil erlebte. Mit neun Jahren hatte er als Lehrling für die Wagenfabrik Paolo Mainetti in Mailand zu arbeiten begonnen. Sein Elan und seine Fähigkeiten ließen ihn 1906 seine eigene Karosseriewerkstätte Castagna ins Leben rufen. Der Betrieb wurde von den Söhnen Ercole und Emilio fortgeführt und versah nicht nur die Fahrgestelle der bedeutendsten italienischen Autohäuser wie Alfa Romeo, Isotta Fraschini und Lancia mit Karosserien, sondern auch ausländische Hersteller wie Mercedes-Benz und Duesenberg.

Ein weiterer Meister ist der Turiner Giacinto Ghia, Jahrgang 1887, der in der gleichnamigen Karosseriewerkstätte zunächst damit begonnen hatte, Aufbauten für wohlhabende Kunden zu entwickeln. Nach der Trennung von seinem Geschäftspartner, mit dem er 1915 die Werkstätte eröffnet hatte, wurde er zur Legende, indem er für Alfa Romeo den Spider auf Grundlage des 6C 1500 von 1929, für Lancia den Augusta und für Fiat den Balilla entwarf.

In der Provinz von Rovigo wurde 1890 Ugo Zagato geboren. Er genoss eine andere Ausbildung als andere Karosseriebauer, weil er bei der Karosseriewerkstätte Varesina, die Autobusse fertigte, und bei den Flugzeugwerkstätten Pomilio in Turin lernte. Dieser andere berufliche Werdegang prägte seinen ganz eigenen Stil, der sich in der Nachkriegszeit am stärksten in den Modellen von

Alfa Romeo, Lancia, Abarth und Maserati widerspiegelte. Darüber hinaus ist die von ihm entworfene weltbekannte Berlinetta auf Basis des Aston Martin DB4 GT eines der Meisterwerke der Sechzigerjahre.

Ein Genie der Formen, das, wie so viele Italiener, seinen Ruhm im Ausland erwarb, ist der 1903 geborene, aus der Provinz von Varese stammende Flaminio Bertoni. Er zeichnete für die Form des Citroën Traction Avant verantwortlich, des ersten Modells, das aufgrund eines Entwurfes aus Knetmasse und nicht aufgrund einer Zeichnung abgesegnet wurde. Ganz recht, der große André Citroën war von dem in einer Nacht angefertigten Entwurf Bertonis begeistert und ordnete unverzüglich die Produktion an. Weitere Meisterwerke Bertonis, stets für die französische Firma entwickelt, sind der 2 CV, die DS und der Ami 6.

Schließlich ist noch der 1907 in Rom geborene Mario Revelli di Beaumont zu erwähnen. Sein Spezialgebiet war die Erforschung der Aerodynamik am Auto, was ihm in den 30er Jahren zu großem Erfolg verhalf, da die Aerodynamik in dieser Zeit erstmals auch bei Serienmodellen Einzug hielt. Er arbeitete mit den Karosseriewerkstätten Viotti, Farina, Ghia, Bertone und Pininfarina sowie mit Fiat, Simca und General Motors zusammen und schuf auch viele Karosserieelemente, allen voran die heute zum

28 Am Steuer Giacinto Ghia, der 1915 eine Karosseriebaufirma mit einem Partner gründete, von dem er sich zehn Jahre später wieder trennte, um die Carrozzeria Ghia zu eröffnen, die Aufbauten für Alfa Romeo, Lancia und Fiat produzierte.

28-29 Dieses sonderbare Fahrrad mit noch eigenartigerem Anhänger, 1894 in New York fotografiert, ersparte dem Radfahrer das Treten, da es von einem Motor nach dem Entwurf von Professor Enrico Bernardi angetrieben wurde.

Vom Handwerk zur Fließbandproduktion: Die industrielle Dimension

Bedauern vieler nicht mehr verbauten Ausstellfenster.

In der allgemeinen Vorstellung wird das Auto mit Fabrik und Fließband verbunden, Stereotypen, die mit der Automatisierung und dem Einsatz von Robotern manifestiert wurden. Aber bei allem, was dazu bestimmt ist, ein Massenprodukt zu werden, liegen die Ursprünge stets im Handwerk, und das hat eine begrenzte Kapazität. Für das italienische Auto bereiteten zuerst Menon und dann vor allem Bernardi den Weg für eine umfangreiche Reihe kleiner Unternehmen, die Motoren weiterentwickelten, die experimentierten und die jene Teile herstellten, die Bestandteil des neuen Transportmittels waren, das sich zunächst nur wenige leisten konnten.

Aber das Interesse wuchs, und zwar weltweit. So entstanden auch in Italien schon Ende des 19. Jahrhunderts die ersten Automobilfabriken. Dabei gehört die „Fabbrica Italiana Automobili Torino" (italienische Automobilfabrik Turin) von 1899, kurz Fiat, zu den Marktführern. In der von Fiat geprägten Anfangszeit entstanden aber auch weitere bedeutende Firmen wie 1900 Isotta Fraschini, 1904 Itala, 1907 Bianchi und Lancia und 1910 Alfa.

Diese Unternehmen sammelten und nutzten die Erfahrungen einer Reihe kleiner Konstruktionsbetriebe, von denen es zu Beginn des 20. Jahrhunderts 96 Stück gab, darunter Star in Turin oder Marchand in Piacenza sowie Florentina in Florenz. Diese Firmen erfuhren auch im Ausland große Wertschätzung, obwohl die Konkurrenz dort aus industrieller Sicht schon sehr gut strukturiert war.

1899 gab es in Europa 888 Konstrukteure sowie 1298 Werkstätten im heutigen Sinn. Frankreich stellte den Löwenanteil, 619 Konstrukteure und 1095 Werkstätten, dazu befanden sich 2000 Fahrzeuge auf den Straßen. Diese Zahlen mag man heute belächeln, doch sie veranschaulichen das Phänomen. In Italien wurden 300 Autos produziert und der Fuhrpark des Landes belief sich auf 100 Fahrzeuge.

30-31 Eine italienische Familie 1908 an Bord ihres Fiat während eines Ausflugs aufs Land. Der Fahrer war eine sehr wichtige Person, denn außer der Vorbereitung und dem Führen des Wagens gehörte auch die Wartung zu seinen Aufgaben.

31 Der Gründer der Fiat-Werke, Giovanni Agnelli, rechts im Bild stehend, fotografiert mit der Rallyemannschaft und dem Rennfahrer Felice Nazzaro, der mit seinem Wagen die Straßenrennen seiner Zeit dominierte.

Fabbrica Italiana Automobili Torino: Die Fiat-Werke in Turin

32-33 Der 3,5 HP von 1899 war das erste Automobil von Fiat. Ein Vis-à-vis-Wagen mit zwei bis drei Plätzen, einem Zweizylindermotor mit 679 cm³ und 4,2 PS. Auf dem Typschild aus Pergament waren von Hand der Name des Herstellers und die Produktionsnummer notiert.

Fiat wurde am 11. Juli 1899 am Sitz der Banco di Sconto e Sete gegründet, weil eine Gruppe wohl-habender Fans des frühen Automobils an die Entwicklung dieses Verkehrsmittels glaubte. Es waren dreißig Männer mit einem Startkapital von 800.000 Lire, aufgeteilt auf 4000 Aktien zu je 200 Lire. Dem Vorstand gehörten an: Scarfiotti als Vorstandsvorsitzender, Agnelli als geschäftsführendes Vorstandsmitglied, Biscaretti di Raffia, Ceriana, Damerino, Di Bricherasio, Ferrero di Ventimiglia, Goria Ratti und Racca.

Alle waren angesehene Persönlichkeiten der Piemonteser Hauptstadt Turin, die zum Ende des 19. Jahrhunderts eine Stadt mit einem gewissen Wohlstand sowie ein Verwaltungs- und Handelszentrum erster Güte war. Bis zu diesem Zeitpunkt war die mechanische Industrie auf eine Reihe von Werkstätten und kleinen Betrieben aufgeteilt gewesen. So gelang es den Fiat-Werken, der Stadt eine neue Marschrichtung zu geben, neue wirtschaftliche Perspektiven zu bieten und Kapital zu mobilisieren.

Der „Hauptsitz" lag 1900 am Corso Dante. Das erste Werk hatte eine Grundfläche von 12.000 Quadratmetern, beschäftigte 35 Arbeiter und das erste Fahrzeug wurde schon produziert. Es handelte sich um den 3,5 HP, einen kleinen Duc-Vis-à-vis-Wagen mit zwei oder drei Sitzen und einem Zweizylinder-Heckmotor mit 679 Kubikzentimetern und 4,2 PS. Der Wagen mit 1,47 Metern Länge, 1,42 Metern Breite und einem Gewicht von 420 Kilogramm wurde entworfen von Aristide Faccioli, karossiert von Marcello Alessio und montiert von Ceirano.

Von der Firma Ceirano stammt auch der Name „Welleyes". Diesen Namen trugen auch die Fahrräder, die jene Turiner Gesellschaft produzierte, die 1898 von Giovanni Battista Ceirano, Emanuele di Bricherasio, Attilio Calligaris, Pietro Fenoglio und Cesare Goria Gatti gegründet worden war. Am selben Ort wohnte auch Giuseppe Lancia, Vater von Vincenzo, der das gleichnamige Automobilunternehmen gründen sollte. Merkmal des Fiat 3,5 HP waren die Holzräder, wobei die Hinterräder im Vergleich zu den Vorderrädern größer waren, ebenso das an den Ansätzen der Blattfedern sowie an den Befestigungspunkten für die Technik eisenverstärkte hölzerne Fahrgestell.

Ein großer Hebel mit zwei Griffen, der als Lenkstange fungierte, erlaubte die Steuerung des Wagens, der eine Höchstgeschwindigkeit von 35 Stundenkilometern erreichte. Der Fahrer saß auf dem Rücksitz und hatte eingeschränkte Sicht nach vorn, wenn dort auf der Sitzbank ein Fahrgast Platz genommen hatte. Auf dem Typenschild waren von Hand der Name des Unternehmens und die fortlaufende Fahrzeugnummer eingeprägt. Zu einem Verkaufspreis von 4200 Lire wurden 26 Exemplare produziert. Zwei

33 links Königin Margherita von Savoyen an Bord eines Fiat 24-40 HP mit dreireihiger Phaeton-Kutschkarosserie von 1906. Das Fahrzeug war die jüngste Weiterentwicklung des 24-32 HP.

33 rechts Graf Carlo Biscaretti di Ruffia, Namensgeber des heutigen Automobilmuseums in Turin, hier in einem Fiat 3,5 HP von 1899, mit schützender Felldecke, um auch in der Turiner Winterkälte bequem mit dem Auto fahren zu können.

34 Dieses glamouröse Plakat wurde 1899 vom Turiner Maler und Werbegrafiker Giovanni Battista Carpanetto entworfen. Es wirbt für den neuen 3,5 HP, das erste Fahrzeug von Fiat.

34-35 Die Aufnahme von 1911 zeigt die Montagehalle der Fiat-Werke am Corso Dante mit fertigen Fahrgestellen. 35 Monteure arbeiteten hier mit modernsten Maschinen und Werkzeugen.

von ihnen existieren noch heute, eins im Automobilmuseum in Turin und eins im Henry Ford Museum in Dearborn (USA).

Der 6 HP war das erste Auto, das in der Fabrik am Corso Dante hergestellt wurde, und das zweite der Fiat-Werke. Man schrieb das Jahr 1910 und konzentrierte sich auf die Produktion von Modellen mit mittleren bis großen Hubräumen, deren Fahrersitz sich auf der rechten Seite befand, um den Straßenrand besser einsehen zu können. Der Begriff Produktion bezog sich zu dieser Zeit lediglich auf das Fahrgestell, die Karosserien wurden extern hergestellt. Eine Kuriosität: Die Reifen galten als Zubehör, das extra kostete, da Reifen sehr teuer waren und leicht kaputt gingen. Und die damaligen Straßenverhältnisse waren da sicher nicht förderlich …

Wegen seines Hubraums von 1100 Kubikzentimetern, des Rückwärtsgangs, des optional erhältlichen Lenkrads sowie seiner Form, die durch das größere Fahrgestell möglich wurde, das jetzt mehr Varianten für die Karosserie bot, hatte der aus dem 3,5 HP entstandene 6 HP schon eher Anrecht auf die Bezeichnung Automobil. Es gab außerdem die Version Corsa mit einer Höchstgeschwindigkeit von 60 Stundenkilometern, während aus dem 6 HP der 10 HP mit einer großzügigeren Karosserie von Alessio entstand.

Der 8 HP war dann wieder etwas ganz Neues. Es war der letzte von Faccioli entworfene Wagen und er nahm am ersten italienischen Autorennen teil. Es gab nun einen Frontmotor mit vertikal statt horizontal angeordneten Zylindern. Der Wagen hatte einen Hubraum von 1082 Kubikzentimetern und ein Getriebe „made in France". Es gab ihn in den Karosserietypen Duc und Phaeton von Alessio; insgesamt wurden 41 Stück produziert.

Der 12 HP war das erste von Facciolis Nachfolger Giovanni Enrico konzipierte Fahrzeug, das auch im Ausland, vor allem in Frankreich, Anerkennung fand und den Fiat-Werken beachtliches internationales Ansehen eintrug. Grundlage des Erfolges waren die Neuerungen, zu denen der Frontmotor mit vier Zylindern, die in zwei vertikalen Zweierblöcken angeordnet waren, sowie der wabenförmige Kühler, der die Front auch ästhetisch aufwertete, zählten.

Das Fahrzeug war 3,27 Meter lang und besaß einen Hubraum von 3768 Kubikzentimetern. Mit einer Leistung von 16 Pferdestärken erreichte es 70 Stundenkilometer und verbrauchte 20 Liter Kraftstoff auf 100 Kilometern. Von dem für lange Reisen konzipierten Auto, das 12.000 Lire kostete, wurden 106 Stück produziert.

1902 wurde Giovanni Agnelli Geschäftsführer von Fiat, eine Position, die ihm wegen seiner ausgeprägten Managertalente und seines unbezähmbaren Un-

PORTATA MASSIMA Cg 50

FIAT
LA SOCIABLE

36-37 *Der Stand von Fiat auf der internationalen Autoausstellung, die vom 3. bis zum 18. Februar 1906 in Turin stattfand: 90 Aussteller, 36.500 Besucher und 100.000 Lire Einnahmen.*

37 oben Feuerwehrleute posieren auf einem Fiat, den die Mailänder Karosseriebauer Pavesi und Crespi 1908 als Sondermodell für die Feuerwehr von Brescia bauten.

37 unten Die Leute bestaunen einen Fiat Tipo 1 von 1910, ganz ungewöhnlich in weiß und mit zwei Damen an Bord.

ternehmungsgeistes zukam. Von Anfang an war er vom Erfolg seiner Fahrzeuge überzeugt gewesen. Für Werbezwecke organisierte er eine Automobiltour durch Italien, die an der Mailänder Messe endete und ihm großen grenzüberschreitenden Erfolg eintrug.

Die Notierung Fiats an der Börse im darauffolgenden Jahr unterstrich die Expansionsbestrebungen des Unternehmens, insbesondere mit Blick auf die ausländischen Märkte. Als Aktiengesellschaft profitierten die Fiat-Werke vom Börsenboom, der gerade die Automobilbranche betraf. So gelang es dem Unternehmen, die große Krise der Autoindustrie von 1907 bis 1908 zu überwinden, die viele Unternehmen in die Knie und einige zum Schließen zwang.

1903 begann der Export in die USA, im Jahr 1908 entstand dort die Fiat Automobil Company. Von 1903 bis 1905 wurde der 24-32 HP in den drei Ausführungen kurz, mittel und lang und mit einer Motorisierung von bis zu 7363 Kubikzentimetern Hubraum angeboten. Es handelte sich um das Vorgängermodell eines Fahrzeugs mit großem Hubraum, das sich auf eine exklusive Zielgruppe richtete und zu dessen Besitzern auch das italienische Königshaus Savoyen zählte.

1906 erfolgte die Weiterentwicklung zum 24-40 HP, im darauffolgenden Jahr zum 28-40 HP, der Straßenversion eines Modells, das am Targa-Florio-Rennen teilgenommen hatte. Der 1903 vorgestellte 16-20 HP wurde zwölf Monate später zum 16-24 HP weiterentwickelt, 1908 folgte der 18-24 HP mit vielen mechanischen Verbesserungen, darunter ein Druckluftanlasser. Es handelte sich um ein Modell mit einem mittelgroßen Hubraum von 4,2 Litern, das wie der große 24-32 HP mit einer Landaulet-Karosserie versehen werden konnte.

Mit Blick auf den Export und die wohlhabende Klientel wurde der 60 HP entwickelt. Er besaß einen großen Hubraum von mehr als 10 Litern und hatte Platz für bis zu sieben Personen. Die zweisitzige Sportvariante mit leistungsstärkerem Antrieb kam auf eine Geschwindigkeit von 165 Stundenkilometern und erreichte später in der Version Tipo Record von 1905 als erstes Auto die 200-Stundenkilometer-Marke. Eine weitere Ausführung war der 50-60 HP mit Sechszylindermotor anstelle des Vierzylinders, den der spanische König bestellt hatte. Zur selben Zeit eroberten die Weiterentwicklungen des 60 HP, der 35-45 HP und der 35-50 HP, die Straßen Amerikas und Australiens.

1910 beschäftigte Fiat 2500 Menschen und produzierte 1215 Fahrzeuge, eine deutliche Steigerung im Vergleich zu den 268 Automobilen von 1904. Und die

Jahresproduktion stieg bis zum Beginn des Ersten Weltkriegs sogar auf 4644 Autos an, das war die Hälfte der Landesproduktion. Bis 1915 machten die Fiat-Werke drei weitere bedeutende Schritte. 1908 brachten sie den Fiat I Fiacre, der als Taxi gedacht war, heraus, ein Erfolgsmodell, das auch in anderen Großstädten wie New York, London und Paris auf positive Resonanz stieß. Ab 1910 änderte sich die Modellbezeichnung in Tipo, gefolgt von einer fortlaufenden Ziffer von 1 bis 7.

1912 war das Geburtsjahr des Zero, eines Meilensteins auf dem Weg der technischen Entwicklung nicht nur Fiats. Bis 1915 wurden 2000 Stück gebaut, und zwar auf dem Fließband. Diese Neuerung war dem Technologieaustausch mit Ford zu verdanken. Bei einem Besuch der Werke in den USA hatte Agnelli den sogenannten Fordismus kennengelernt.

Hauptmerkmal des von Henry Ford entwickelten Produktionssystems war, dass fortlaufend alle Arbeitsgänge der Herstellung der einzelnen Autobestandteile mit der Montage verbunden waren. Das ermöglichte einen deutlich niedrigeren Verkaufspreis, weil Zeit und Kosten gespart wurden und mehr Autos gebaut werden konnten. So erhöhte Ford die Stückzahl des Model T von 34.550 im Jahr 1911 auf 248.307 im Jahr 1913, während die Produktionszeit für ein Fahrzeug von 750 auf 93 Minuten schrumpfte.

Fiat nahm sich dieses Produktionssystem zum Vorbild und setzte es unter Verwendung tayloristischer Methoden beim Zero ein. Die Ergebnisse waren vielversprechend, und 1913 wurde der Neupreis von

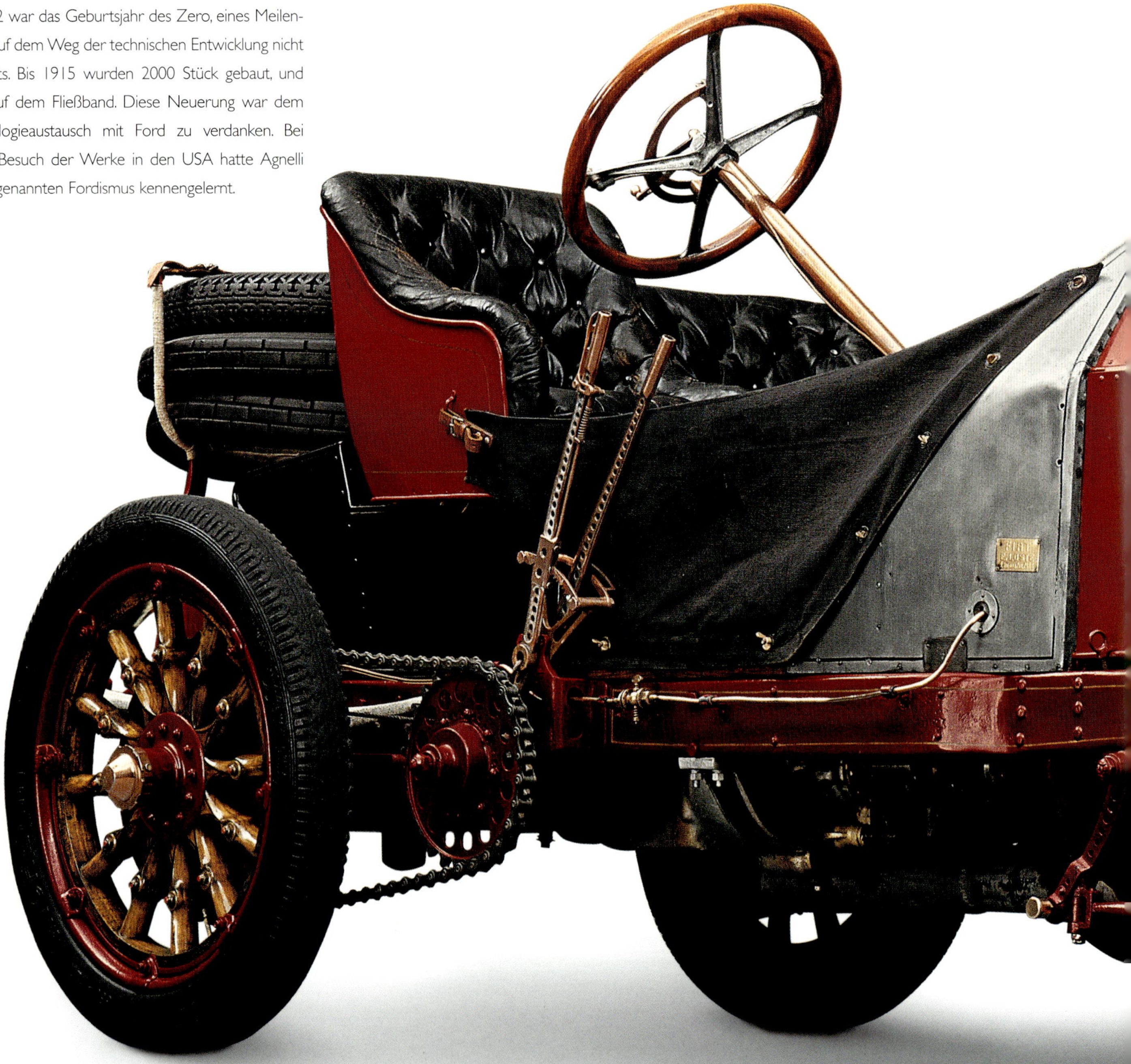

38-39 Dieser wundervolle Fiat 130 HP von 1907 hatte einen Motor mit 16.286 cm³ und 130 PS und fuhr bis zu 160 km/h schnell. Beim Großen Preis von Frankreich 1907 nahmen drei dieser Fahrzeuge teil, gefahren von Vincenzo Lancia, Louis Wagner und Felice Nazzaro, der gewann.

39 oben Der Fiat Zero von 1912 war das wichtigste Modell sowohl des Herstellers als auch der gesamten italienischen Automobilindustrie. Es war das erste Auto in Italien, das vom Fahrgestell bis zur Karosserie vollständig am Fließband hergestellt wurde und somit für die Produktion in großen Stückzahlen geeignet war.

FIAT
FIAT
FIAT

8000 auf 6900 Lire gesenkt, da sich die Kosten für die Fertigungsanlagen bereits teilweise amortisiert hatten. Der Zero war anfänglich ein Einheitsmodell mit 1847 Kubikzentimetern Hubraum und einer einzigen Karosserivariante, dem viersitzigen Torpedo.

Agnelli hatte das Design des Kühlers Battista Farina, genannt Pinin, anvertraut. Geboren am 2. November 1893 in Turin, hatte der bereits mit zwölf Jahren in der Werkstatt seines Bruders Giovanni zu arbeiten begonnen. Mit 18 Jahren traf er Agnelli. Fiat überließ ihm auch den Entwurf der Torpedo-Karosserie des Zero. Pinin reiste in die USA, um neue Techniken zu erlernen. Was er schuf, erlangte weltweit Anerkennung,

Kommen wir zurück zum Fiat Zero, der bis 1915 produziert wurde. Zum Ende seiner Karriere profitierte er von der Erweiterung der Serie. Die war erforderlich geworden, um die individuellen Wünsche der Aristokratenschicht zu befriedigen, die nach exklusiveren Modellen verlangte, die sich von anderen Fahrzeugen abhoben.

Fiat legte mit dem Zero übrigens auch den Grundstein für das, was später zum Kern des Unternehmens wurde: der Bau ökonomischer Autos. Aber auch Geschwindigkeit war damals ein wichtiger Faktor. So stellte 1912 ein 300 HP Record mit 290 Pferdestärken auf Long Island in den USA einen Geschwindigkeitsrekord von 290 Stundenkilometern auf. Die in der Vorkriegszeit gesammelten Erfahrungen mit der Serienproduktion halfen Fiat aber auch dabei, im Ersten Weltkrieg große Aufträge für das Militär zu erfüllen.

Ab 1914 baute Fiat Lastwagen vom Typ 18 BL für die Armee, insgesamt wurden 1911 bis 1921 mehr als 20.000 Exemplare hergestellt. 1915 folgten Motoren für Torpedoboote. In den nächsten beiden Jahren wurden Triebwerke für Flugzeuge, Rettungsfahrzeuge und schließlich sogar Munition produziert.

1917 war Fiat ein Unternehmen mit 15.000 Angestellten, das 19.184 Fahrzeuge herstellte. Angesichts dieser Zahlen hatte man schon im Vorjahr mit dem Bau eines neuen Werks nach den Plänen von Giacomo Mattè Trucco in Lingotto begonnen. Es wurde 1922 fertiggestellt und war seinerzeit das größte und modernste Werk Europas.

40-41 Die Fiat-Werke in Turin in einer pathetischen Darstellung von 1917: Eine gigantische männliche Figur schmiedet mit der Kraft ihrer Hände Stahl zu Fahrgestellen.

Von Isotta Fraschini zu Bianchi, Bugatti und den Ceirano-Brüdern

In dieser ersten Phase wurde die italienische Autowelt zwar vor allem durch Fiat, aber auch durch eine ganze Reihe anderer Hersteller geprägt, die dazu beitrugen, das Ansehen des italienischen Automobils in der Welt zu vergrößern. Einige dieser Unternehmen waren jedoch sehr kurzlebig, weil sie mit dem technischen Fortschritt nicht Schritt halten konnten. Andere hingegen, wie Lancia und Alfa beziehungsweise Alfa Romeo, bestanden über Jahrzehnte, bis sie ein Teil von Fiat wurden.

Isotta Fraschini ist eine Marke, die sich in dem halben Jahrhundert ihres Bestehens einen Ehrenplatz auf dem Olymp des Automobils zu erobern wusste. Gegründet wurde sie von Cesare Isotta und den Brüdern Vincenzo, Oreste und Antonio Fraschini 1900 in Mailand. Zunächst wurden Renault-Fahrzeuge verkauft, in die sie Motoren von De Dion einbauten, später importierten und montierten sie dann komplette Autos von Renault. Zwei Jahre später bauten sie eigene Autos mit Aster- und De-Dion-Motoren.

Im Jahr 1903 stellte Isotta Fraschini Mailand dann das erste vollständige Fahrgestell inklusive eigenem Motor her. Es handelte sich um das Modell Tipo 24 HP, von dem viele Exemplare in den Export gingen und das sich weltweit einen Namen machte, weil es die Kunden mit Robustheit, Zuverlässigkeit und eleganten Karosserien überzeugte. 1905 wurde Giustino Cattaneo technischer Direktor. Er war ein brillanter Ingenieur, der bei Florentia und Züst Erfahrungen gesammelt hatte.

Cattaneo glänzte mit vielen Neuerungen. Als Erster ließ er eine Bremsanlage patentieren, die auf die Vorderräder wirkte und nicht – wie bisherige Bremsen – nur auf die Hinterräder. Dieses Patent vergab er in Lizenz an ausländische Unternehmen. Er war auch beteiligt an der Entwicklung des ersten IF-Rennwagens, des Tipo D 100 HP Corsa mit 100 Pferdestärken und 17 Litern Hubraum.

In den folgenden Jahren trugen sportliche Erfolge zur Berühmtheit der Marke bei. Hierzu zählten unter anderem die Teilnahme an der Targa Florio mit Trucco und Maserati, der Geschwindigkeitsrekord eines 40 HP auf Long Island, der drei Stunden lang mit einer Durchschnittsgeschwindigkeit von 105 Stundenkilometern fuhr, sowie zahlreiche Siege der Modelle Tipo B 28-35 HP, Tipo FE, Tipo KM und Tipo TM.

Diese Erfolge führten zu einem beträchtlichen Wachstum, das durch den Einstieg des französischen Unternehmens Lorraine-Dietrich noch gesteigert wurde, das die Rechte zur

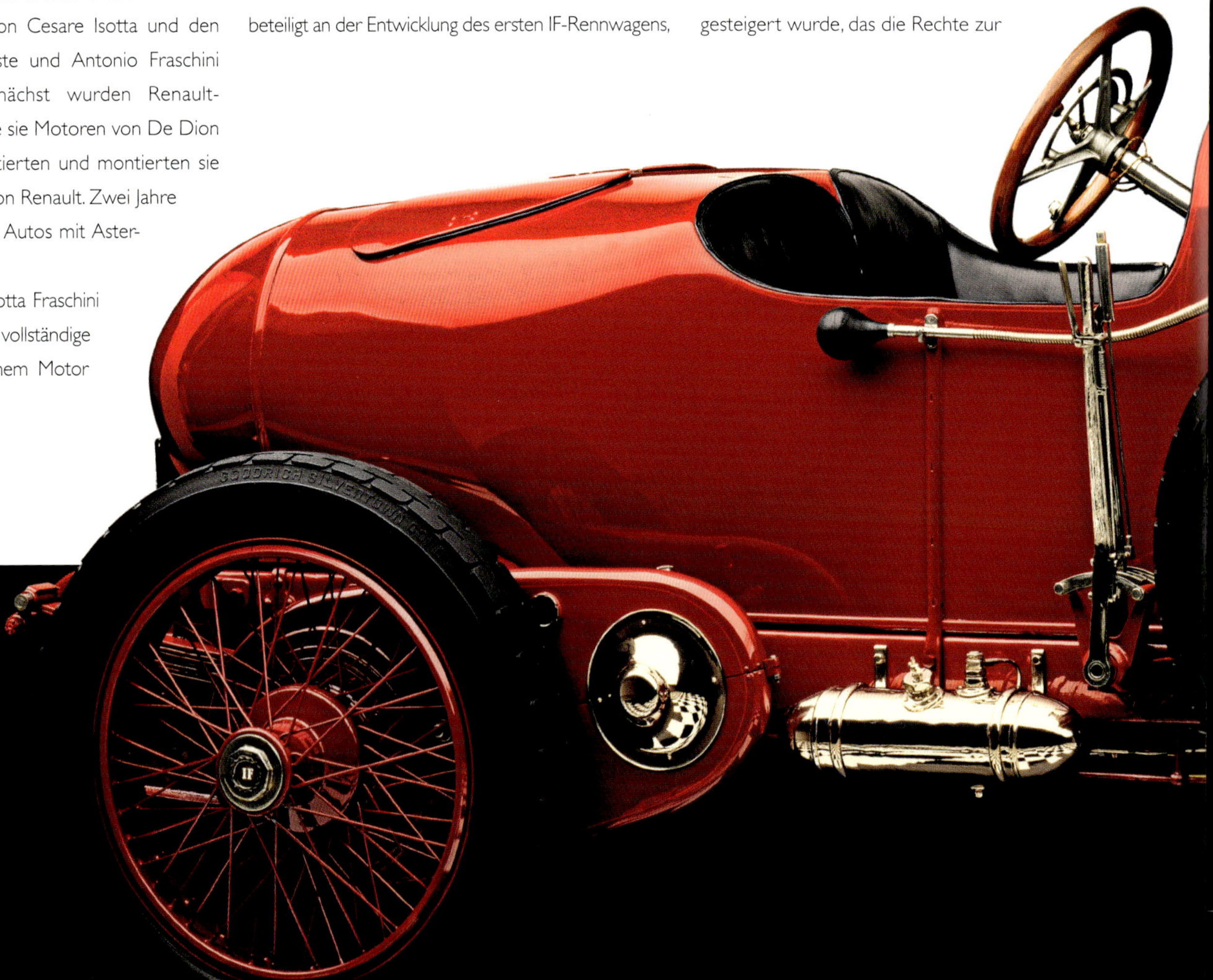

42-43 Der Isotta Fraschini Typ KM von 1913 mit vier Zylindern, zwei Nockenwellen, Ventilen im Zylinderkopf und 10.618 cm³ Hubraum verfügte über 141 PS und erreichte 150 km/h. Der Mailänder Produzent baute sieben Modelle.

43 oben Harry Grant an Bord seines Isotta übernahm kurz nach dem Start die Führung im Kampf um den Vanderbilt Cup. Er gewann das Rennen 1909 und 1910.

44-45 Ettore Bugatti im Deutz Typ 9C von 1907, am Steuer sitzt Prinz Heinrich. Bugatti arbeitete für den deutschen Konstrukteur in den Jahren 1907 und 1908.

45 oben Das Bugatti-Werbeplakat im klassischen Blau. Es stammt aus dem Jahr 1927, der glanzvollsten Zeit der Marke und dem Geburtsjahr unvergessener Modelle wie Typ 35 oder Typ 41 Royale.

Herstellung von 500 Fahrgestellen erwarb. 1911 wurde mit der Produktion von Triebwerken für Flugzeuge und Luftschiffe begonnen, die den gleichen Stellenwert wie die Automobilherstellung erlangte, sich während des Krieges weiterentwickelte und danach im sportlichen Bereich fortgeführt wurde.

Eine weitere namhafte Marke ist Bugatti & Gulinelli, auch wenn sich in diesem Fall die Geschichte eines der Gesellschafter mit der Frankreichs vermengt. Der temperamentvolle Mailänder Ettore Bugatti arbeitete bereits 1900 an einem Automobilprojekt, zu einer Zeit, als er noch Angestellter bei Stucchi & Prinetti war. Um die Finanzierung sicherzustellen, legte er sein Konzept den Grafen Gulinelli aus Ferrara vor. Nach Erhalt der Finanzierungszusage wurde ein Exemplar in der Villa des Grafen von Monte Santo gebaut.

Das Auto wurde 1901 in Mailand mit dem „Gran Premio" der Jury und der „Coppa" der Stadt Mailand ausgezeichnet. Anders als bei den üblichen Modellen handelte es sich um ein zweisitziges Fahrzeug mit offener Karosserie und Einzelsitzen, einer raffiniert gestalteten Frontpartie sowie einem Vierganggetriebe mit Rückwärtsgang. Hinzu kam ein wassergekühlter Motor mit vier vertikal angeordneten Zylindern und Schnüffelventilen.

Der Tod eines der Grafen Gulinelli im Jahr 1901 stellte die weitere Produktion dieses revolutionären

AUTO-GARA

Modells in Frage, das dann De Dietrich übernahm. Bugatti ging ebenfalls mit. Das war aber erst der Anfang für Ettore Bugatti, der sich später selbstständig machte und die Automobilwelt mit seinem Erfindungsreichtum in Erstaunen versetzte.

1902 erschien das erste Modell von Bianchi. Edoardo Bianchi hatte das Unternehmen 1897 als Produktionsbetrieb für motorisierte Fahrzeuge gegründet. Bianchi war ursprünglich ein Fahrradbauer, die Marke hat noch heute einen Namen in der Zweiradwelt. Ihren Ruf verdankt sie dem Innovationsgeist und der großen technischen Unternehmungslust ihres Gründers, der den Kettenantrieb, den Luftreifen und den Rahmen für Frauen im Fahrradbau einführte.

Kein Wunder, dass Bianchi sich auch an motorisierten Fahrzeugen versuchte. Nach einem Dreirad mit De-Dion-Motor, einem aus diesem Dreirad hervorgegangenen Vierradwagen und einem Motorrad entstand das erste richtige Automobil. Dieses wurde vollständig von der Mailänder Firma hergestellt und führte rasch zu einer Serie von sechs Modellen, die alternativ mit eigenem Antrieb, einem von Astor und einem von De Dion ausgestattet werden konnten. Ein doppeltes Fahrgestell zum Schutz der Mechanik und elegant verzierte Karosserien aus edlen Materialien machten den zusätzlichen Wert dieser Fahrzeuge aus, deren Kaufpreis auch eine Betreuung am Wohnort und zwei Tage Fahrschule beinhaltete.

Es folgte der Schritt von der Straße auf die Rennbahn. Bianchi bat erfahrene Techniker um Zusammenarbeit und hatte zahlreiche Erfolge in Italien und im Ausland. Aber das eigentliche Rennen wollte er gegen Fiat machen. So war der Mailänder Konstrukteur in den Vorkriegsjahren der größte Herausforderer für Fiat. Das war auch der Grund für Modelle wie den Tipo A, der dem Fiat Zero Konkurrenz machen sollte, während Modelle wie der S nur in einer Ausführung angeboten wurden, da durch die Standardisierung eine Verringerung der Kosten und damit ein niedrigerer Verkaufspreis möglich wurden.

46-47 Dieser Rennwagen wurde 1905 in Brescia vor einer Werkstatt fotografiert, wo er soeben eine Inspektion durchlaufen hatte.

47 Giovanni Negri, Gründer eines berühmten italienischen Fotostudios, blieb von der Faszination des neuen und revolutionären Transportmittels nicht unberührt. Das Bild zeigt ihn 1908 in seinem Wagen mit Ehefrau und Chauffeur.

Die eleganteren Modelle fanden aufgrund des größeren Herstellungsaufwands und der damit verbundenen Kosten keine große Verbreitung. Während des Krieges produzierte auch Bianchi Militärfahrzeuge und Lizenzbauten von Flugzeugmotoren. Die erneute Umstellung nach dem Krieg verlief relativ unproblematisch. Das Hauptgeschäft blieben Fahrräder und Motorräder, aber auch die Autos fanden weiterhin Käufer und blieben harte Konkurrenz für Fiat.

1904 wurde in der piemontesischen Hauptstadt die Ceirano Matteo & C. Vetture Marca Itala gegründet. Matteo Ceirano war ein Autonarr. Sein Bruder Giovanni Battista war der Gründer der Turiner Karosseriebaufirma, die den Welleyes entwickelt hatte. Matteo nahm mit einem Itala 24 HP am Susa-Moncenisio-Rennen teil und wurde Erster in seiner Klasse. Das war der erste einer ganzen Reihe von Erfolgen, der viele Investoren überzeugte und so im Juli desselben Jahres zur Entstehung der Itala Fabbrica di Automobili führte.

Deren technischer Direktor war der tüchtige Alberto Ballocco, der den 100 HP mit 15.000 Kubikzentimetern Hubraum, den 50 HP, den 18 HP und den 40 HP, der die Targa Florio gewann, einführte. Aber es war das Rennen Peking–Paris von 1907, das den Itala und mit ihm ganz Italien weltberühmt machte. Die Rennerfolge führten zur Weiterentwicklung des Unternehmens, das 1911 bereits 1250 Arbeiter beschäftigte, die 750 Fahrzeuge produzierten. Es gab zahlreiche technische Neuerungen. Dazu zählten der Einsatz einer Antriebswelle anstelle einer Kette und der V8-Schiebermotor, der dank der fehlenden Ventile besonders leise und gleichmäßig lief. Diese im Italienischen „Avalve" genannte Konstruktionsart gab auch dem von 1913 bis 1916 gebauten Modell 50 HP seinen Namen.

In den Kriegsjahren beteiligte sich Itala an der Lizenzproduktion von 3000 Hispano-Suiza-Flugzeugmotoren – gemeinsam mit anderen führenden Un-

48-49 Dieser Itala von 1906 mit offenem Verdeck war wie gemacht für die exklusiven Straßen Monacos. In diesen Jahren baute das Turiner Unternehmen sowohl Reisewagen als auch Rennmodelle wie den 40 HP, der das Rennen Targa Florio im gleichen Jahr gewann.

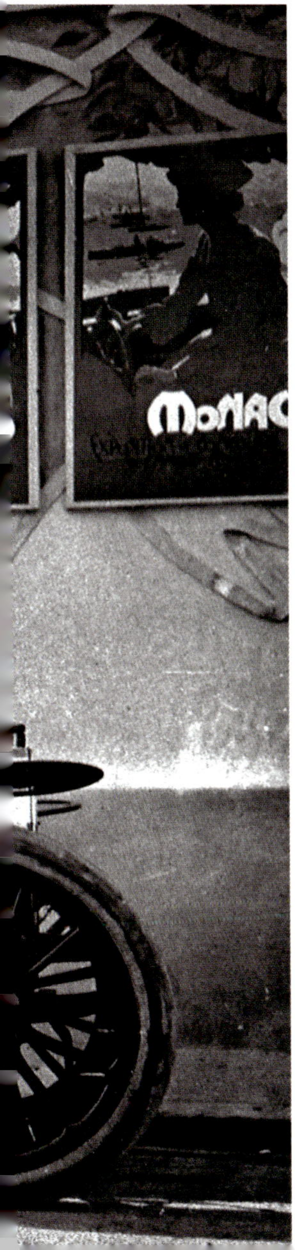

49 oben Ein Kind weist dem Fahrer eines Itala mit sportlicher Karosserie den Weg, ein Werbeplakat von 1924 für die Modelle 50, 51 Sport und 56 mit sechs Zylindern, die es sogar als Taxi gab.

49 unten Ein Itala 50 Torpedo aus dem Jahr 1920. Die Produktion lief von 1919 bis 1926; der Großteil der Fahrgestelle dieses eleganten und robusten Modells wurde ins Ausland verkauft, insbesondere nach Australien.

50 oben Das Titelblatt der Monatszeitschrift Touring vom Februar 1912 mit dem Logo des Automobilherstellers SPA (Società Piemontese Automobili) aus Turin, 1906 von Michele Ansaldi und Matteo Cerano gegründet.

50 unten Dieser SCAT 15-20 HP von 1909 ersetzte den 12-16 HP, das erste Modell, das vom Automobilhersteller Società Cerano Automobili Torino hergestellt wurde. Die Fahrzeuge waren für die damalige Zeit technologisch sehr fortschrittlich, was es dem Unternehmen ermöglichte, die Wirtschaftskrise in Italien 1907 zu überstehen.

ternehmen der SCAT, der 1905 von Giovanni Ceirano gegründeten, sportlich erfolgreichen Avantgardemodell-Produzentin Società Ceirano Automobili Torino. Bei Kriegsende war die Auslieferung erst zur Hälfte abgeschlossen, die restlichen 1500 Triebwerke wurden vom Auftraggeber, der italienischen Regierung, nicht mehr abgenommen. Das stürzte Itala in eine heftige Krise, die der Turiner Firma noch lange zu schaffen machte.

Die Familie Ceirano verhalf dem Piemont zu Ruhm, das nach Venetien die bedeutendste Region für die Autoindustrie war. Matteo verließ Itala 1905, um 1906 mit Michele Ansaldi die SPA (Società Piemontese Automobili) zu gründen. Alle Modelle bis 1918 stammten von ihm. Die ersten waren der 28-40 HP und der 60-70 HP mit Kardanantrieb, die auf der Internationalen Ausstellung 1907 in Turin großen Erfolg hatten.

Ceirano wurde schließlich von Itala wegen unlauteren Wettbewerbs verklagt, weil er seinen Betrieb in der Nähe seiner ehemaligen Firma errichtet hatte. Aber Sorgen machten dem rastlosen Techniker vor allem die finanziellen Probleme, die 1908 entstanden, als sich die SPA mit der Fabbrica Ligure Automobili Genova (FLAG) zusammenschloss und im Auftrag verschiedener Ministerien Lastwagen herstellte.

Diese neue Produktlinie hielt die SPA jedoch nicht davon ab, weiter erfolgreich an Rennen teilzunehmen. Hinzu kam der Flugzeugsektor mit der Motorenherstellung unter Leitung von Aristide Faccioli, der in den Anfangstagen bei Fiat die technische Leitung hatte. Mit dem Krieg änderte sich auch die Gesellschaftsstruktur. So fand sich die SPA bei Kriegsbeginn ohne die beiden Gründungsmitglieder wieder, die das Unternehmen verlassen hatten.

Die Firma stellte weiter Flugzeugmotoren her, konzentrierte sich aber vorrangig auf Lastwagen. Sie erhielt bedeutende Aufträge, unter anderem von der russischen Regierung. Viele der Fahrzeuge besaßen das Fahrgestell des 35-50 HP, der von 1912 bis 1916 mit Vierzylindermotor mit 7604 Kubikzentimetern und kurzem oder langem Radstand produziert wurde. Der Verkauf zahlreicher Exemplare nach China bestätigte die Robustheit. Verspätete Zahlungen stürzten die SPA jedoch in eine Krise.

Italien wurde seinerseits zum Markt für ausländische Hersteller.

50-51 Dieses Plakat wirbt für den SPA 25-30 HP Torpedo mit Vierzylindermotor, 4398 cm³ Hubraum und 30 PS. Ab 1908 änderte sich nach dem Zusammenschluss mit der FLAG (Fabbrica Ligure Automobili Genova) der Firmenname in Società Ligure Piemontese Automobili.

Der Franzose Darracq gründete 1906 in Neapel eine italienische Filiale, um die Zollschranken zu umgehen und so Autos in Italien verkaufen zu können.

Darracq baute den 8-10 HP, der jenseits der Alpen und im restlichen Europa viel Erfolg hatte. 1907 zogen die Werke nach Portello di Milano um, zudem wurden Fahrzeuge mit Vierzylindermotor und etwa 15 Pferdestärken produziert. Der 8-10 HP litt jedoch stark unter der nationalen Konkurrenz. 1909 gab Darracq auf, und die Mailänder Betriebe wurden vom im Entstehen begriffenen Unter - nehmen Alfa übernommen.

Die Brüder De Luca aus Neapel hingegen versuchten, die berühmten englischen Daimler-Modelle in Italien zu verbreiten. So entstand 1906 De Luca Daimler. In Werkshallen von über 60.000 Quadratmetern bauten 800 Arbeiter Fahrgestelle für vier verschiedene Modelle, in die sie Teile einbauten, die von der Muttergesellschaft geliefert wurden.

Aber das interessanteste Fahrzeug war der von den De-Luca-Brüdern konstruierte Auto Mista von 1908, vor allem, wenn man es aus heutiger Sicht unter dem Blickwinkel der Umweltproblematik und der Emissionsreduzierung betrachtet. Es handelte sich um ein Hybridfahrzeug mit zwei Motoren, einem Benzinmotor mit 6786 Kubikzentimetern und einem Elektromotor mit einer Batterie mit gut 80 Zellen. Es wurde aller-dings in England, wo man Benzinmotoren den Vorzug gab, nicht gut aufgenommen.

1909 schließlich holte Daimler nicht, wie vertraglich vorgesehen, die schon gefertigten Fahrgestelle ab und führte die neapolitanische Gesellschaft somit in eine Krise. Im darauffolgenden Jahr wurde die Produktion eingestellt und das Unternehmen wurde zur italienischen Daimler. Aber es nutzte nichts, 1910 musste die Firma ihre Pforten schließen.

Die ersten Schritte von Lancia und Alfa

Am 29. November 1906 siedelten sich Verwaltung und Herstellung von Lancia in Turin in jenen Hallen an, die einst Itala gehört hatten. Gründer waren Vincenzo Lancia und sein Freund Claudio Fogolin, der als Testfahrer bei Fiat gearbeitet hatte. Vincenzo, geboren am 24. August 1881 in Fobello (Vercelli), war der dritte Sohn des Industriellen Giuseppe Lancia, der einen soliden, gut gehenden Lebensmittelkonservenbetrieb besaß. Seine Liebe zur Mechanik hatte ihn mit 16 Jahren zu einer Anstellung in den Werkstätten der Brüder Ceirano geführt. Diese hatten ihren Sitz in der ersten Etage am Corso Vittorio Emanuele 9, wo die Familie Lancia wohnte, und Vincenzo Lancia war an der Realisierung des Welleyes beteiligt.

Sein Vater wollte die Berufswahl zwar nicht gutheißen, weil er für den Sohn die Anwaltslaufbahn vorgesehen hatte, aber Vincenzo war fest entschlossen. Als Fiat die Firma Ceirano und deren Patente 1899 für 30.000 Lire übernahm, wurde auch er dort als Testfahrer eingestellt. Er verstand es auch, sich auf der Rennstrecke durchzusetzen. Im Jahr 1900 gewann er in Padua sein erstes Rennen. Bald war er stets unter den Ersten zu finden, doch diese Erfolge reichten ihm nicht.

Er verließ Fiat, doch das Verhältnis zu Agnelli blieb gut. Der beteiligte sich gar mit 50.000 Lire an der neuen Firma. Ein Brand verzögerte den Entwicklungs-

beginn des ersten Fahrzeugs, aber im September 1907 entstand der Tipo 51 oder Alfa 12 HP, bei dem es sich um ein großes Modell handelte mit ausgefeilter Technik und einem speziellen, leistungsstarken Motor, der mit vier Zylindern und 2543 Kubikzentimetern 24 Pferdestärken erreichte. Obwohl das Fahrgestell nicht sehr groß war, passte es nicht durch die Türen der Werkstatt, sodass Lancia und Fagolin die Ausfahrt mit der Spitzhacke erweitern mussten.

Schon das erste Fahrzeug, der Lancia Alfa, wurde mit einem Buchstaben des griechischen Alphabets bezeichnet und begründete so eine lange Tradition. Es war Giuseppe Lancia, Vincenzos Bruder, ein Lehrer für Literatur und Altgriechisch, der für diese Wahl verantwortlich war. Limousine, Landaulet, Doppel-Phaeton, zweisitzige Rennwagen – der Alfa hob sich dank erstklassiger Leistung, feiner Ausstattung und guter Fahreigenschaften ab. Alfas wurden in die USA und nach Australien exportiert. Qualität zählte! Es war kein Zufall, dass man in Übersee den Milliardär Rockefeller häufig in einem Lancia Theta umherfahren sah, dem Paradebeispiel für Komfort, Luxus und Leistung. Erst Isotta Fraschini bot eine Alternative zu den Turiner Wagen.

Noch bevor der Alfa 1909 vom Beta abgelöst wurde, brachte Lancia den Dialfa heraus, dessen Name seinen Ursprung ebenfalls im griechischen Alphabet hat. Die vorangestellte Silbe „Di" oder „Tri" (zwei- oder dreimal) sollte andeuten, dass es sich um eine Modellvariante handelte, in diesem Fall speziell für Rennen gebaut. Der Dialfa zeichnete sich durch einen Sechszylindermotor aus, eine Ausnahme im meist auf Vierzylinder ausgerichteten Programm. Der Wille, beste Reisewagen für die anspruchsvollsten und wohlhabendsten Kunden herzustellen, veranlasste Vincenzo Lancia zu einer bemerkenswerten Entscheidung: Er zog sich aus dem Rennsport zurück und verbot die offizielle Teilnahme Lancias an Autorennen – gerade er, der zu seiner Fiat-Zeit so häufig gewonnen hatte und der auch mit seinen Autos selber sehr schnell fuhr.

In der Folge waren es Privatleute, die mit Lancia-Fahrzeugen siegten, so zu Ruhm kamen und das Ansehen der Marke steigerten. Beta, Gamma, Delta, die sportlichen Didelta und Epsilon, Eta und Theta sowie der Laster Zeta, der auch zum Militärfahrzeug wurde: Das sind die Modelle, die Lancia bis zum Ausbruch des Ersten Weltkrieges vorstellte. Diese Fahrzeuge boten zahlreiche Besonderheiten und wichtige Neuerungen. Manche waren gar revolutionär. Der raffinierte Theta etwa war das erste Auto in Europa mit einer vollständigen elektrischen Anlage inklusive Anlasser, die der US-Ingenieur Charles F. Kettering entwickelt hatte und die auch bei Cadillac verbaut wurde.

Der Gamma war mit 110 Stundenkilometern recht schnell für sein Gewicht und mit 258 Stück allein im Jahr 1910 ein echter Bestseller. Der Delta von 1911 war das erste Modell, das im neuen und größeren Turiner Werk hergestellt wurde – dem Werk, das bis 1962, als das heutige in Chiasso eröffnet wurde, in Betrieb blieb. Die ausgezeichneten Bremsen und die Geschwindigkeit von 115 Stundenkilometern führten zu der Sportversion Didelta.

52-53 Vincenzo Lancia am Steuer eines Fiat 50 HP beim dritten Rennen der Targa Florio: Am 18. Mai 1908 wurde er Zweiter beim sizilianischen Autorennen auf dem Rundkurs der Madonie.

53 Ein eleganter Lancia Gamma 20 HP, der seine Premiere im Jahre 1911 hatte und dem Gamma 15-20 HP folgte. Der Hersteller präsentierte jedes Jahr ein neues und verbessertes Modell.

54 links Der 24 HP von 1910 war das erste Automobil von Alfa, ausgestattet mit einem Vierzylindermotor mit 4084 cm³ und 42 PS, der im September des gleichen Jahres auch in ein Flugzeug eingebaut wurde, das zur Demonstration der Qualität über Mailand kreiste; eine sehr erfolgreiche Werbemaßnahme.

54 rechts Der Alfa 40-60 HP von 1913 ist ein reinrassiger Sportwagen mit Sechsliter-Sechszylinder, 70 PS und 120 km/h Spitzengeschwindigkeit; die 27 Exemplare verkauften sich im Handumdrehen. Zwei Jahre später kam der Corsa, der beim Bergrennen Parma–Poggio Berceto mit Campari und Franchini gleich den ersten und den zweiten Platz seiner Klasse errang.

Die Anonima Lombarda Fabbrica Automobili (Alfa) begann am 24. Juni 1910 offiziell die Produktion. Eigentlich hatte der Betrieb schon im Jahr zuvor begonnen, als eine Gruppe lombardischer Finanziers die Mailänder Betriebsstätten der italienischen Darracq in Portello übernommen und die Produktion mit einem Kapital von 500.000 Lire wieder aufgenommen hatte. Der Vermessungstechniker Giuseppe Merosi schuf einen Motor mit Ventilen, die im 90°-Winkel angeordnet waren, der ein Klassiker der italienischen Antriebstechnik werden sollte. Das erste von ihm entworfene Modell wurde noch vor der offiziellen Firmengründung gebaut.

Der 24 HP wurde am 1. Januar 1910 eingeführt, zusammen mit dem neuen Logo, das eine Schlange und ein rotes Kreuz auf weißem Grund zeigte, Symbole des lombardischen Gründungsortes. Wesentliches Merkmal des Fahrzeugs waren seine hervorragenden Straßenlage und Geschwindigkeit: 40 PS leistete der Reihenvierzylinder mit 4084 Kubikzentimetern Hubraum. Die Höchstgeschwindigkeit lag bei den vier Ausführungen von A bis D zwischen 100 und 105 Stundenkilometern.

Der Erfolg des Wagens war nicht zuletzt das Ergebnis einer exzellenten und originellen Werbung für den Motor des 24 HP. Der Antrieb wurde in ein Flugzeug eingebaut, das über Mailand flog, um die Qualität des Projekts zu demonstrieren. Bald entstand auch der 20-30 HP, eine aktualisierte Version mit einer gegenüber dem 24 HP auf 49 Pferdestärken gesteigerten Leistung. Bis 1920 wurden von diesem Typ 680 Stück hergestellt und seine Verwendungsmöglichkeiten reichten vom normalen Grundmodell bis zur Basis für Arbeits- und Krankenfahrzeuge.

Auch ein 40-60 HP und eine dazugehörige Corsa-Version wurden entwickelt, um das Angebot im oberen Bereich zu ergänzen. Der Renner hatte einen Sechszylindermotor mit 6082 Kubikzentimetern und einer Leistung zwischen 70 und 82 Pferdestärken; die Höchstgeschwindigkeiten lagen zwischen 125 und 150 Stundenkilometern. Das Modell war ein Erfolg, die 25 produzierten Einheiten wurden sofort verkauft.

Auf dieser Basis gab der Mailänder Graf Ricotti bei Castagna eine geschlossene, tropfenförmige Karosserie mit runden Fensterchen in Auftrag, die dieser in Zusammenarbeit mit Merosi herstellte. Der Siluro Ricotti war geboren, nicht nur eine sehr frühe, sondern auch eine exzellente Umsetzung von Aerodynamik am Auto. Mit dieser ungewöhnlichen Form erreichte der Siluro 139 Stundenkilometer, die Rennmodelle sogar 150. Das Modell von 1914 kann als Vorreiter der modernen Großraumlimousine angesehen werden. Vollkarosserien waren damals noch unbekannt.

1915 wurde die Gesellschaft zunächst an die Banca di Sotto abgetreten, die sie ihrerseits auf den neapolitanischen Ingenieur Nicola Romeo übertrug. Er übernahm die Anlagen in Portello und rüstete sie für die Kriegsproduktion um. 1918 wurde Alfa zur „Società Anonima Ingegner Nicola Romeo & C.", die die Werkstätten in Saronno und in Tabanelli di Roma übernahm.

Ziel der neuen Firma war es, nicht nur Autos, sondern auch andere Maschinen zu bauen, unter anderem für Bergbau und Landwirtschaft. Folgerichtig wurden in der Kriegszeit so gut wie keine Autos produziert, die Produktionsanlagen waren mit der Fabrikation von Schwerlastern und Flugzeugmotoren ausgelastet. Die erneute Umstellung nach Kriegsende war zwar schwierig, aber sie gelang, und ab 1919 trugen die Autos, die das Mailänder Werk verließen, die neue Markenbezeichnung Alfa Romeo Milano.

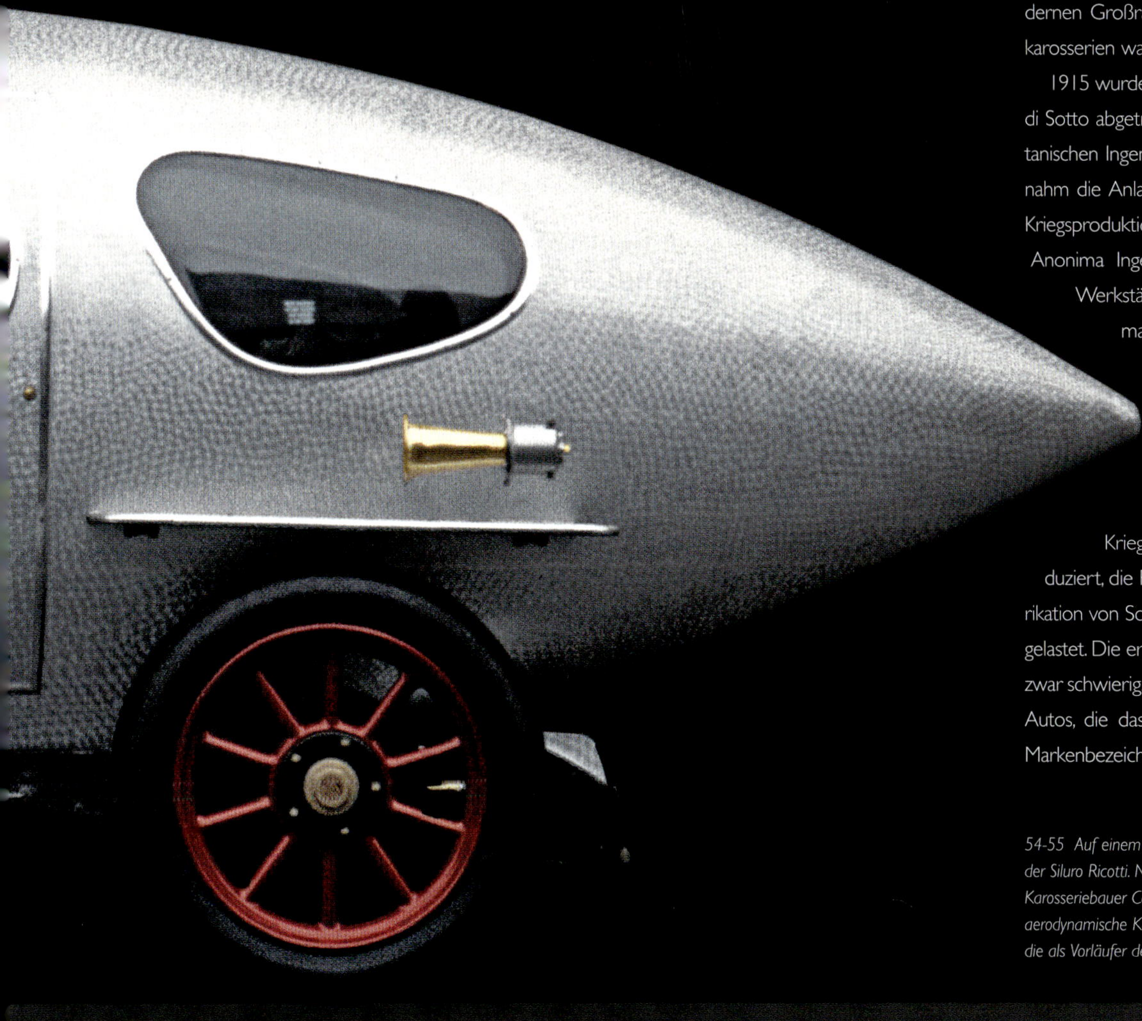

54-55 Auf einem Fahrgestell des Alfa 40-60 HP entstand 1914 der Siluro Ricotti. Namenspate ist jener Graf, der dem Karosseriebauer Castagna den Auftrag erteilte, eine aerodynamische Karosserie in Form eines Tropfens zu realisieren, die als Vorläufer der Großraumlimousine gelten kann.

Der Ruf der Geschwindigkeit – Die ersten Rennen

56 oben Eine Szene aus dem ersten Rennen Sassi–Superga: Im Jahr 1902 gewann Vincenzo Lancia in einem Fiat 24 HP Corsa das Rennen auf der fünf Kilometer langen Strecke zwischen Sassi und der Basilika von Superga.

56 unten Impression vom Rennen Susa–Moncenisio von 1902, des ersten Bergrennens. 1900 hatte bereits das Rennen Madonna del Pilone–Pino Torinese stattgefunden, es hatte sich allerdings um eine Veranstaltung des ersten Automobilsalons von Turin gehandelt.

Automobil gleich Rennen und Rennen gleich Automobil. Um in den Wettstreit zu treten, benötigte man nur die richtigen Fahrzeuge. Autorennen beschleunigten aber auch die weitere Entwicklung des Automobils, brachten die technische Entwicklung voran, steigerten die Zuverlässigkeit und waren großartige Werbung. Musterbeispiele für Publikums- und Verkaufserfolg lieferten unter anderem Alfa und SPA. Letzteres Unternehmen erhielt sogar einen Kriegsauftrag des russischen Kriegsministeriums, weil man dort begeistert von der italienischen Firma war, für die Ruggerone als Fahrer an den Start ging. 1908 reiste er auf eigener Achse von Turin nach Sankt Petersburg, nahm am Rennen Moskau–Sankt Petersburg teil, das er als Zweiter beendete, und kehrte nach Turin zurück.

Der Ruf der Geschwindigkeit ist eine Herausforderung, der der Mensch nicht entkommt. Im Gegenteil: Er sucht sie, misst sich an ihr, bis er seine Grenzen erreicht, sie erneut anvisiert oder sie sogar überschreitet, mit leicht vorstellbaren Folgen. Überdies dienen die Rennen, früher wie heute, der gründlichen Erprobung aller Komponenten, die dann später für die Alltagsmodelle übernommen werden.

Anfangs existierten noch keine Rennbahnen. Die Rennstrecken führten von einer Ortschaft zur nächsten und waren in kürzestmöglicher Zeit und mit höchstmöglicher Durchschnittsgeschwindigkeit zurückzulegen. Ihre Länge betrug um die zehn Kilometer. Mit zunehmender Zuverlässigkeit der Fahrzeuge wurden die Strecken Zehntausende Kilometer lang und es gab Rennen, die Monate dauerten.

Rennen waren etwas für die Launen von Millionären, denn die Kosten für Fahrzeug, Assistenz und Reparatur waren hoch. Aber sie stillten die Leidenschaften, bedeuteten Freiheit und waren elitär.

Das erste durch Vorschriften geregelte Rennen der Welt fand in Frankreich statt: Paris–Rouen am 22. Juli 1894. Von den 21 Fahrzeugen am Start erreichten 19 das Ziel. Es gewann Lemaitre auf Peugeot. Das erste italienische Rennen fand am 18. Mai 1895 statt. Auf der Strecke Turin–Asti–Turin wetteiferten fünf Mannschaften auf 93 Kilometern miteinander. Simone Federmann gewann auf einem Daimler, Zweiter wurde Battista Ceirano auf einem motorisierten Zweirad.

Ceirano ist ein Beispiel für die vielen Persönlichkeiten und Konstrukteure, die sich selbst dem Wettbewerb stellten, um zu verstehen, wie sie ihre eigenen Modelle konstruieren mussten. Dazu zählen auch Vincenzo Lancia, Ettore Bugatti, Oreste Fraschini und Carlo Maserati. Damals entwickelte sich auch der Beruf des Rennfahrers, eine wahrhaftig lebensgefährliche Tätigkeit.

1897 fand das 34 Kilometer lange Rennen Arona–Stresa–Arona statt, das Giuseppe Cobianchi auf einem Benz mit einer Durchschnittsgeschwindigkeit von fast 22 Stundenkilometern gewann. Zweiter wurde Oreste Fraschini, ebenfalls auf einem Benz. Schon damals waren Rennen ein Ereignis, zu dem die Menschen in Scharen eilten. Für reiche Leute, die samt Gattin anreisten, waren die Rennen eine rollende Verkaufsshow – hervorragende Werbung dank der bis dahin unvorstellbaren Geschwindigkeiten, die heute freilich eher bescheiden wirken.

Die Rennen waren für die Piloten oft genug ein echter Leidensweg. Die Straßen waren nicht asphaltiert, Reifenpannen unvermeidlich. Allenthalben mussten die mitfahrenden Mechaniker Reparaturen oder Einstellarbeiten vornehmen. Zum Thema Reifenpannen: Anfangs handelte es sich bei den Reifen um Vollgummireifen, die auf metallverstärkte Holzfelgen aufgezogen wurden. Die Reifen mit separatem Luftschlauch und gummierten Textildecken, die am Rad mit Metallringen befestigt wurden, verdanken wir den Brüdern Michelin.

Sie montierten ihre Neuentwicklung zum ersten Mal beim Rennen Paris–Bordeaux–Paris im Jahr 1895 an einen Peugeot Eclair. Es war kein Vergleich zu den alten Reifen, auch dank der Reparaturfreundlichkeit. Auch wenn bei diesem Rennen das französische Gefährt Dutzende Male zur Reparatur anhalten musste, erreichte es das Ziel als erstes. Hier schlug die Stunde null der Luftreifen, wie wir sie heute kennen.

1901 wurde der Giro Automobilistico d'Italia vom Touring Club Italiano organisiert und vom *Corriere della Sera* unterstützt. Er sah mehrere Strecken von jeweils ungefähr tausend Kilometern vor. Die Teilnehmer konnten zwischen den Strecken Turin–Rom–Mailand mit 1642 Kilometern, Florenz–Rom–Mailand mit 1101 Kilometern und Neapel–Rom–Mailand mit 1071 Kilometern wählen. Das Rennen war ein echter Marathon durch Italien und entwickelte sich zu einem riesi-

57 *Das Team Furuun und Rezaire Nanddin bei einem Rennen in Turin 1900. Die Anfänge der Automobilrennen zogen Teilnehmer aus aller Welt an; die Straßen waren in der Regel kaum befestigt.*

gen Volksfest, wenn die Massen den Fahrern in den Städten zujubelten.

Für die Rennen waren eigens die Straßen verbessert worden. Die Teams waren nun mit immer leistungsstärkeren und zuverlässigeren Fahrzeugen unterwegs. Der Giro beschleunigte die Verbreitung der Rennen, die bald überall stattfanden und an denen immer mehr Fahrer und Fahrzeuge teilnahmen. Coppa della Consuma, Circuito di Brescia, Circuito del Mugello, Mailand–San Remo, Parma–Poggio Berceto und Susa–Moncenisio sind nur einige der Autorennen, die zwischen 1902 und Kriegsausbruch stattfanden. In den Jahren 1906 und 1907 feierte Italien zwei wichtige Ereignisse: Die erste Targa Florio wurde gestartet, und ein Itala mit einer italienischen Mannschaft

58 Felice Nazzaro auf Fiat 28-40 HP in Petralia Sottana während der Targa Florio im Jahre 1907; er gewann das Rennen über 446 Kilometer in 8:17:36 Stunden und verwies Vincenzo Lancia, ebenfalls auf 28-40 HP, auf den zweiten Platz.

58-59 Jean Porporato bei der Zieleinfahrt der Targa Florio 1908: Er wurde Vierter auf Berliet. Marius Berliet aus Lyon konstruierte ab 1894 in seiner kleinen Werkstatt als Autodidakt Fahrzeuge. Sieger des Rennens wurde Trucco auf Isotta Fraschini.

gewann das mörderische Paris-Peking-Rennen.

Die Targa Florio kam dank des Willens, der Zähigkeit und des Talents von Vincenzo Florio zustande. Der Sohn einer reichen Familie, die über eine gewaltige Handelsflotte verfügte, hegte eine große Leidenschaft für Autos und wollte ein Rennen in seiner Heimat Sizilien organisieren.

Kein leichtes Ziel, da im Westen der Insel die Straßen nicht gerade das Nonplusultra für ein Autorennen waren und viele Gebiete, vor allem im Inneren der Insel und in den unzugänglichen Bergen, von Banditen beherrscht wurden. Aber Florio gab sich nicht geschlagen. Nachdem er 1905 die Coppa Florio in Brescia organisiert hatte, gelang sein Plan.

Am 6. Mai 1906 startete offiziell die Targa Florio mit zehn Mannschaften, die bereit waren, einander in einem langen Rennen herauszufordern, das sich über 148 Kilometer die Madonien hinauf und hinab schlängelte und umgehend ein weltweites Echo auslöste. Sieger wurde Alessandro Cagno mit einem Itala 115 HP. Zusammen mit der folgenden Mille Miglia brachte die Targa Florio Italien zu Recht an die Spitze des Automobilsports.

Am 10. Juni 1907 startete das 16.000 Kilometer lange mörderische Rennen Peking–Paris. Startpunkt war die chinesische Hauptstadt, und es gingen nur

8A

60 Der Itala 35-45 HP von 1907 geht nach der strapaziösen Autorallye Peking–Paris als Erster durchs Ziel. Ein spektakulärer Erfolg für den Turiner Automobil - hersteller nach dem Sieg bei der ersten Targa Florio mit einem 115 HP, gefahren von Alessandro Cagno.

fünf der 25 Mannschaften, die sich im Januar auf einen Aufruf der Pariser Tageszeitung *Le Matin* hin angemeldet hatten, an den Start.

Unter den Teilnehmern war auch ein italienisches Team mit einem Itala 35-45 HP. Ihm gehörten Prinz Scipione Borghese, Fürst von Sulmona, ein großer Sportler und Automobilist, der emilianische Mechaniker Ettore Guizzardi sowie Luigi Barzini an. Barzini arbeitete als Journalist für den *Corriere della Sera* und den *Daily Telegraph* und musste den größten Teil des Rennens auf dem Boden des Rennwagens mitfahren, da der Bolide nur zwei reguläre Sitzplätze hatte. Das hinderte ihn jedoch nicht daran, seine Depeschen, sobald er eine Telegrafenstation erreicht hatte, an die Zeitungen zu senden.

Das Team ging fast unverzüglich in Führung, was hauptsächlich Borghese zu verdanken war. Er hatte seinen Itala und sich selbst derart gut vorbereitet, dass er sich aufgrund seines enormen Vorsprungs gegenüber den Konkurrenten einen Umweg von 1000 Kilometern erlauben konnte, um an einem Ball teilzunehmen, den der russische Zar, ein ent - fernter Cousin, für ihn organisiert hatte. Am 10. August erreichte das Team Paris als Sieger, empfangen von einer Menge, die die große Leistung der drei Italiener – vier, wenn man den Itala mitzählt – feierte und bewunderte.

61 Ein Porträt des Prinzen Scipione Borghese, dem „Senatore d'Italia". Er und der Mechaniker Ettore Guizzardi aus der Emilia sowie der Reporter Luigi Barzini gewannen 1907 das Rennen Peking–Paris.

62-63 Eine Episode des Rennens Peking–Paris, der ersten großen Rallye der Automobilgeschichte: Der Itala 35-45 HP wird zur Reparatur abgeschleppt. Insgesamt legten die Fahrer 16.000 km in zwei Monaten zurück.

63 oben Eine kurze Pause während des Rennens Peking–Paris 1907: Der Itala 35-45 HP wird von Prinz Scipione Borghese (rechts) und dem Mechaniker Ettore Guizzardi überprüft. Zur Mannschaft gehörte auch der Journalist Luigi Barzini.

63 unten Ettore Guizzardi, Mechaniker der Mannschaft des Prinzen Scipione Borghese, nimmt die letzten Fahrzeugkontrollen vor dem Start der Rallye Peking–Paris am 10. Juni 1907 vor.

FIAT
FIAT

Zwischen Wiederaufbau und der großen Krise

65 Das futuristische Werbeplakat von Giuseppe Riccobaldi del Bava von 1928 wurde von den Fiat-Werken Lingotto inspiriert.

66 Felice Nazzaro am Steuer eines Fiat 804 beim Großen Preis von Frankreich in Straßburg 1922, wo er siegte.

67 oben Die Firma Fongri produzierte nicht nur Motorräder, sondern auch solche Spezialanfertigungen auf vier Rädern.

Den Firmen, die bis Kriegsausbruch ihre Anlagen nicht den Anforderungen der Automobilbranche entsprechend erweitert hatten, fehlte in der Nachkriegszeit die Luft zum Atmen. Gegen die besser aufgestellte Konkurrenz hatten sie keine Chance.

Die Rückkehr zur Normalität führte auch zur Nachfrage nach Zivilfahrzeugen. Auch diese Umstellung brachte so manchen kleinen Hersteller ins Schlingern. Dazu kam, dass der Staat nur teilweise oder gelegentlich gar nicht für die in Kriegszeiten georderten Güter bezahlte. Staatsaufträge waren für viele während des Krieges die einzigen gewesen.

Dann kam der Schwarze Freitag an der Wall Street 1929. Der Börsenkrach passierte just zu einem Zeitpunkt, als erste Zeichen von Aufschwung zu erkennen waren. Nach der durch die Einschränkungen bei Produktion, Konsum und Handel bedingten Arbeitslosigkeit hatte es ausgesehen, als wäre das Schlimmste überstanden. Nun kam es zu einer schweren Wirtschaftsdepression.

Trotz der entmutigenden Lage erlebte die italienische Autoindustrie eine glänzende Zeit. Sie präsentierte technologische Neuerungen, verpackt in elegantestes Design, und war damit weltweit erfolgreich. Die Zahl der motorisierten Italiener stieg. 1919 waren 24.000 Autos im Umlauf, Anfang der 30er Jahre waren es bereits 186.000. 1923 wurde die Schnellstraße Milano–Laghi eingeweiht, die weltweit erste Autobahn. Aber die Zahl der Hersteller ging zurück.

Für einen Fortgang der Geschichte des italienischen Automobils sorgten vor allem Fiat, die bald halb Italien motorisierten, Lancia, deren Modelle durch Eleganz, Komfort und Innovation hervorstachen, und Alfa Romeo mit Autos von sehr sportlichem Charakter und großen Rennerfolgen. Henry Ford soll gesagt haben: „Wenn ich einen Alfa Romeo vorbeifahren sehe, ziehe ich meinen Hut."

Unternehmen wie Ansaldo, Chiribiri, Diatto und SCAT schlossen die Pforten. Bianchi, Isotta Fraschini und Itala durchlebten eine Krisenphase. Einige neue Hersteller waren sehr kurzlebig, etwa Ansaldo, Metall- und Maschinenbaubetrieb und für kurze Zeit eins der bedeutendsten Unternehmen Italiens. Die Produktpalette reichte von Flugzeugen über Schiffe bis zur Eisenbahntechnik. 1919 nahm das Unternehmen die Autoproduktion auf, und zunächst sah alles sehr gut aus. Etliche Probleme machten dem Betrieb jedoch zu schaffen und versetzten ihm in der Krise von 1929 den Todesstoß.

Nazzaro ist ein weiteres Beispiel. 1919 versuchte sich der Rennfahrer Felice Nazzaro erneut als Konstrukteur mit einer Marke, die seinen Namen trug. Er schloss jedoch, wie beim ersten Mal (1912 bis 1916) nach vier Jahren die Pforten und kehrte als Test- und Rennfahrer zu Fiat zurück.

Etwas länger währte die Zeit des Unternehmens Temperino. Die namensgebenden Brüder, die schon Fahrrad- und Motorradhersteller gewesen waren, nahmen 1919 die Produktion eines Fahrzeugs auf, das sie bereits vor dem Ersten Weltkrieg entwickelt hatten. Es handelte sich um den 8-10 HP, der sich für zahlreiche Karosserien eignete, vom zweisitzigen Spider bis zum Lieferwagen. Er brachte Temperino dazu, Produktionsabkommen mit Opessi, einer Turiner Fabrik für Maße und Gewichte, und den Karosseriewerkstätten Farina zu schließen. Opessi war schon beim Aufbau von Fiat engagiert worden. Temperino gelang schließlich ein großer Exporterfolg, einschließlich der Eröffnung einer englischen Filiale. Die Wirtschaftskrise aber überlebten sie nicht und schlossen 1925.

Erwähnenswert ist auch Saba di Milano, ein kleiner Betrieb, der von 1923 bis 1928 aktiv war und sich durch die Produktion des Modells Stelvio auszeichnete, des ersten italienischen Allradfahrzeugs, das zudem vier lenkbare Räder besaß.

Die Geschichte der Brüder Maserati begann 1887 mit der Geburt von Carlo, dem ältesten von sechs Söhnen. Die ersten Erfahrungen mit Mechanik machte er schon mit 17 Jahren, als er einen Fahrradmotor entwarf und baute. Später arbeitete er bei Fiat, Isotta Fraschini, Bianchi und Junior; er starb mit 29 Jahren. 1914 gründete sein jüngerer Bruder Alfieri mit Ettore und Ernesto in

67 Mitte Der Diatto Tipo 20, gebaut von 1920 bis 1923, war ein eleganter Torpedo mit 1996 cm³ und 40 PS, später dann mit 75 PS für das Modell S (Spinta).

67 unten Der Ansaldo 4C von 1923 war das meistverkaufte Modell des Turiner Herstellers. Mit der Version S sammelte Rennfahrer Tazio Nuvolari erste Erfahrungen.

68 Während des Ersten Weltkriegs wurde die Produktion auf die Herstellung von Schiffen, Flugzeugen, Waffen und Eisenbahnmaterial ausgerichtet. Nach Kriegsende wurden wieder Automobile produziert.

68-69 Schweißer bearbeiten Bleche im Ansaldo-Werk, einem der wichtigsten Unternehmen Italiens, das während des Ersten Weltkriegs 80.000 Arbeiter in 30 Werksanlagen beschäftigte.

einem Werkstattwagen, einem der vielen Militärfahrzeuge, die SPA während des Krieges herstellte.

Begleitfahrzeug im Jahr 1916. Es ist eines der von Ansaldo eigens für den Krieg produzierten Fahrzeuge.

Segeltuchplanen. Ansaldo produzierte als großes Rüstungsunternehmen im Ersten Weltkrieg auf Hochtouren.

24

72 Ernesto Maserati debütierte bei der Targa Florio auf Bugatti. Er wurde 1898 in Voghera in der Provinz Pavia als vierter von sieben Brüdern geboren, mit denen er später die Werkstätten Alfieri Maserati gründete.

73 oben Giovanni Battista Ceirano vor seinem ersten Welleyes, einem zweisitzigen Kleinwagen von 1899. Die vom geschäftigen Unternehmer im Vorjahr mit vier Partnern gegründete Firma hatte ihren Sitz in Turin am Corso Vittorio Emanuele 9, wo auch Giuseppe Lancia, der Vater von Vincenzo Lancia, wohnte.

Bologna die S.A. Officine Alfieri Maserati, ein Reparaturdienst für Isotta Fraschini. 1926 kam dann das erste eigene Fahrzeug mit dem Markenzeichen des Dreizacks heraus, der Tipo 26.

Das Unternehmen war in jenem Jahrzehnt der einzige Neuzugang im Kreis der Hersteller. Nach dem Krieg bewährte sich Alfieri als Rennfahrer und begann eine Zusammenarbeit mit Diatto, um Rennwagen zu entwerfen. Weil er in einem Rennen einen Motor mit zu großem Hubraum verwendete, wurde er disqualifiziert. Das war auch das Ende der Zusammenarbeit mit dem Turiner Unternehmen, das 1928 seine Pforten schloss. Nach dem Bruch konzentrierte sich Maserati ausschließlich auf die Fahrzeugproduktion.

Das erste Auto war der Tipo 26, den der jüngere Bruder Mario entworfen hatte. Von Alfieri gesteuert, errang das Fahrzeug einen Klassensieg bei der Targa Florio. Der Erfolg beim damals anspruchvollsten Rennen bescherte Maserati großen Ruhm. Das Unternehmen setzte sich als neuer Automobilhersteller durch und war in der Lage, viele Wettkampferfolge einzufahren.

Wo es nicht offiziell teilnahm, sorgten Privatleute dafür, dass die Ehre des Dreizacks hochgehalten wurde. Der Maserati V4 von 1929 mit 16-Zylindern ermöglichte dem Unternehmen die Expansion, dank seines Geschwindigkeitsweltrekords auf der 10-Kilometer-Strecke, den Baconin Borzacchini mit 246 Stundenkilometern in der Klasse C beim Großen Preis von Italien aufgestellt hatte.

Einige der Hersteller, die neu auf den Markt kamen, wurden früher oder später von Fiat übernommen, so OM, SPA und SCAT-Ceirano. OM steht für Officine Meccaniche (Mechanikwerkstätten). Der Brescianer Betrieb begann 1918 mit der Automobilproduktion und baute den S 305. Der war ursprünglich das Projekt eines anderen Herstellers aus Brescia, Züst, den OM übernommen hatte.

Aber das Vorzeigemodell war sicherlich der 665 von 1934, auch Superba genannt, und zwar wegen seiner Sportlichkeit und seiner eleganten Karosserien, die Betriebe wie Castagna schneiderten. Zudem erlangte es seine verdiente Bekanntheit durch die erste Mille Miglia 1927, bei der Superbas die ersten drei Plätze belegte. Mit der Übernahme durch Fiat 1933 ging die Automobilproduktion zurück, bis sie 1937 ganz eingestellt wurde und nur noch Nutzfahrzeuge gebaut wurden. Später übernahm Iveco das Geschäft.

Das Turiner Unternehmen SPA hatte den Krieg gut überstanden. Zur bewährten und gewinnträchtigen Lastwagenproduktion gesellte sich der Bau von Tourenwagen wie den Typen 24 und 25, die sich ihren Platz auf dem Markt eroberten. Das weckte das Interesse von Fiat. 1926 erwarb das Unternehmen den Betrieb und seine Anlagen mit 700 Arbeitern, um die Produktion auf Lastwagen und Militärfahrzeuge umzustellen. So wurde die Firma zum größten Lieferanten der italienischen Armee.

Die Krise von 1929 traf schließlich auch SCAT-Ceirano, auch wenn die Verkäufe des Spitzenmodells 150 gut liefen. Auch hier wurde die Automobilproduktion eingestellt und die Anlagen wurden zum Bau von Nutzfahrzeugen genutzt.

73 unten Der 1929er 469 Berlina Lusso des Herstellers OM war sehr verbreitet. Mit Blattfederung und mechanischen Bremsen an allen vier Rädern war er absolut auf der Höhe der Zeit.

Der Isotta Fraschini Tipo 8, ein Meisterwerk

Das Weltklasse-Auto aus Italien entstand in einem Jahrzehnt, in dem keinerlei politische und wirtschaftliche Sicherheit herrschte. Die Väter des grenzenlosen Erfolgs des Isotta Fraschini Tipo 8 waren Ludovico Mazzotti und Giustino Cattaneo. Mazzotti hatte sich im Rahmen einer Umstrukturierung mit anderen Gesellschaftern dem Mailänder Unternehmen angeschlossen. Dieses benötigte frisches Kapital, um der Krise der Nachkriegszeit, als Folge der Zahlungsverzögerungen für die Kriegsaufträge der Regierung, die Stirn zu bieten.

Die neue Struktur bestimmte auch die Strategie der Marke, die auf eine anspruchsvolle internationale Zielgruppe setzte, die schon immer krisenfest und konjunkturunabhängig war. Es entstand der Tipo 8, und da kam Cattaneo ins Spiel, der das Modell konstruierte. Für dieses Automobil und seine Qualität erhielt er ein Ehrendiplom als Ingenieur.

Cattaneo hatte es paradoxerweise leicht. Zwar musste er ein Fahrzeug entwickeln, das die Marke wieder stärken sollte, ihr Glanz verleihen und sie im internationalen Wettbewerb mit Hispano-Suiza, Rolls-Royce, Mercedes-Benz und Duesenberg bestehen lassen sollte, doch er verfügte über ein unbeschränktes Budget und musste kein Auto unter wirtschaftlichen Gesichtspunkten konstruieren. So konnte er die beste Technologie mit der größten Eleganz verbinden.

Der Tipo 8 hatte den ersten in Serie gebauten Reihenachtzylinder und wurde von 1919 bis 1931 produziert. Der Hubraum variierte je nach Ausführung (8A, 8AS, 8ASS, 8B) von 5901 bis 7370 Kubikzentimeter. Die Leistung betrug 80 bis 135 PS. Damit beschleunigte ein Tipo 8 auf Tempi von 100 bis 140 Stundenkilometern und verbrauchte 25 bis 28 Liter auf 100 Kilometer.

Die Eleganz des Werkes und die Ausgefeiltheit jedes Details ließen dieses Fahrzeug zum Objekt der Begierde werden, an dem sich die besten Karosseriebauer, allen voran Castagna und Touring, auslebten – dies auch dank der Kunden, die die Aufträge dazu gaben und für die Geld für individuelle Gestaltung keine Rolle spielte. So machte nicht zuletzt der Preis den Wagen zu etwas ganz Besonderem. Der Tipo 8 kostete bis zu 150.000 Lire, zu denen noch einmal mindestens 30.000 Lire für die Karosserie hinzukamen. Nur zum Vergleich: Der kleine Fiat Balilla kostete 10.800 Lire …

Die meisten Wagen gingen in die USA. Hollywooddiven und Finanzmagnaten waren die treuesten Kunden. Dazu kamen die Angehörigen feudaler Häuser in der ganzen Welt. Zu den berühmtesten Exemplaren zählen mit Sicherheit der A8 von Castagna, der im Hollywoodfilm „Sunset Boulevard" zu sehen ist, der Flying Star von Touring auf dem Fahrgestell eines 8B, der den Concorso d'Eleganza 1931 in Genua gewann, ein aerodynamisches Coupé von Viotti für Vittorio Emanuele III. und zwei Exemplare des US-Karosseriebauers Fleetwood für Rodolfo Valentino, der sich in Hollywood Rudolph nannte.

74 und 74-75 Der Isotta Fraschini Tipo 8 war das Nonplusultra im Automobilbau. Von 1919 bis 1930 in den Versionen A und B produziert, verband dieser Wagen Eleganz und exklusive Ausstattungsdetails und bot mit dem ersten serienmäßig hergestellten Reihenachtzylinder der Welt eine raffinierte Motortechnik. Es wurden insgesamt 90 Exemplare gebaut, die für die zahlungskräftigen Auftraggeber von Karosseriebauern aufwendig eingekleidet wurden. Dieses Exemplar hatte ein offenes Chauffeursabteil, das vom Fahrgastraum des Wagens getrennt war.

76 oben Eine Aufnahme vor der Villa Puccini in Torre del Lago in der Provinz Lucca: Im Fahrzeug links Giacomo Puccini mit seiner Ehefrau Elvira, im anderen Wagen ihr Sohn.

76 unten und 77 unten Die Präsentation des Lancia Lambda beim Autosalon in Paris 1922 war ein voller Erfolg. Zu den wichtigsten Neuerungen zählten selbsttragende Karosserie und vordere Einzelradaufhängung.

Lancia Lambda: Das neue Symbol für italienische Spitzenklasse

Dieses Auto war revolutionär! Wer den Lancia Lambda auch nur ganz oberflächlich mit den Autos seiner Zeit vergleicht, merkt schnell, dass Lancia da etwas atemberaubend Neues auf die Räder gestellt hatte: Das Auto besaß eine selbsttragende Karosserie, hatte vordere Einzelradaufhängung mit hydraulischen Stoßdämpfern, Getriebetunnel am Fahrzeugboden, einen V4-Motor mit auffallend engem Zylinderwinkel und gemeinsamem Zylinderkopf – also gleichsam einen VR-Motor, einen strömungsgünstigern Unterbau und einen in die Fahrzeugform integrierten Kofferraum, dazu reduzierte Fahrzeughöhe dank des Verzichts auf einen starren Rahmen, brillante Leistung und extrem gutes Handling.

Er war das Werk von Vincenzo Lancia, der sich offenbar vom Schiffsbau zu den Formen und den technischen Lösungen an seinem neuen Fahrzeug hatte inspirieren lassen. Die Präsentation des Prototyps im Jahr 1922 auf Ausstellungen in London und Paris war ein veritabler Triumph. Vincenzo Lancia fuhr den Wagen selbst zurück nach Turin. Lancia war da bereits auf der ganzen Welt berühmt, er hatte schon mehr als 5000 Autos verkauft.

Auch der italienische Schriftsteller Gabriele D'Annunzio fuhr Lancia, ebenso der Komponist Giacomo Puccini, der ein großer Autoliebhaber war. Puccini gab bei Lancia ein Fahrzeug in Auftrag, das auch für schwieriges Gelände geeignet war. Einige Monate später wurde ihm das geliefert, was man aus heutiger Sicht als den ersten italienischen Geländewagen oder als das erste SUV bezeichnen könnte. Puccini erwarb außerdem noch einen Trikappa und einen Lambda.

Der Lambda war ein Fahrzeug, das Lancias Namen als Automobilhersteller unsterblich machen sollte. Als das Auto 1923 in den Verkauf ging, mussten die Kunden eine monatelange Wartezeit

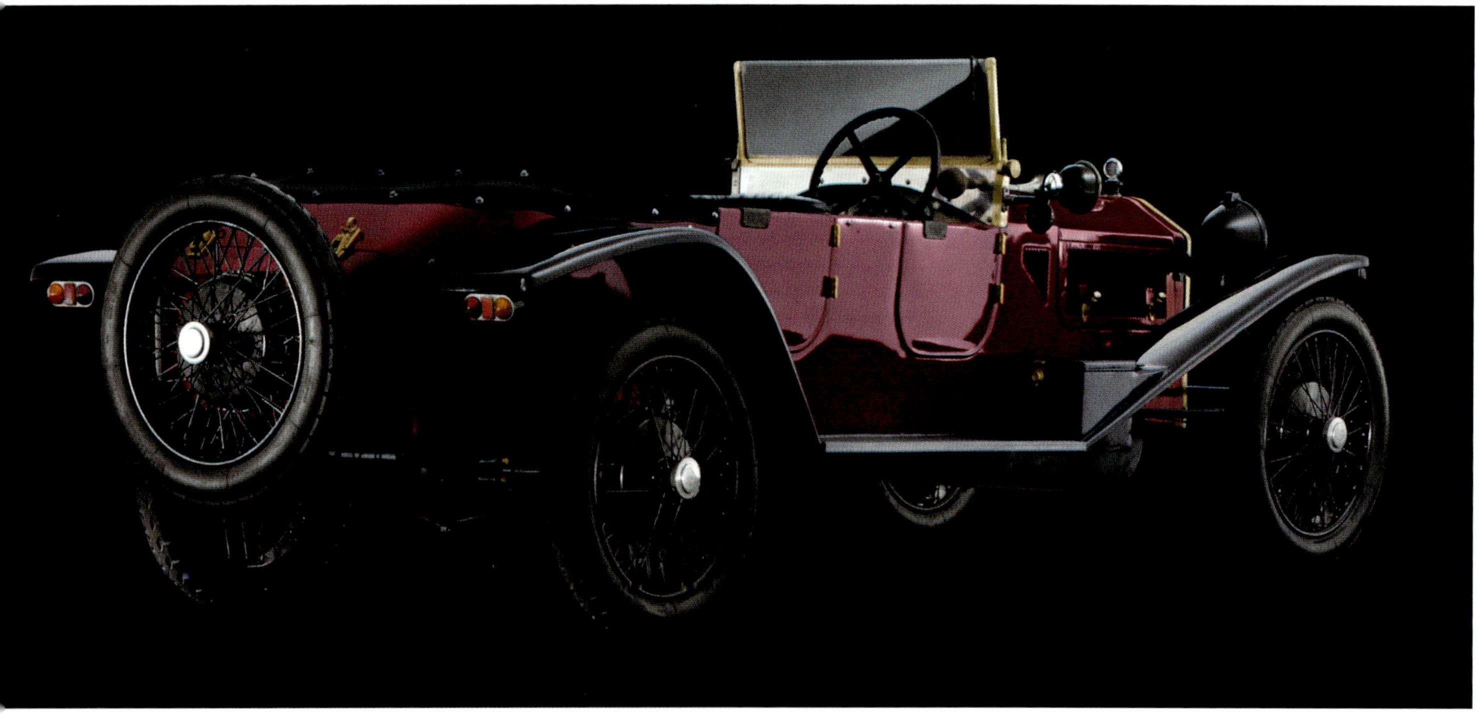

in Kauf nehmen. Neun Serien und insgesamt 13.000 Exemplare wurden bis 1931 produziert, die ersten fünf mit geringen Modifikationen und Verbesserungen.

Später folgten Veränderungen wie eine neue Schaltung, die Vergrößerung des Hubraums von 2120 Kubikzentimetern bei 49 PS auf bis zu 2568 Kubikzentimeter und 69 PS. Dank unterschiedlich großer Radstände gab es verschiedene Aufbauten. Die Preisliste begann bei 43.000 Lire.

Der Lambda ist das beste Beispiel für die gelungene Kombination von Form und Funktion und ein Meilenstein für die Entwicklung des heute so genannten klassischen Autos in jenem Jahrzehnt.

Die Firma erlebte goldene Zeiten, und das nicht nur wegen des revolutionären Lambda. Nach dem Krieg setzte sie auch auf die Produktion von Nutzfahrzeugen – mit den für den Kappa und den Dikappa gebauten Motoren.

Während des Krieges hatte sich das Unternehmen zudem den V-Motor mit engem Zylinderwinkel patentieren lassen, der in Caproni-Militärflugzeugen zum Einsatz kam. Ziel war es gewesen, einen möglichst großen Hubraum auf möglichst kleinem Platz unterzubringen.

Außerdem brachte Lancia in dieser Zeit das erste Auto der Welt mit verstellbarer Lenksäule heraus, den Kappa (1919), sowie die davon abgeleiteten Modelle Dikappa (1921) und Trikappa (1922), wobei der Trikappa über einen V8-Motor verfügte.

Das neue Flaggschiff Dilambda ersetzte 1929 den Trikappa und wurde in New York vorgestellt. Die USA mit ihrem bereits damals großen und rasant wachsenden Autobedarf waren ein wichtiger Exportmarkt, auf dem Lancia schon einen exzellenten Ruf genoss.

77 oben Giacomo Puccini war ein echter Autoliebhaber und bevorzugte Lancia. Diese Aufnahme vom Anfang des 20. Jahrhunderts zeigt ihn am Steuer, flankiert von Gabriele D'Annunzio und Marco Praga (hinten links).

78-79 Die achte und vorletzte Auflage des sehr erfolgreichen Lancia Lambda erschien im Jahre 1928; sie war das Meisterstück der vielseitigen und avantgardistischen Persönlichkeit Vincenzo Lancia. Der revolutionäre Lambda war das Ergebnis der Überlegungen, die er während einer Kreuzfahrt durch die genaue Betrachtung der Schiffskonstruktion angestellt hatte. Dieses Modell erzielte den größten Verkaufserfolg (3903 Exemplare der insgesamt 13.003 produzierten Wagen im Zeitraum von 1922 bis 1931). Der Motor hatte einen Hubraum von 2569 cm³ und leistete 69 PS.

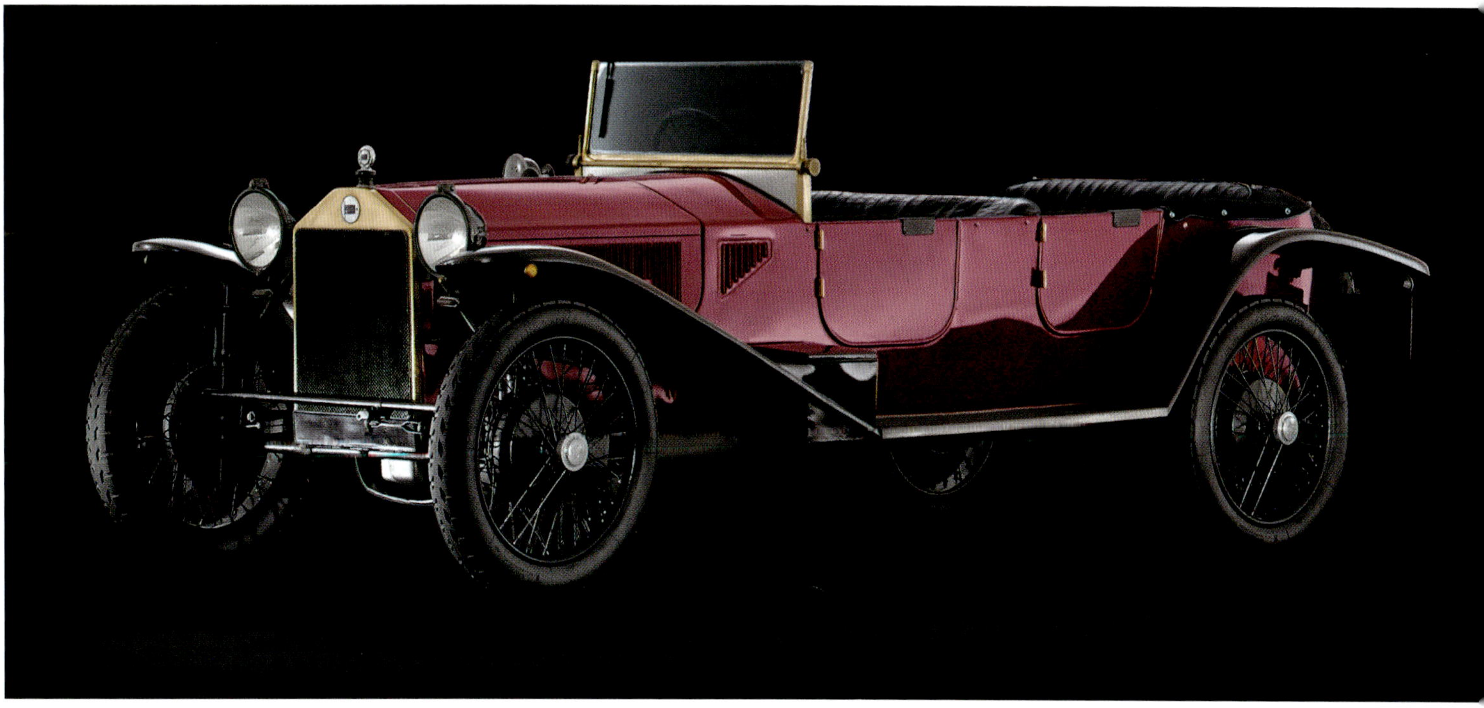

Fiat setzt die Motorisierung Italiens fort

Fiat hatte nach dem Krieg gewiss keine Umstellungsprobleme, und auch die Krise von 1929 brachte die Existenz des Großunternehmens nicht in Gefahr. Dies war vor allem den erwähnten Aufkäufen und der Krise des Giganten Ansaldo zu verdanken. Fiat wurde zum Inbegriff der italienischen Industrie und das Unternehmen mehr und mehr zu einer Staatsangelegenheit. Dennoch war es wegen der Umwälzungen in sozialer und wirtschaftlicher Hinsicht ein schwieriges Jahrzehnt. Was das anbelangt, so ging es nicht nur darum, ob das Auto im Italienischen weiblich oder männlich ist.

Kein Scherz: 1926 bat Giovanni Agnelli, seit 1920 Präsident von Fiat, den Schriftsteller D'Annunzio, den Streit um das „Geschlecht" des Autos beizulegen. In Italien war Automobil männlich angesehen, in Frankreich aber weiblich. Der Begriff, der aus dem Französischen stammt, war zu Anfang das Adjektiv im Begriff „voiture automobile", also „automobiles Gefährt". Nun, der Dichter beschloss, das Auto habe weiblich zu sein.

Auch Fiat musste sich natürlich der wirtschaftlichen Krise stellen. Es galt zu sparen, Leute wurden entlassen, Gehälter gekürzt. Dann war da durchaus Nachfrage, auch aus dem Ausland, konnte aber nicht befriedigt werden. Fiat expandierte dennoch auch international. 1921 wurde das Unternehmen Polski Fiat gegründet, zunächst als Vertriebsorganisation, später wurden in Polen auch Autos montiert. 1927 gründete Agnelli das Unternehmen IFI (Istituto Finanziario Industriale, Industrie-Finanzinstitut), mit dem er der Familie die Kontrolle über den Konzern sicherte.

Außerdem übernahm Fiat 1926 die Tageszeitung La Stampa und die Mehrheitsbeteiligung an der nationalen Eisenbahn sowie Beteiligungen im Werft- und Luftfahrtsektor. In Lingotto wurde 1923 eine neue Produktionsanlage mit mehr als 150.000 Quadratmetern eröffnet. Der 509 war das erste Auto, das in einer großen Serie in dieser hochmodernen Anlage gebaut wurde. 90.000 Exemplare verließen die Montagebänder, auch wenn die Zuverlässigkeit des Wagens nicht so groß wie die des 501 war. Andererseits konnte das Fahrzeug über die neu gegründete Gesellschaft Sava auf Raten gekauft werden, was damals noch sehr ungewöhnlich war.

80 und 80-81 Die neuen Fiat-Werke Lingotto in Turin wurden vom Ingenieur Giacome Mattè Trucco geplant; es war sogar eine Rennbahn auf dem Dach der Anlage vorgesehen, die für Probefahrten, insbesondere zum Testen der Rennwagen, diente. Das Werk Lingotto wurde im Mai des Jahres 1923 eingeweiht und war mit modernsten Produktionsanlagen ausgestattet. Das erste Fahrzeug, das in großen Stückzahlen hergestellt wurde, war das Modell 509.

81 unten links An riesigen Pressen formen Arbeiter im Fiat-Werk in Turin Fahrzeugteile.

81 unten rechts Ein Abschnitt der Montagelinie des Fiat 501 im Jahre 1923 mit dem Zusammenbau der Antriebs- und Lenkkomponenten im neuen Werk in Turin.

FIAT

HAMILTON

514
FIAT

Der robuste 501 von 1919 war hingegen das Nachkriegsfahrzeug, das die durch den Krieg unterbrochene Massenmotorisierung fortsetzen sollte. Dank seiner Zuverlässigkeit, der Größe, der überschaubaren Unterhaltskosten und des ausdauernden Vierzylinders mit 1460 Kubikzentimetern war er sehr alltagstauglich und auch im Ausland geschätzt.

Der 501 war auch das erste Modell von Fiat, dessen sich der Tuningbetrieb Siata (Società Italiana Applicazioni Trasformazioni Automobilistiche) annahm. Die Firma war 1926 vom Rennfahrer Giorgio Ambrosiani gegründet worden und hatte ihren Sitz unweit des Hauptwerkes von Fiat.

Der 505, seine Weiterentwicklung 507 und der 510, aus dem der 512 hervorging, waren Mittelklasse- und Wagen der gehobenen Klasse. Der 512 wurde in großen Stückzahlen nach Großbritannien und Australien exportiert. Das eigentliche Flaggschiff aber war der 519 von 1923 mit sportlichem Sechszylindermotor, ein Wagen von großer Eleganz mit reichhaltiger Ausstattung. Heutzutage gälte dieses Fahrzeug als klassische Staatskarosse.

Die Weiterentwicklung war der 525 von 1928 mit langem Radstand, ein Auto für bis zu sieben Personen. Ein Exemplar des Wagens erhielt Papst Pius X. geschenkt. Der Sechszylinder trug die Bezeichnung 120, er war mit ausschlaggebend für den Erfolg des 520 und repräsentierte eine neue Generation von Motoren, die mit unterschiedlichem Hubraum in einer Reihe von Fahrzeugen verbaut wurden.

82 Plinio Codognato entwarf dieses Werbeplakat für den Fiat 514 von 1929. Die imposante grafische Gestaltung wird beherrscht von der Modellbezeichnung.

83 Der Fiat 509 Spider von 1929 ist eine der Varianten dieses Kleinwagens und das erste Modell, das im neuen Turiner Werk produziert wurde. In vier erfolgreichen Jahren wurden mehr als 90.000 Exemplare verkauft. Ebenso waren die Modellversionen Berlina, Torpedo, Cabriolet und Coupé erhältlich, die dank ihrer Zuverlässigkeit sehr beliebt waren.

84 und 85 Der Fiat 512 von 1926 unterschied sich von seinem Vorgänger, dem 510 von 1919, dem ersten Oberklassefahrzeug von Fiat in der Nachkriegszeit, durch Verbesserungen an Fahrwerk und Bremsanlage.

FIAT

Alfa Romeo begeistert mit dem 6C 1750

Die Zwanziger waren für Alfa Romeo ein magisches Jahrzehnt im Hinblick auf Autorennen, weniger im Hinblick auf die Serienproduktion. Autos von Alfa Romeo waren begehrt und hatten den Rennsport gleichsam im Blut, aber von Stückzahlen wie bei Fiat, die 1926 rund 37.000 Fahrzeuge produzierten, konnte in Mailand nicht die Rede sein. Im Stadtteil Portello wurden in jenem Jahr 1000 Autos gebaut. Die Krise von 1929 war dann die größte Herausforderung, der man sich bis dahin zu stellen gehabt hatte.

Die Aussicht auf die Produktion schlichterer Modelle missfiel dem Ingenieur Nicola Romeo, der deshalb 1928 die Präsidentschaft abgab. Doch die Hinwendung zu den weniger imposanten Typen 6C 1500 und 6C 1750, die gleichwohl extrem sportlich und technisch höchst anspruchsvoll waren, brachte dem Unternehmen die dringend benötigte Stabilität. Schöpfer der Wagen war Vittorio Jano. Geboren am 22. April 1891 in Turin, verhalf er mehreren Automobilherstellern fast ein halbes Jahrhundert lang zu rennsportlichen Erfolgen. Gianni Lancia etwa holte ihn 1954 für den Bau des Formel-1-Wagens D50. Mit Enzo Ferrari arbeitete er ebenfalls intensiv zusammen.

Der 6C 1750, die leistungsstärkere Weiterentwicklung des 6C 1500, wurde und blieb eines der bedeutendsten Modelle von Alfa Romeo. In den vier Produktionsjahren von 1929 bis 1933 wurden 2259 Exemplare gebaut. Er dominierte zwei Jahre lang die Wettbewerbe und machte so natürlich erstklassige Werbung fürs Werk. Touren-, Sport- und Supersportversionen wurden mit Cabrio- und geschlossen Karosserien ausgestattet. Topmodell war der Gran Sport, in seiner Kompressorversion praktisch unschlagbar.

Der 20-30 ES Sport war 1920 das erste Nachkriegsmodell gewesen. Er war der Nachkomme des Veteranen 20-30 HP, der zu dieser Zeit noch produziert wurde. Aber der 20-30 ES Sport hatte mehr Leistung, einen kürzeren Radstand und ein neues Kühlerdesign. Ein großer Teil der produzierten Exemplare wurde bei Rennen eingesetzt, und ein 20-30 ES Sport war das erste Fahrzeug des damals als Rennfahrer bei Alfa Romeo angestellten Enzo Ferrari. Der am 18. Februar 1898 geborene Selfmademan stammte aus Modena und gehört zweifellos zu den bekanntesten Italienern.

Die Modellserien RL und RM von 1921 und 1923 waren für den Rennsport gedacht, auch wenn viele Fahrgestelle von Castagna, Sala und Zagato karossiert wurden und so elegante Fahrzeuge mit einzigartigem, sportlichem Charakter entstanden. Der RL besaß einen von Giuseppe Merosi entwickelten Sechszylinder mit einzelner Nockenwelle in der normalen und mit zwei Nockenwellen in der Sportversion. Die Wagen waren in Langstrecken-, Hochgeschwindigkeits- und Bergrennen unschlagbar. Fast 100 Siege in Tourenwagenrennen sprechen für sich. Fahrer waren unter anderem Antonio Ascari und Ferrari. Weniger erfolgreich war der RM. Er besaß den gleichen Motor wie der RL, allerdings mit vier statt mit sechs Zylindern und einem von drei auf zwei Liter reduzierten Hubraum. Die Kunden zogen den RL vor.

86 Der italienische König Vittorio Emanuele III. in einem Alfa Romeo RM mit langem Radstand, der zusätzlichen Passagieren in einer dritten Sitzreihe Platz bot.

87 Dieses Werbeplakat vermittelt bestens die Botschaft, Alfa Romeo biete neben Sportlichkeit äußerste Eleganz.

ALFA-ROMEO
MILANO
CAMPIONE DEL MONDO
SOCIETÀ ANONIMA ITALIANA
ING. NICOLA ROMEO & C.
MILANO

88-89 Der Alfa Romeo RL war das Produkt des kreativen Genies von Vittorio Merosi. Das Modell entstand 1921 unter Berücksichtigung der aktuellen Rennsportformel. Der Sechszylindermotor mit drei Litern Hubraum und obenliegender Nockenwelle verlieh dem Fahrzeug Durchzugskraft und Leistungsstärke. Es wurde in verschiedenen Modellvarianten angeboten, darunter „Normale" mit 56 PS, „Sport" mit verkürztem Radstand und 71 PS sowie „Super Sport" mit 83 PS. Im Rennen erwies er sich als überlegen, und Rennfahrer wie Enzo Ferrari, Antonio Ascari und Gastone Brilli-Peri waren von ihm begeistert.

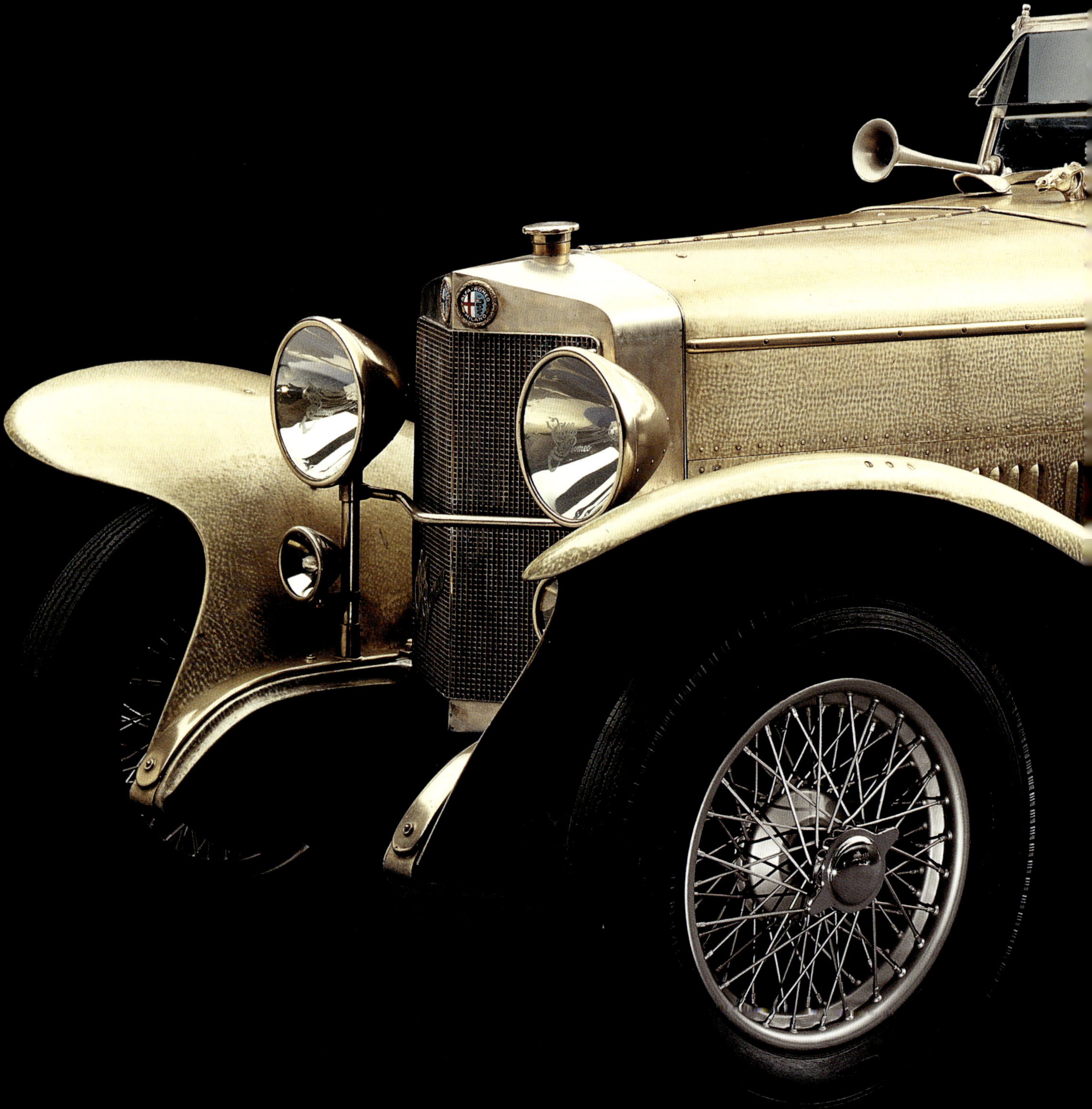

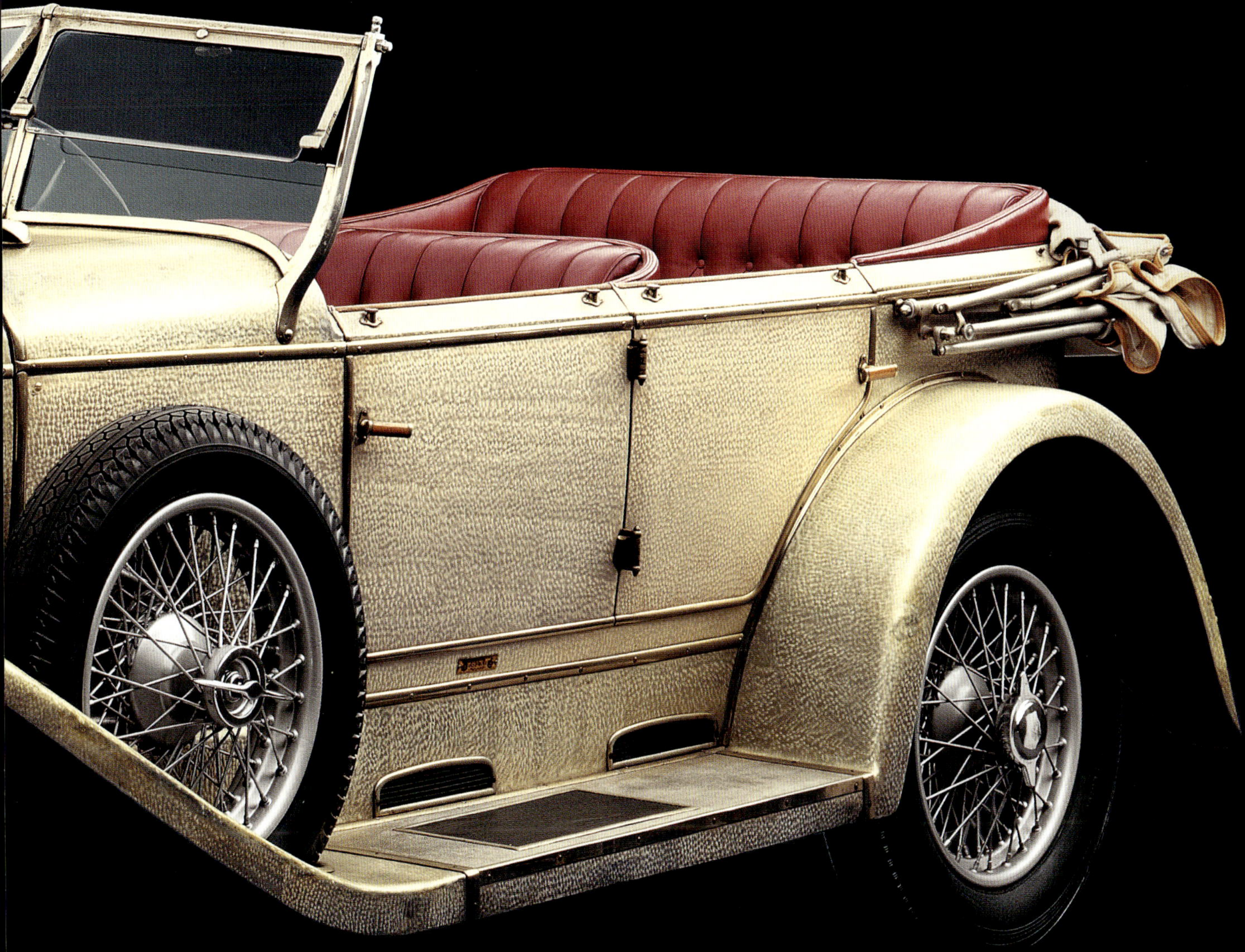

Italien dominiert den Motorsport

90 oben Ein Bild vom „Autodromo Nazionale Monza" nördlich von Mailand: Dieser Rennwagen hat die Ziellinie erreicht, muss aber vom enttäuschten Team hinübergeschoben werden.

Zu der Flut an Autorennen in all ihren Formen – von Rund- über Langstrecke bis hin zu Bergrennen – und zu der Übermacht italienischer Rennfahrer und Autos international gibt es bis heute nichts Vergleichbares. Krönung dieser Entwicklung waren der Bau der Autorennstrecke in Monza 1922, des internationalen Tempels der Geschwindigkeit, und die Einführung der Mille Miglia 1927, der schönsten Rennstrecke der Welt mit der Route Brescia–Rom–Brescia über 1600 Kilometer, also tausend Meilen. Es waren gefährliche Zeiten, erinnert sei hier nur an den Tod Antonio Ascaris, der 1925 beim Großen Preis von Frankreich in Montlhéry tödlich verunglückte.

Alfa Romeo war unbezwingbar, uneinholbar, überschäumend. Die Rennsportabteilung mit Vittorio Jano und Enzo Ferrari (1929 öffnete die Scuderia Ferrari, das Rennteam des Mailänder Unternehmens, unter der Leitung Enzos) schuf so den P2, der 1925 mit Gastone Brilli-Peri am Steuer die erste Weltmeisterschaft auf der Rennstrecke von Monza gewann. Der RL dominierte die Tourenwagen-Rennen. Die erste Mille Miglia ging Alfa in der Favoritenrolle an, scheiterte jedoch an technischen Problemen. Campari auf 6C 1500 gewann jedoch das Rennen 1928, während im darauffolgenden Jahr sieben 6C 1750 bei ihrem sportlichen Debüt unter den ersten Zehn landeten.

1932 wurde dann der 6C 1750 Compressore präsentiert und triumphierte in seiner Klasse. Fiat gewann den Großen Preis von Italien 1923 mit Carlo Salamano. Zwei Jahre zuver hatte Pietro Bordino im gleichen Rennen einen Rundenrekord aufgestellt, auch wenn er wegen mechanischer Defekte aufgeben musste. Der 509 hingegen errang 1928 bei der Rallye Monte Carlo einen Doppelsieg. Mit dem 525S gewann Fiat den Alpenpokal.

Lancia nahm offiziell nicht am Rennsport teil, unterstützte aber Privatfahrer. Der Lambda zum Beispiel erreichte den dritten und den vierten Platz bei der ersten Mille Miglia 1927, die ein OM gewann, und den dritten Platz im Jahr darauf. Auch der majestätische Isotta Fraschini schlug sich gut bei den Straßenrennen. Bugatti gewann 1927 mit dem magischen 35 die italienische Meisterschaft.

Wie Alfa Romeo war auch Maserati eine Rennsportmarke. Über den bereits erwähnten Sieg des Tipo 26 beim Debüt der Targa Florio 1926 hinaus gewannen Maseratis im darauffol-

90 unten Antonio Ascari am Steuer eines Alfa Romeo bei der Targa Florio. Der italienische Rennfahrer nahm mehrfach an dem bekannten Langstreckenrennen teil, Defekte und Reifenpannen verwehrten ihm aber jedes Mal den Sieg.

90-91 Emilio Materassi in einem Bugatti Type 35C bei der XVIII. Targa Florio im Jahre 1927. Er gewann das berühmte Rennen und erzielte mit einer Durchschnittsgeschwindigkeit von 71,064 km/h einen Rundenrekord.

genden Jahr auch beim Campionato Italiano Marche. Ebenfalls 1927 ereignete sich der schwere Unfall von Alfieri Maserati mit dem Tipo 26B bei der Coppa Messina. 1930 schließlich gewann der V4 mit V16-Motor den Großen Preis von Tripoli mit Baconin Borzacchini. Drei Jahre später kam Iazio Nuvolari …

91 unten Zieleinfahrt der Targa Florio 1922. Das Autorennen in Sizilien, neben der Mille Miglia eines der bekanntesten weltweit, fand von 1906 bis 1977 jedes Jahr statt, unterbrochen allerdings von den Kriegsjahren.

92 Die heroische Darstellung auf dem Fiat-Werbeplakat ist typisch für die Zeit. Namhafte Künstler wurden engagiert, um die Marke möglichst dramatisch in Szene zu setzen.

93 Der Rennwagen Fiat SB4, aufgrund des infernalischen Lärms aus dem ungedämpften Auspuff besser bekannt als „Mefistofele“. Er wurde 1924 für Rekordfahrten entworfen und von Ernest Eldridge modifiziert, der einen Sechszylinder-Flugzeugmotor mit 21 Litern Hubraum und 320 PS in das eigens verlängerte Fahrgestell einbaute. Im Juli 1924 erzielte der Wagen in Arpajon in Frankreich mit 230,55 km/h einen Geschwindigkeitsrekord.

X-D
7117

KAPITEL 3

Von der Krise 1929 bis zum Krieg

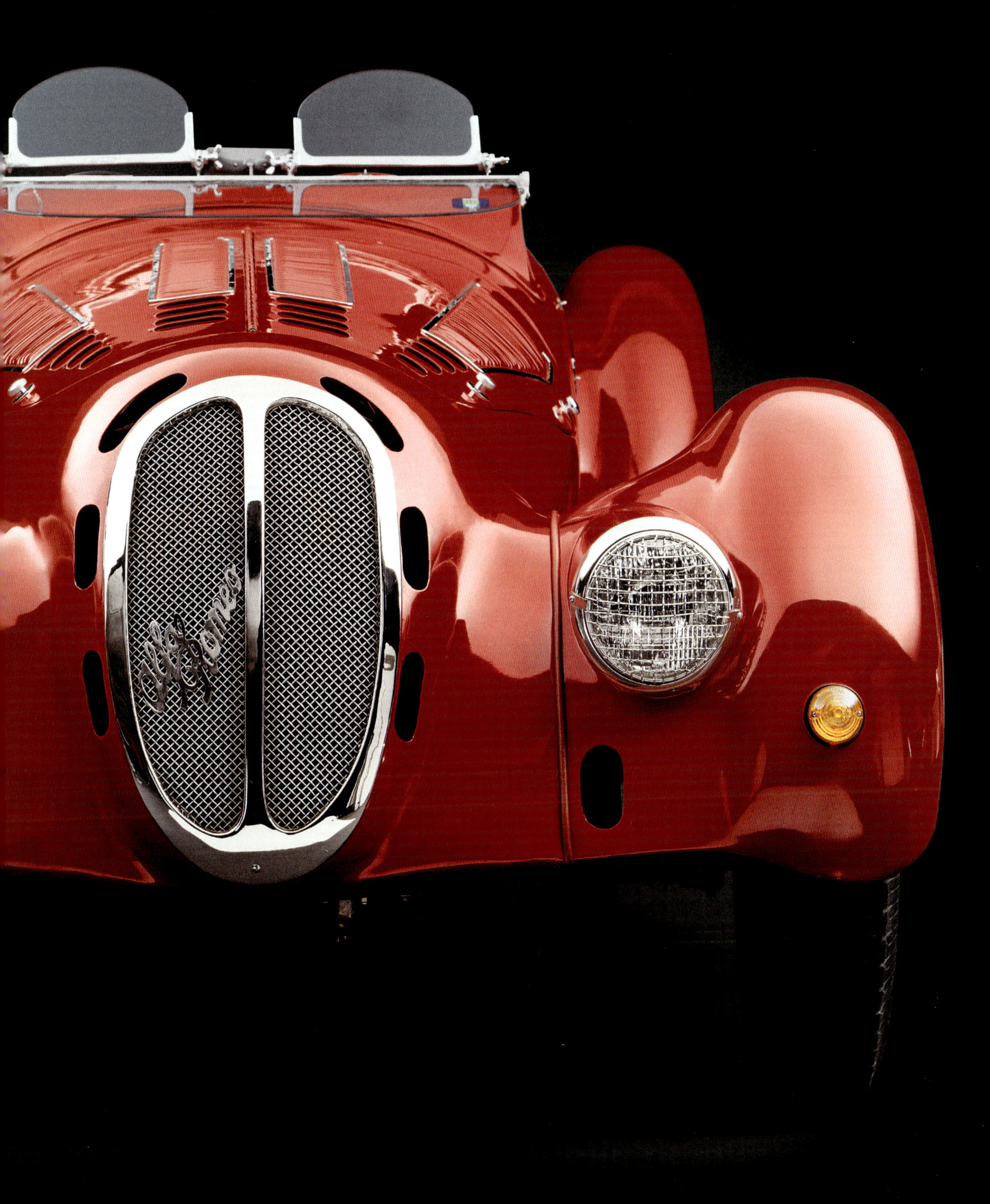

Aerodynamik und die Motorisierung der Massen

Zwischen 1929, dem Jahr der Weltwirtschaftskrise, und dem Ausbruch des Zweiten Weltkriegs entstanden neue Formen des Automobils, die den Gesetzen der Aerodynamik gehorchten. Es entwickelten sich schlanke oder tropfenförmige Modelle mit schräggestellten Windschutzscheiben. Kühler und Scheinwerfer sowie die bislang völlig freistehenden Kotflügel wurden immer mehr in die Karosserie integriert, während bei den ersten Autos die Trittbretter ganz wegfielen.

Der Rennsport, besonders die Mille Miglia, bedeutete außergewöhnlich gute Werbung für die Autohersteller. Die Erfolge der Mailänder Marke Alfa Romeo begeisterten den autovernarrten „Duce" Benito Mussolini ebenso wie die Massen. Spätestens jetzt war das Auto derart mit Bedeutung aufgeladen, dass kaum noch jemand ein reines Transportmittel darin sah.

Die allerwenigsten aber waren imstande, sich solch ein Traumauto zu kaufen. Bedenkt man, dass ein Angestellter Mitte der 30er Jahre etwa 350 Lire pro Monat verdiente, ein Arbeiter 250

94-95 Alfa Romeo nahm 1936 mit dem neuen 8C 2900 B an der Mille Miglia teil und belegte die ersten drei Plätze.

96 unten Zur Entwicklung des Maserati 8CM von 1933 hatte auch Tazio Nuvolari beigetragen. Mit dem Wagen, der eine harte Konkurrenz für Mercedes und Auto Union war, siegte Mantovano in Belgien, Montenero und Nizza.

96-97 Der siamesische Prinz Bira in der Steilkurve während des 200-Meilen-Rennens des Junior Car Club 1938 auf dem Campbell Circuit in Brooklands im Maserati-Achtzylinder mit drei Litern Hubraum.

97 Ein Mechaniker nimmt Revisions- und Einstellarbeiten an einem Maserati 6CM von 1938 vor.

Produktions- und Verkaufszahlen erlebten ein dauerndes Auf und Ab. Allmählich kam die Motorisierung des Landes in Schwung, wenn sich auch noch nicht von „Massen" reden ließ. Daran aber war den regierenden Faschisten durchaus gelegen, und so wurden die allerersten Autobahnen gebaut. Tatsächlich ging es dem Regime in erster Linie darum, sich in Zeiten schier grenzenloser Technikgläubigkeit ein Denkmal zu setzen.

und ein Bauer weniger als 100, während ein Fiat Topolino 8900, ein Lancia Ardea 29.000 und ein Alfa Romeo 8C satte 91.000 Lire kosteten, dann versteht man, warum das Auto für viele nur ein Traum blieb und das Fahrrad, das man schon für weniger als 600 Lire kaufen konnte, immer noch weit verbreitet war.

Die Verkaufszahlen belegen das eindrucksvoll. Mit 33.436 verkauften Autos war 1929, kurz vor

Ausbruch der Krise, ein Rekord erreicht. Erst 1937 und 1938 mit 34.208 respektive 38.675 Fahrzeugen wurde diese Zahl übertroffen. Nach dem Zweiten Weltkrieg kam die Sache dann erst langsam wieder in Schwung, aber schon 1949 wurden 48.883 Autos verkauft.

Ende der 20er Jahre kam in Italien ein Auto auf jeden 250. Einwohner, während in Großbritannien jeder 37., in Frankreich jeder 40. und in den USA sogar jeder zehnte ein Auto besaß. Der alte Kontinent lag im Vergleich zu den USA weit zurück. In Übersee wurde der Entwicklungsprozess des Autos durch den riesigen Markt und dank knallharten Wettbewerbs niedrige Preise beschleunigt. Eine gewaltige Marketingmaschine wurde angworfen, erste Stylingabteilungen machten mit Concept und Show Cars Appetit auf den nächsten Jahrgang.

In den USA wurde es in dieser Zeit üblich, jedes Jahr ein neues Modell vorzustellen. Das Modelljahr bestimmte so die Lebenszeit eines Fahrzeugs und damit auch dessen Verschwinden vom Markt, um Platz zu machen für ein neues, verbessertes Modell. Dieser Prozess wird auch als Restyling bezeichnet. Europa, das anfangs die Entwicklung des Automobils bestimmt hatte, fiel jetzt zurück. Bis Kriegsende blieb die weitere Entwicklung ohnehin unterbrochen.

Als man dann die Fabriken wieder auf die Autoproduktion umstellte, knüpfte man an die Projekte der 30er Jahre an. So blieben einige Modelle tatsächlich jahrzehntelang in Produktion. In Italien war dies der Fiat Topolino, der von 1936 bis 1955 in den Serien A, B und C und mit den Karosserien Berlinetta, Gardiniera und Belvedere etwa 520.000-mal verkauft wurde. Dies war ein gewaltiges Volumen für den italienischen Markt, auch wenn es neben den millionenfach verkauften Citroën 2CV und VW Käfer klein erscheinen mag.

98-99 Die Karosserie dieses Alfa Romeo 8C 2900B Spider von 1937 ist auf einem Fahrgestell mit verlängertem Radstand aufgebaut. Mit leistungsstarker Technik (Achtzylindermotor, 220 PS, zwei Kompressoren) handelte es sich um einen veritablen Rennwagen im Straßenanzug.

99 oben Benito Mussolini 1941 in Rom in seiner Staatskarosse, einem Alfa Romeo 6C 2300, ausgeführt auf einem Fahrgestell mit verlängertem Radstand, mit Sitzplätzen für bis zu sechs Personen.

Codognato
Balilla
FIAT

Die Geburt des Fiat Balilla und des Topolino

„Getauft auf den schicksalsträchtigen Namen der neuen italienischen Jugend, ist mit dem Balilla endlich ein Auto für das Volk entstanden.“ So pries der „Duce“ Mussolini den 508, denn Balilla war auch der Name der faschistischen Jugendorganisation. Ein Aushängeschild für Fiat sei der neue Wagen, kommentierte die Zeitschrift „Le vie d'Italia“, als Giovanni Agnelli das Modell im Turiner Werk präsentierte. Das war am 9. April 1932, also drei Tage vor der offiziellen Vorführung auf der Mailänder Messe. Für den Arbeiter war das Auto freilich immer noch viel zu teuer.

Mit 10.800 beziehungsweise im Herbst desselben Jahres nur noch 9900 Lire, die sogar in Raten zahlbar waren, war der Balilla auf jeden Fall das günstigste Auto von Fiat. Doch nicht nur der Preis, sondern auch seine Leistungsfähigkeit machten ihn zu einem Verkaufsschlager. Gute Straßenlage, leichtes Handling, ein spritziger kleiner Motor mit 990 Kubikzentimetern und 20 PS, 85 Stundenkilometer Spitze, geringer Verbrauch und simple Wartung machten ihn ziemlich attraktiv. Obendrein bot er vier Insassen Platz. Nach dem Zero erwies sich Fiat erneut als Spezialist für Kleinwagen. Daran hat sich im Prinzip bis heute nichts geändert.

Der Balilla war ein tolles Auto, aber er hatte einen Staatsauftrag von den Faschisten mit auf den Weg bekommen. In der Presse las sich das so: „Industrielle, Händler, Gewerbetreibende und Angestellte, Ärzte, Buchhalter, Rechtsanwälte, Vermessungstechniker, Unternehmer, Sachverständige, Geistliche; sportliche Jugendliche und reife Grundstücksbesitzer, Fräuleins und Mütterchen: Sie alle sehen im neuen Fiat das lang geforderte, bezahlbare Auto. Keine Eintagsfliege mit geringen Möglichkeiten, sondern ein echtes, vollkommenes, großartiges Automobil von langer Lebensdauer, das jeden noch so unterschiedlichen und noch so schwierigen Wunsch erfüllt.“

Bis 1937 wurde der Balilla mit Drei- oder Vierganggetriebe insgesamt 113.095-mal verkauft. Auch die internationalen Märkte wurden bedient und in Lizenz wurde der Wagen sowohl in Spanien, Großbritannien und Polen als auch in Deutschland und Frankreich gebaut.

Zwischen dem Balilla und dem Topolino, dem zweiten Meilenstein Fiats jener Zeit, erschienen,

100 Dieses Werbeplakat von Fiat aus den 30er Jahren war gleichzeitig Propagandamittel der Faschisten: Ein Balilla, Angehöriger der faschistischen Jugendorganisation, vor dem Fiat, der entsprechend getauft nach dem Wunsch des Regimes die Motorisierung Italiens vorantreiben sollte.

101 Der Fiat Balilla mit Dreigangschaltung, von 1932 bis 1934 produziert, war aufgrund seines günstigen Preises (10.800 Lire), guter Leistung und Wirtschaftlichkeit das erste Auto für die Massen. Als erstes italienisches Auto wurde es mehr als 100.000 Mal gebaut.

auch im Zuge des Erfolgs des 508 Balilla, zwei weitere Modelle. Mit dem Ziel, die Produktpalette mit Modellen der Mittelklasse und der gehobenen Mittelklasse zu erweitern, wurden 1933 der Ardita und 1935 der 1500 präsentiert. Trotz der Werbekampagne mit dem Slogan „Hinaus zur Eroberung" okkupierte der Ardita keinen Platz an der Sonne. Seine Eigenschaften waren das genaue Gegenteil der des Balilla: ein mittelmäßiger Motor, hoher Verbrauch und hohe Wartungskosten. Das schlug sich in den Verkaufszahlen nieder: Gerade einmal 8500 Exemplare wurden insgesamt verkauft.

Aber der Ardita, und mehr noch der 1500, waren moderne Fahrzeuge und derart schick geraten, dass sie alle bis dahin produzierten Modelle schlagartig alt aussehen ließen. Der von Bertone gezeichnete Ardita 518L war eine sechssitzige Limousine mit abgerundeten Kotflügeln, die noch nicht in die Karosserie integriert waren, schräggestellter Windschutzscheibe und einem vorgebauten Kühlergrill, der den eigentlichen Kühler verbarg.

Mit dem 1500 wollte Fiat den Boden wieder gutmachen, den man mit dem Ardita verloren hatte. Das neue Modell war sehr modern gezeichnet mit einer geschwungenen Karosserie und fast ganz in die Kotflügel eingelassenen Scheinwerfern. Der 1500 bot fünf Personen Platz, hatte einen ordentlichen Kofferraum und vorn große Ausstellfenster. Selbstrückstellender Blinkerhebel an der Lenksäule und ein eigener Hebel für die Lichthupe waren damals etwas Besonderes und sind bis heute Standard. Unter der Haube arbeitete ein Sechszylindermotor mit 1,5 Litern Hubraum. Stilistisch war er das Vorbild für den 500A Topolino, was auch zu dessen Erfolg beitrug. Dank des fortschrittlichen Entwurfs machte der 1500 auch nach dem Krieg noch eine gute Figur und wurde immerhin bis 1948 gebaut.

Wie der 1500 war auch der Topolino ein Erfolgsmodell. 122.016 Exemplare wurden zwischen 1936 und 1948 verkauft, mehr als 20.000 davon in Lizenz von NSU und Simca. Rechnet man noch die bis 1955 produzierten Serien B und C hinzu (sein Nachfolger war der 600), ergibt sich eine Summe von mehr als einer halben Million verkauften Exemplaren. Er spielte also unbestritten eine entscheidende Rolle bei der Massenmotorisierung.

102-103 Der Fiat 518 Ardita war kein großer Verkaufserfolg; die Produktion der Modelle 1750 und 2000 sowie des Modells 527 Ardita 2500, von 1934 bis 1936 gebaut, wurde nach nur 8452 Exemplaren eingestellt.

103 Ein Plakat wirbt für den Fiat 518 Ardita von 1933, der das Marktsegment der Mittelklasse bedienen sollte und den Erfolg des Balilla nutzte.

Ardita
FIAT

Seine Erfolgsgeschichte verdankte der 500 Topolino („Mäuschen", der Name von Micky Maus in Italien) vor allem dem Talent seines Schöpfers: Ingenieur Dante Giacosa war ein weiterer Konstrukteur und Autodesigner, der sich ganz Fiat verschrieben hatte. Geboren am 3. Januar 1905 im Piemont, lebte er in Turin und zeichnete bis 1971 für alle bis dahin gebauten Fiats verantwortlich. Es wurde zu seiner Lebensaufgabe, ein winziges Auto zu erfinden, das damals kleinste der Welt.

Er brachte es fertig, ein Fahrzeug mit einem Radstand von zwei Metern zu konstruieren, dessen Kabine dank des sehr weit vorne eingebauten Motors und einer vorderen Einzelradaufhängung mit unteren Querlenkern und einer oberen Querblattfeder mühelos zwei Erwachsene, zwei Kinder und etwas Gepäck aufnahm. Mit seinen rund 3,20 Metern Länge und dem Vierzylindermotor mit einem Hubraum von 569 Kubikzentimetern und 13 PS erreichte der Topolino, auch dank seiner Bonsaigröße, 85 Stundenkilometer.

Und nicht nur das: Mit dem Kaufpreis von 8900 Lire, einem mittleren Verbrauch von weniger als sechs Litern auf 100 Kilometer und einer Kraftfahrzeugsteuer von gerade einmal 276 Lire pro Jahr wurde er zu dem Fahrzeug, das Agnelli wollte: ein Auto, das sich (fast) jede Familie leisten konnte. Stilistisch ähnelte er dem oben beschriebenen 1500, beim Prototypen waren sogar die Scheinwerfer ebenfalls in die Karosserie eingebaut, aufgrund der hohen Produktionskosten griff man aber schließlich auf die klassische Version zurück.

Der letzte neue Fiat, der vor Ausbruch des Krieges auf den Markt kam, war der 2800: ein nach dem Muster des 1500 entstandenes Auto, das als Limousine und Cabriolet erhältlich war. Charakteristisch war seine wuchtige Front, die später auch beim 1100 verwendet wurde, der 1939 erschien. Dieser war praktisch eine Neuauflage des 508C, um das 40-jährige Bestehen von Fiat zu feiern.

104 Der Leiter der Entwicklungsabteilung von Fiat, Ingenieur Dante Giacosa, posiert neben einer seiner Kreationen, dem Topolino. Dieses Fahrzeug war für ihn die Antwort auf die große Herausforderung, ein kleines Auto (3,21 Meter Länge) für vier Personen zu realisieren.

105 Arbeiter am Fließband 1 in den Werkshallen von Fiat in Turin: Die Karosserie des 500A, besser bekannt als Topolino, wird zur „Hochzeit" aufs Fahrgestell abgesenkt.

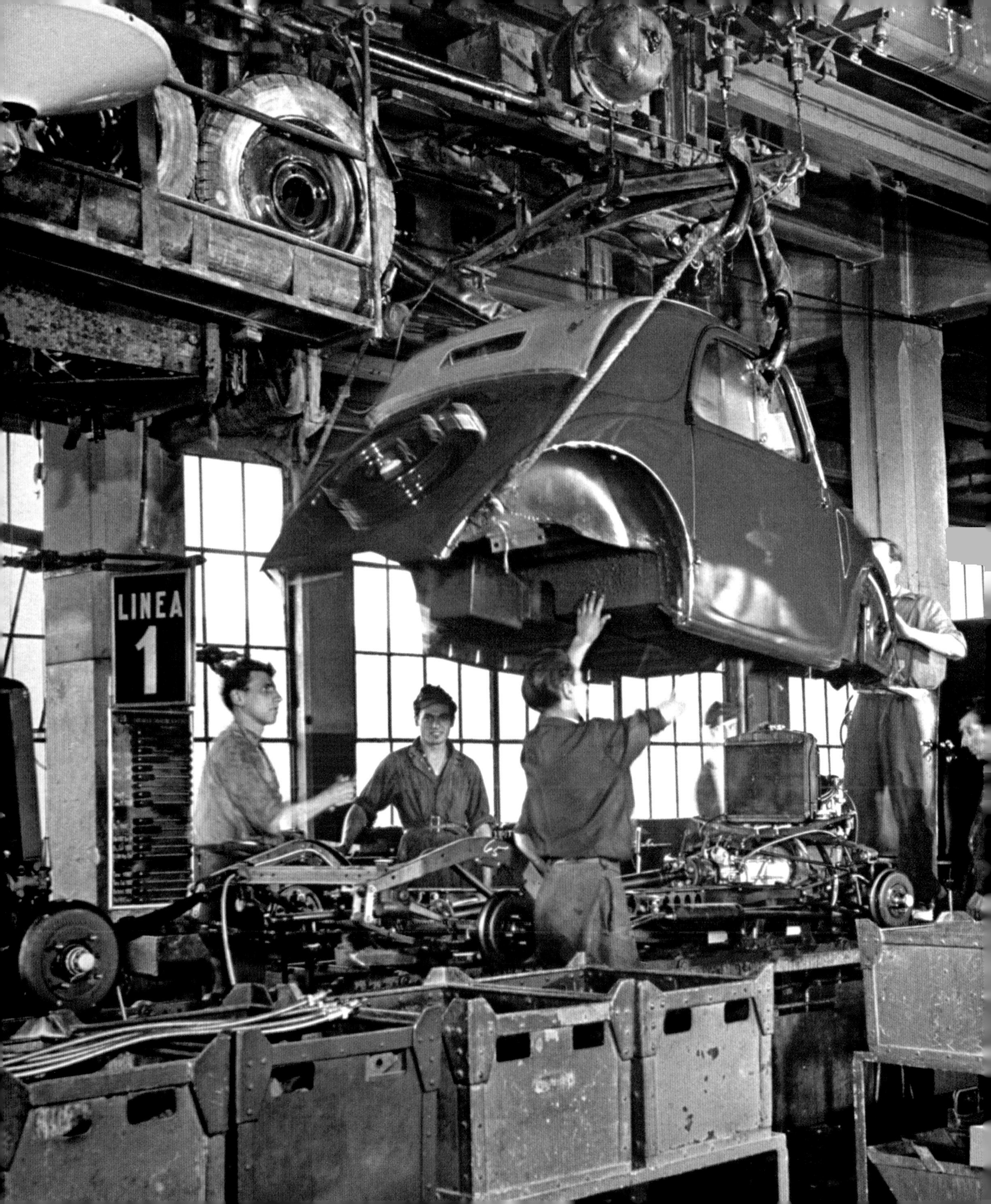
LINEA
1

FIAT

106 und 106-107 Der Fiat 500 A Topolino war ein sympathischer Wagen, auch in der Version mit Faltdach, die fast ein Cabriolet aus ihm machte. Bei seiner Einführung war es das kleinste Automobil der Welt, das vier Personen Platz bot (zwei Erwachsene und zwei Kinder oder Gepäck). Das wurde unter anderem durch den weit vorne sitzenden Motor und die Vorderachsaufhängung mit einer Querblattfeder erreicht.

108-109 Im Jahr 1941 baut Fiat für den italienischen König Umberto ein Sondermodell mit reichlich Chromschmuck und nur zwei großen Türen, durch die aber ein bequemer Einstieg auch für die hinteren Plätze garantiert war.

Alfa Romeo, wechselnde Besitzer und das „Cavallino Rampante“

Alfa Romeo hatte immer mehr Erfolg mit seinen Autos, was nicht zuletzt der sensationellen Rennsportkarriere in den 30ern zu verdanken war. Alfas Rennabteilung war die Scuderia Ferrari, und so nahm das „Cavallino Rampante", das sich aufbäumende Pferdchen, den Platz des vierblättrigen Kleeblatts ein. Legendäre Rennwagen entstanden: Tipo B mit einem Achtzylinder, der aus zwei Vierzylindern zusammengesetzt war, Tipo 8C, 12C und zuletzt der 158, besser bekannt unter dem Namen Alfetta.

Die Übergabe der Rennabteilung an Ferrari war eine Folge der Übernahme durch die staatliche Holding Istituto di Riconstruzione Industriala (IRI). Es wurde auch das Vertriebsnetz neuorganisiert: Die Filialen wurden nun von der Muttergesellschaft geleitet, nicht mehr von Vertragshändlern. Besonderes Augenmerk lag auf Nutzfahrzeugen, Bussen, Diesel- und Flugzeugmotoren. Zu diesem Zweck wurde eigens eine Anlage in Pomigliano d'Arco errichtet.

Das Werk wurde im Krieg durch Bomben zerstört. Auch das Werk in Portello wurde angegriffen, der Maschinenpark war aber vorsorglich in Sicherheit gebracht worden, sodass die 8000 Arbeiter nach Kriegsende die Arbeit wieder aufnehmen konnten.

Vor dem Krieg waren nur zehn Prozent in der Produktion von Privatautos tätig. Zu den wenigen damals gebauten Modellen gehörte der 8C 2300/2600 von 1931, eine weitere Meisterleistung Janos wie der Nachfolger von 1936, der 8C 2900 A/B, beides starke Gran-Turismo. Dank der außergewöhnlich hohen Leistung gelang es 1936, bei der Mille Miglia des gleichen Jahres das gesamte Siegerpodest zu erobern, wobei die Verfolger mit großem Vorsprung abgeschlagen wurden. Nicht zuletzt an diese fantastischen Autos erinnerte Alfa, als es 2007 um die Namensgebung für den neuen Sportwagen ging.

110-111 Der Alfa Romeo 8C 2300, hier als Spider, gebaut von der Karosseriebaufirma Touring im Jahre 1934, wurde von Beginn an bei Rennen eingesetzt: 1931 nahmen zwei von Zagato karossierte Exemplare an der Mille Miglia teil, die von Nuvolari (Neunter) und Arcangeli (ausgeschieden) für die Scuderia Ferrari gefahren wurden.

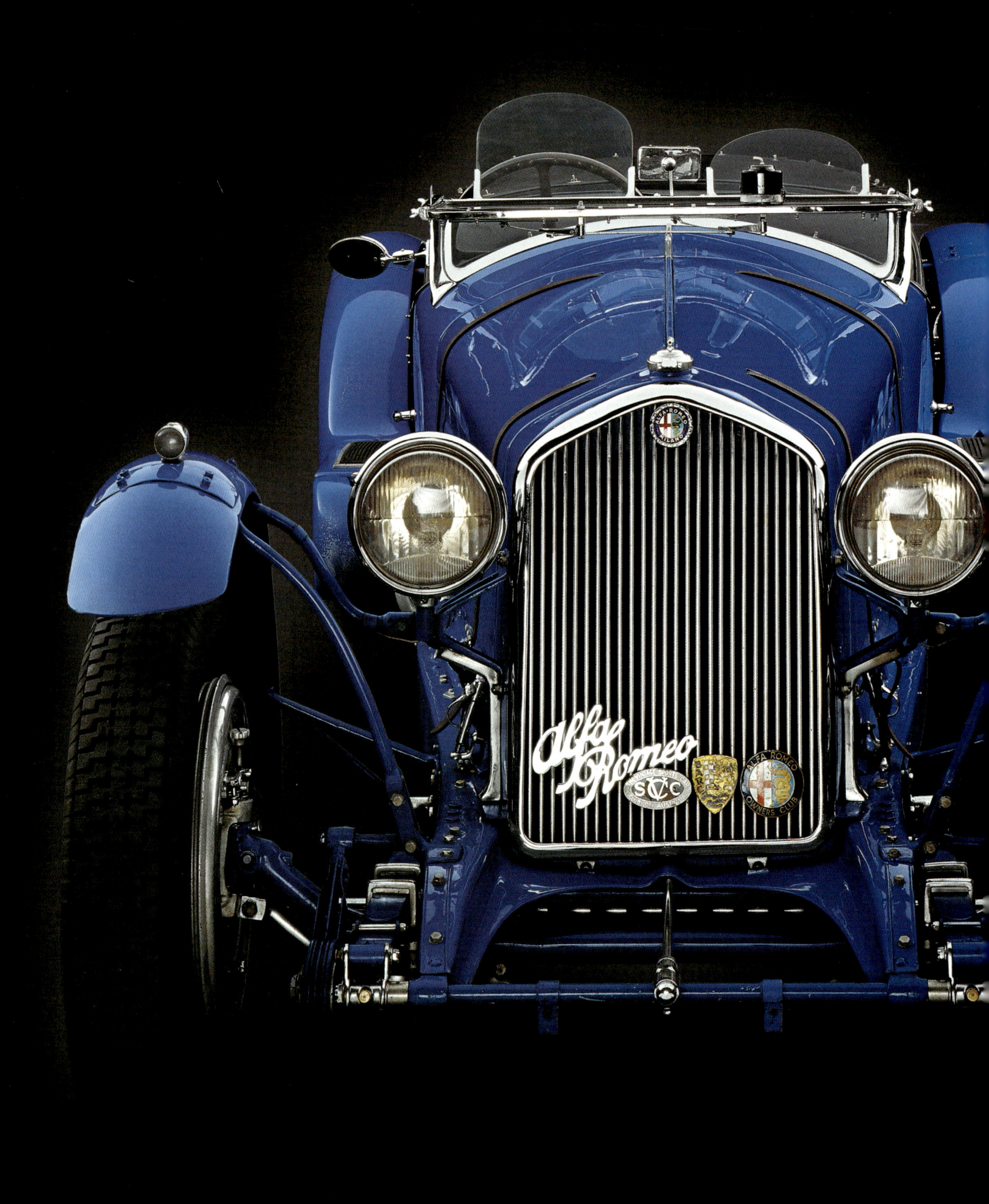
Alfa Romeo
ALFA ROMEO
OWNERS CLUB

112-113 und 113 Die Farbe Blau war eigentlich charakteristisch für französische Sportwagen, für italienische hingegen das Rot und für englische das Flaschengrün; das Bild zeigt einen Alfa Romeo 8C 2300 Le Mans von 1933 mit einer Karosserie von Touring in ungewöhnlichem Blau. Der 8C 2300, gebaut in einer Auflage von 188 Exemplaren und ausgestattet mit einem leistungsstarken Achtzylinder mit 2336 cm³ und 142 PS, war der Garant für den überragenden Erfolg von Alfa Romeo im Motorsport. Fahrgestelle für Rennwagen wiesen einen kürzeren Radstand auf als die von gewöhnlichen Straßenfahrzeugen. Zu den Besonderheiten gehörte der Stauraum für das Ersatzrad im Heck des Wagens.

114-115 und 115 Dieser Alfa Romeo 8C 2900B von 1938 fällt durch seine edle Farbe, die imposanten Abmessungen und die faszinierende Form auf; ein sehr kurzes Heck steht im Kontrast zur sehr langen Motorhaube, unter der ein für den Rennsport entwickelter 220-PS-Motor mit zwei Kompressoren arbeitet. Die auffälligen Proportionen machen den Reiz dieses Wagens aus, der seit jeher Sammler und Liebhaber begeistert. Die schnittige Silhouette des Fahrzeugs wird durch weitere Details wie verkleidete Hinterräder und die geschwungene Form des Kofferraums unterstrichen.

Alfa Romeo

Alfa Romeo

Aus dem 6C 1750 entwickelten sich die Modelle 6C 1900 GT, 6C 2300 und 6C 2300B, die zwischen 1935 und 1939 produziert wurden. 1939 folgte die weiterentwickelte Version in Gestalt des 6C 2500, eines sehr langlebigen Modells, das dank fortschrittlichsten Entwurfs bis 1953 gebaut wurde. Es gab ihn übrigens auch unter der Bezeichnung Coloniale fürs Militär und für den Einsatz in den afrikanischen Eroberungen Italiens.

Bedauerlicherweise endeten die meisten Exemplare des 6C Coloniale als Transportmittel der Offiziere beim Russlandfeldzug. Eine verbesserte Version mit Allradantrieb, kürzerem Radstand und Niederdruckreifen mit grobem Profil ging dann nicht mehr in Serie.

116 Die Titelseite der Zeitschrift L'Auto Italiana vom Dezember 1938 zeigt die Illustration eines Alfa Romeo 8C 2900B Lunga, der von 1937 bis 1939 gebaut wurde.

116-117 Der Alfa Romeo 6C 2500 Superleggera von 1939. Das edle Modell mit Touring-Karosserie wurde bis 1953 produziert und half der Marke Alfa Romeo über die Nachkriegsjahre hinweg.

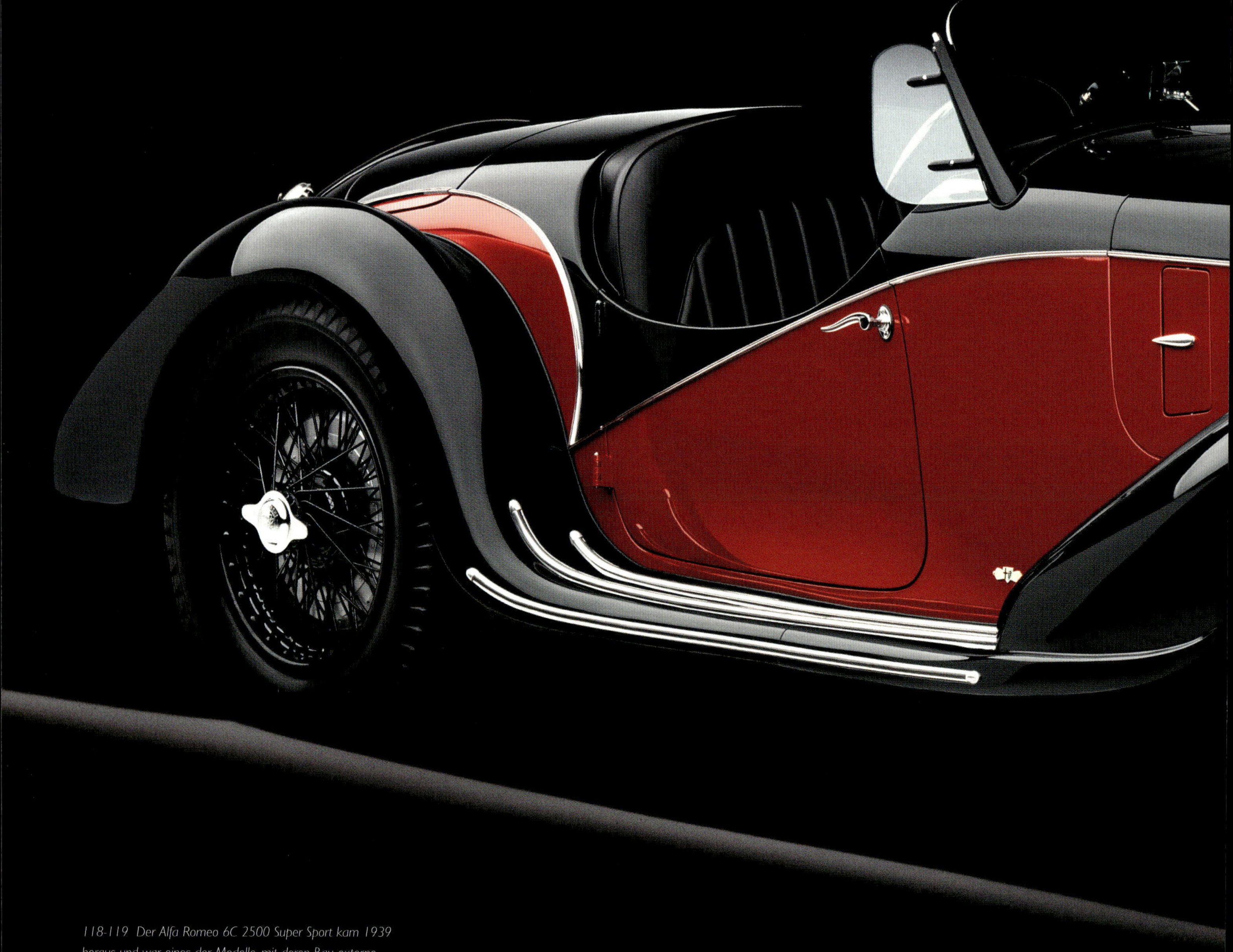

118-119 Der Alfa Romeo 6C 2500 Super Sport kam 1939 heraus und war eines der Modelle, mit deren Bau externe Karosseriefirmen beauftragt wurden; er unterschied sich durch einen Radstand von 2,70 m von der Sport-Version (3 m). Die Karosserien der klassischen Modellvarianten Turismo und Turismo 6/7-Sitzer, wurden jedoch vom Unternehmen selbst gebaut. Alle waren mit einem Sechszylindermotor mit 2443 cm^3 ausgestattet, der zuverlässiger und leistungsstärker war als der des Vorgängermodells 6C 2300B. Das Auto, in einer Stückzahl von 609 Exemplaren produziert, begeisterte jeden, der ein exklusives und schnelles Fahrzeug suchte.

Alfa Romeo

Ferrari - von Alfa Romeo zu Auto Avio

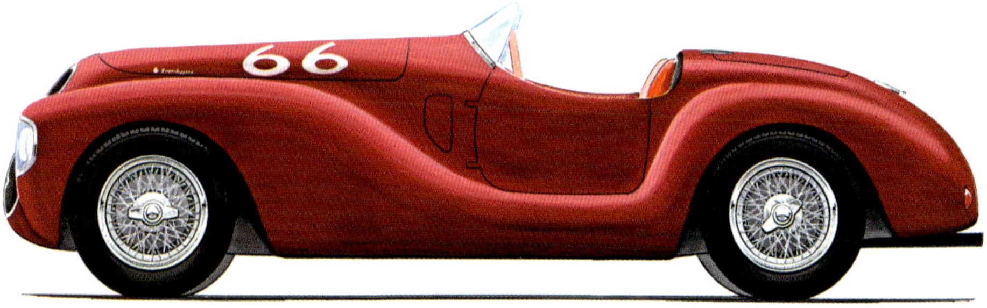

28.04.1940 - Mille Miglia - Auto Avio Costruzioni 815 - Ascari/Minozzi, rit.

Als es 1938 zu Unstimmigkeiten zwischen der Leitung von Alfa Corse, der Rennabteilung von Alfa Romeo, und dem seit 1927 als Manager tätigen Enzo Ferrari kam, trat dieser von seinem Posten zurück und beendete die Zusammenarbeit. Das führte dazu, dass er für die nächsten vier Jahre an keinem Rennen teilnehmen durfte und ihm auch eine Wiedergründung der Scuderia Ferrari untersagt war.

Das bewegte ihn zur Gründung der Auto Avio, die offiziell Werkzeugmaschinen und Motorenkomponenten für die Luftfahrt baute. So war es ihm möglich, die Verzichtserklärung mit Alfa Romeo zu umgehen und sich der Entwicklung des 815 zu widmen. Den Auftrag zu dieser Entwicklung hatten zwei wohlhabende Sprösslinge einer Familie aus Ferrara erteilt, die mit dem 815 beim Großen Preis von Brescia antreten wollten.

Der 815 war somit der erste Ferrari, obwohl er diesen Namen offiziell nicht tragen durfte. Die Bezeichnung 815 stand für einen Achtzylinder mit 1,5 Litern, ein System der Modellbezeichnung, dem Ferrarifahrer in Zukunft in ähnlicher Art immer wieder begegnen sollten. Mit der Entwicklung des 815 wurden Alberto Massimino, der schon bei Alfa Corse als Ingenieur gearbeitet hatte, und Felice Bianchi Anderloni, der Gründer der Carrozzeria Touring, betraut.

Das Triebwerk des Fahrzeugs bestand aus zwei hintereinandergesetzten Fiat-Vierzylindern (Modell 1100) mit einem von 2,2 auf 1,5 Liter verkleinerten Hubraum. Das Fahrgestell hingegen stammte vom 508C. Es wurden zwei verschiedene Ausführungen entwickelt, die sich nach den Anforderungen des jeweiligen Auftraggebers richteten: Das für den Markgrafen Lotario Mangoni Macchiavelli bestimmte Modell hatte eine entschieden exklusivere Ausstattung und edle Lederbezüge, wesentlich sportlicher kam dagegen das Exemplar für Alberto Ascari daher.

Bei den Jungfernfahrten der zwei 815 auf der Autobahn zwischen Mailand und Laghi zeigten beide Fahrzeuge erstaunliche Fahrleistungen, was auf gute Resultate hoffen ließ. Dann schieden allerdings beide im Rennen aus, hatten aber bis dahin den Wettkampf dominiert und eine Spitzengeschwindigkeit von 175 Stundenkilometern erreicht.

Nach der Fertigstellung der beiden 815 widmete sich Ferrari wieder dem Bau von Werkzeugmaschinen. Im Krieg wurde das Werk bombardiert. Dennoch arbeitete Ferrari weiter an einem Projekt für ein neues Rennauto, das nach dem Krieg fertig entwickelt werden und seinen Namen tragen sollte, denn das durch Alfa Romeo verhängte „Embargo" näherte sich seinem Ende.

120-121 Enzo Ferrari am Steuer eines Alfa Romeo mit Achtzylindermotor bei einer Testfahrt für seinen Rennstall; die Aufnahme stammt vom 25. Juli 1924.

121 Das Modell Auto Avio Costruzioni 815 wurde bei der Mille Miglia 1940 für die Fahrer Ascari und Minozzi vorbereitet; es führte zunächst in der Klasse bis 1500 cm³, musste aber dann wegen eines Motorproblems das Rennen vorzeitig beenden.

Die letzten Meisterwerke des Vincenzo Lancia

Während Fiat mit dem Balilla und später mit dem Topolino Modelle vertrieb, die sich hunderttausendfach verkauften, war und blieb Lancia Synonym für Qualität, Eleganz und Exklusivität, kombiniert mit avantgardistischer Technologie und revolutionären Neuerungen. So blieb die Turiner Marke auch in turbulenten Zeiten relativ unbeeindruckt.

Nichtsdestotrotz war sich Vincenzo Lancia der Ebbe bewusst, die seit der Krise in den Geldbeuteln der Italiener herrschte. So bat er seine Konstrukteure, ein günstiges Modell zu entwickeln, ohne an den Qualitätsstandards der Marke zu rütteln. Die Antwort der Techniker, die zunächst Projekt 231 und später „vettura leggera Lancia", also „leichter Lancia" hieß, wurde traditionsgemäß auf der Pariser Automobilmesse des Jahres 1932 präsentiert, um die Reaktion von Publikum und Experten zu testen.

Im nächsten Jahr erhielt die Serienversion auf der Mailänder Messe den Namen „Augusta". Er war ein weiterer Meilenstein der Marke, weil es sich um die erste Limousine der Welt mit einer Art Monocoque handelte: Wagenboden, Fahrgastzelle, Dach, Motor-

raum und Kofferraum waren komplett aus einem Guss. Dieses System war so stabil, dass es auf eine B-Säule verzichten konnte, wobei beim Viertürer gegenläufig öffnende Türen zum Einsatz kamen.

Darüber hinaus gab es auch Neuerungen auf technischer Ebene, unter anderem ein hydraulisches Bremssystem. Lancia war der erste europäische Autohersteller, der dieses Bremssystem einführte, nachdem es zuvor von Vincenzo Lancia höchstpersönlich getestet worden war. Abgesehen davon hielt sich der Augusta an die geforderte Richtlinie in Bezug auf Wirtschaftlichkeit, ohne dabei auf den typischen Lancia-Stil und das hochwertige Herstellungsverfahren zu verzichten, die von der anspruchsvollen Lancia-Klientel gefordert wurden. Der Augusta war das Musterbeispiel eines modernen, kompakten Kleinwagens: 3,81 Meter lang, mit einem erschwinglichen Preis von 19.500 Lire und dank des 1,1-Liter-Motors mit einer Spitze von 105 Stundenkilometern und einem Benzinverbrauch von etwa 11 Litern auf 100 Kilometern attraktiv in Leistung und Verbrauch.

Vor dem Erscheinen des Augusta hatte Lancia 1931 noch zwei andere erschwingliche Mittelklassemodelle herausgebracht: den Artena und den Astura, deren Namen ebenfalls nicht dem griechischen Alphabet entnommen waren, sondern an die antike Stadt der Volsker und an eine berühmte Burg bei Nettuno in der Nähe von Rom erinnern sollten. Auch hier hatten die Viertürer gegenläufig öffnende Türen ohne B-Säulen. Der Astura war quasi der große Bruder des Artena und hatte, obwohl die Steuer nicht nur nach Hubraum, sondern auch nach Zylinderzahl berechnet wurde, einen Achtzylindermotor. Das Chassis wurde von verschiedenen Karosseriebauern mit unterschiedlichen Aufbauten versehen: Touring, Pinin Farina und Castagna schufen Limousinen, Cabriolets und sogar ein überlanges Coupé mit sechs Sitzen. Der Artena hingegen zeichnete sich durch seinen zuverlässigen V4-Motor aus, für den sorgenfreier Betrieb über mindestens 100.000 Kilometer garantiert wurde.

Und schließlich erschien noch der Aprilia, der nach dem Willen seiner Schöpfer leicht und aerodynamisch sein und zudem eine hohe Leistung haben sollte. Er richtete sich an die wohlhabenden Liebhaber sportlich-eleganter Modelle und war als Coupé oder als stabile und wendige viertürige Limousine erhältlich. Das Ergebnis war wiederum außergewöhnlich: Das 1937 erschienene Fahrzeug hatte Einzelradaufhängung vorne und hinten und eine im Windkanal gestaltete, moderne, abgerundete Form mit einem strömungsgünstigen Fließheck sowie gegenläufig öffnende Türen mit innenliegenden Scharnieren. Auch hier wurde wieder auf eine B-Säule verzichtet. Der Hubraum war mit 1,2 Litern kaum größer als der des Augusta. Der Aprilia wurde zu einem vollkommenen Erfolg und fand reißenden Absatz, bis er 1949 durch den Aurelia ersetzt wurde. All das konnte Vincenzo Lancia nicht mehr miterleben: Er war im Jahre 1937 im Alter von nur 56 Jahren gestorben.

122-123 Der Lancia Augusta erschien im Jahre 1932, wie üblich beim Autosalon in Paris, wo er noch „Vettura Leggera Lancia" genannt wurde. Die offizielle Bezeichnung wurde erst ein Jahr später beim Autosalon in Mailand verwendet.

124-125 und 125 oben Der Lancia Ardea kam 1939 heraus und blieb bis 1953 in Produktion. Die Zwangspause durch den Krieg konnte seine Entwicklung nicht aufhalten und das Fahrzeug präsentierte sich nach Kriegsende mit Verbesserungen wie einer Fünfgangschaltung und reduziertem Benzinverbrauch, was zu einer großen Nachfrage bei Taxifahrern führte. Es wurde auch als Transportfahrzeug angeboten. Das als komfortabler Kleinwagen geplante Auto ersetzte das Modell Augusta.

LANCIA

126-127 *Der Lancia Astura wurde von 1931 bis 1937 produziert und erhielt seinen Namen von einer berühmten Burg in der Nähe von Nettuno. Er war eine mit Achtzylindermotor ausgestattete Weiterentwicklung des Modells Artena mit verlängertem Radstand.*

Große Fahrer und denkwürdige sportliche Heldentaten

128 *Tazio Nuvolari am Steuer eines Alfa Romeo 6C 1750 Sport beim Start zu seinem ersten Erfolg bei der Mille Miglia im Jahre 1930. Er kam, zusammen mit seinem Partner Guidotti, mit einem Durchschnitt von 101 km/h als Erster ins Ziel.*

129 *Der Alfa Romeo 6C 1750 Gran Sport von 1930 war ein lupenreiner Rennwagen mit faszinierender Sportwagenkarosserie. Der Sechszylinder mit 1752 cm³, Kompressor und 85 bis 102 PS beschleunigte den Wagen auf bis zu 170 km/h.*

Alfa Romeo, Enzo Ferrari, die Scuderia Ferrari, Mille Miglia, Tazio Nuvolari, Achille Varzi, Giuseppe Farina – das alles sind Namen, die für sich selbst stehen und die italienische Rennsportgeschichte schrieben. Es war ein ungewöhnliches Zeitalter, sowohl was die Rennen betraf als auch die Akteure.

Man denke nur an Tazio Nuvolari, bis heute der größte Rennfahrer aller Zeiten. Furchtlos fuhr er immer Vollgas, zunächst mit Motorrädern, später mit Autos. Die Geschwindigkeit lag ihm im Blut, er war ungestüm und nahm jede Kurve im Drift, er war übermütig und charismatisch. Eben eine echte Persönlichkeit.

Als ein Beispiel seiner Leistungen sei das Rennen um den Großen Preis auf dem Nürburgring 1935 genannt: Nuvolari war fest entschlossen, gegen Mercedes und die Deutschen zu gewinnen und verkündete das offen vor dem Rennen. Die Deutschen hatten mit Mercedes zwar ein deutlich überlegenes Fahrzeug, aber Tazio Nuvolari machte keine leeren Versprechungen, sondern gewann tatsächlich, während die Deutschen in der letzten Runde ausschieden. Die Menschenmenge bejubelte ihn und trug ihn im Triumph auf den Schultern.

Der Krieg beendete dieses goldene Zeitalter des Motorsports. Aber die Leidenschaft für die Rennerei beendete er nicht. Die großen Rennfahrer und ihre Fahrzeuge existierten ja noch. 1950 wurde zum ersten Mal die Weltmeisterschaft in der Formel 1 ausgetragen. Alfa Romeo gewann sowohl diese erste als auch die nächste im darauffolgenden Jahr.

130 Der zufriedene Tazio Nuvolari wird nach seinem Triumph an Bord eines Bugatti Gran Sport bei der dritten Auflage des Premio Reale di Roma gefeiert.

131 Tazio Nuvolari balanciert auf zwei Rädern. Der unvergessene italienische Rennfahrer, 1892 in Castel d'Ario in der Provinz Mantua geboren, starb 1953 nach langer Krankheit in Mantua.

132 oben Achille Varzi an Bord des Einsitzers Alfa Romeo P3, eines leistungsstarken Modells, das in der Nachfolge des P2 die Reihe der Siege fortführte und unter großer Beachtung alle Rennen der Jahre 1932 bis 1934 gewann.

132 unten Achille Varzi (sitzend) zwischen dem Rad des Bugatti Gran Sport und seinem Mechaniker Gianella auf einer Gruppenaufnahme zum Abschluss eines Rennens. Varzi war einer der bedeutendsten Rennfahrer der 30er Jahre.

133 Ein erschöpfter und mitgenommener Achille Varzi in Maserati-Rennkleidung, in einer Aufnahme mit Arcangeli nach dem Großen Preis von Monza zu Beginn der 30er Jahre.

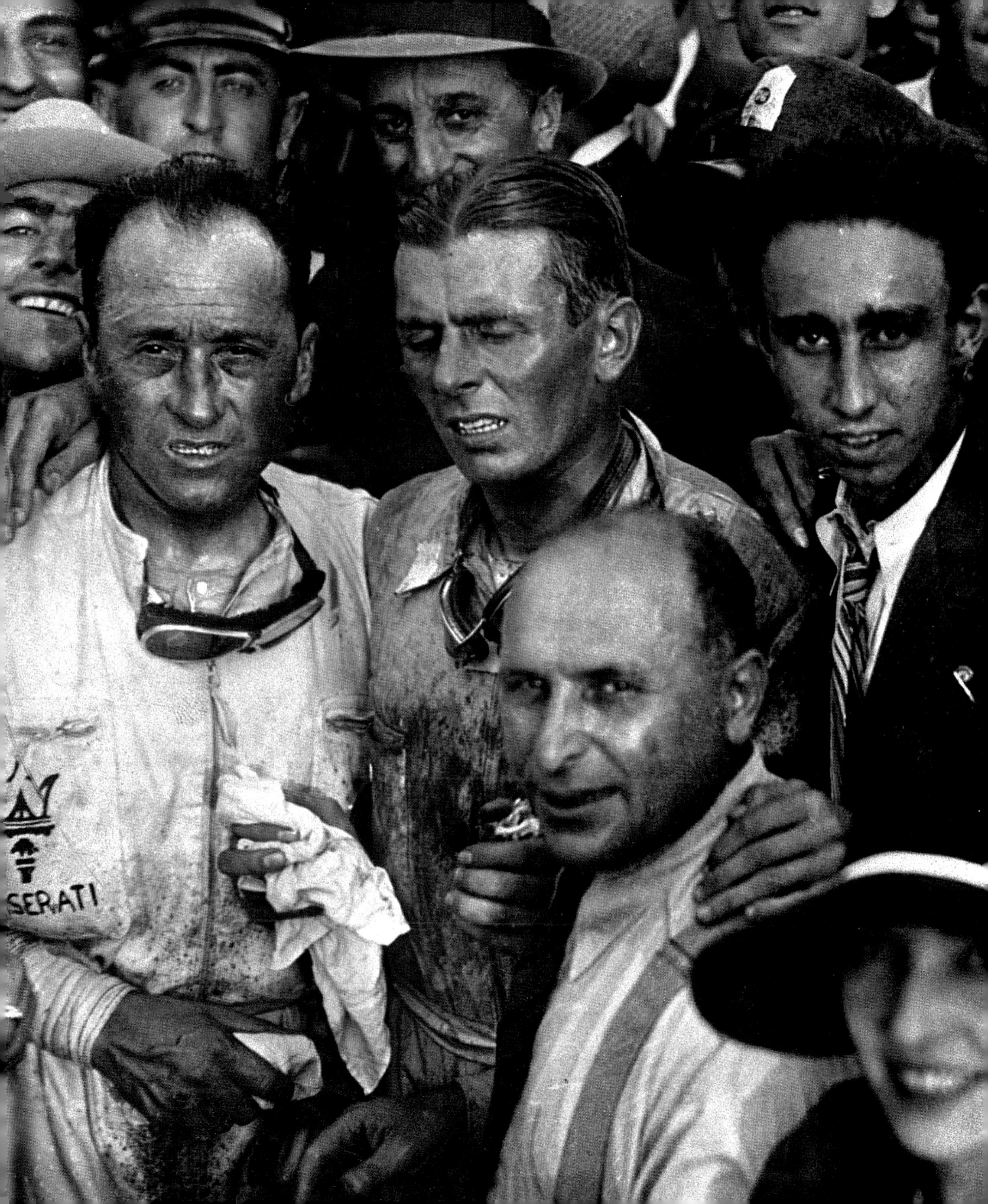
SERATI

KAPITEL 4

Die Nachkriegszeit: Der italienische Stil

Wiederaufbau mit den alten Modellen

Man begann zwar nicht ganz bei null, aber doch fast. Italien hatte unter den Bombenangriffen gelitten, und die Werke der Automobilhersteller waren häufig Ziele gewesen, da sie während des Krieges Rüstungsmaterial wie Lastwagen, Flugzeugmotoren und Munition hergestellt hatten. Wie in anderen Ländern begann die Wiederaufnahme der Automobilproduktion mit den Modellen der Vorkriegszeit, die mit schlankeren Karosseriestrukturen leicht aktualisiert waren. Unter den neuen Modellen fanden sich jedoch auch einige Ladenhüter.

Es gab aber auch Unterschiede, die an die Veränderungen anknüpften, die seit den 30er Jahren im Gange waren. Die Autos erhielten allmählich die heutigen Formen, das heißt, Kühlergrill, Scheinwerfer und Kotflügel waren nun in die Karosserie integriert. Die Folge dieser Entwicklung war in den 50er Jahren die von den Designern so genannte vierte Phase, die des modernen Autos.

Italien gehörte zu den Vorreitern, und das, obwohl es zunächst gehandicapt war. Es war aber auch genau dieses Defizit, das die Automobilindustrie anspornte, Ikonen der Automobilgeschichte zu schaffen, die Italien in die 50er Jahre begleiteten – ein Jahrzehnt, in dem zum ersten Mal in Italien der Verkauf von mehr als 100.000 Autos pro Jahr registriert werden sollte. Es begannen die Massenmotorisierung und ein Boom, der bis 1964 andauerte. 1958 wurden in Italien 830.175 Autos ausgeliefert, 1966 war es dann schon mehr als eine Million.

Im Vergleich zu anderen europäischen Ländern hatte Italien bis dahin – trotz der positiven Entwicklung beim Vertrieb des Automobils – in Bezug auf die Motorisierung des Volkes eher eine Schlusslichtposition innegehabt. Die wachsenden Verkaufszahlen zwangen das Land nun, ein Straßennetz auszubauen, das nicht nur in der Lage war, den wachsenden Verkehr zu bewältigen, sondern auch gleichzeitig den immer höheren Geschwindigkeiten der Fahrzeuge standzuhalten. Die italienischen Erfolge im Rennsport förderten den Verkauf ebenfalls.

Es entstand die „Autostrada del Sole". Dahinter verbarg sich der Plan, Italien mit einem erstklassigen Autostraßennetz zu versehen, das seinesgleichen in der Welt suchen und am Ende 5329 Kilometer lang sein sollte. Baubeginn war am 19. März 1956. Die Entwicklung eines Italiens auf vier Rädern hatte begonnen und ließ sich nun durch nichts mehr aufhalten, weder durch die Folgen des Zweiten Weltkriegs noch durch die Ölkrisen oder die autofreien Sonntage – 30 Jahre lang erlebte die italienische Automobilindustrie eine Hochphase.

Bald starben die ersten ganz Großen der Automobilgeschichte Italiens. 1945 verstarb Giovanni Agnelli und sein treuer Freund Vittorio Valletta wurde zum Geschäftsführer von Fiat ernannt. Dieser war schon seit 1921 als Direktor für Verwaltungsangelegenheiten dabei gewesen und schaffte es, die Autofirma über die Jahre der Krise

hinwegzubringen und Wirtschaft, Finanzen und Produktion so weit anzukurbeln, dass sich Fiat letztendlich international durchsetzen konnte.

1947 starb dann Ettore Bugatti. Der Tod des genialen Konstrukteurs, der in seiner geliebten Geburtsstadt Mailand verstarb, aber im Familiengrab in Dorlisheim in der Nähe von Molsheim beigesetzt wurde, führte zum endgültigen Aus sein-

er Automobilfirma, die bereits 1937 durch den Tod seines Sohnes Jean einen schweren Schlag erlitten hatte. Jean war während einer Probefahrt in einem Typ 57 in der Nähe der Fabrik von Molsheim tödlich verunglückt.

Zu jener Zeit war das schnelle Fahren noch viel gefährlicher als heute. Viele Fahrer starben bei Testfahrten und natürlich in den halsbrecherischen Rennen. Von den heute üblichen Sicherheitsvorkehrungen war damals keine Rede. So mancher Gentleman Driver starb am Steuer, als er Grenzen austesten wollte, die mit einem Fahrzeug nicht überschritten werden durften. Damals fanden das nicht alle Menschen nur leichtsinnig. Im Gegenteil: Für viele galten die Hasardeure der Rennstrecke als veritable Helden und ihr Tod als heldenhafter Bühnenabgang.

134-135 Der Ferrari 250 GT Coupé Tour de France war ein Rennsportwagen; im Unterschied zu den Straßenmodellen hatte er einen kürzeren Radstand und war so wendiger.

136 Ein Fiat 500 mit Dachladung. Der kleine Fiat, der seine glänzende Karriere 1957 begonnen hatte, bot zwar vier Sitzplätze, für den Transport des Gepäcks musste man jedoch improvisieren.

136-137 Fiat Topolino und 1100B auf der Piazza Duomo in Mailand: In den 50er Jahren war das Verkehrsaufkommen noch sehr gering.

Cisitalia 202 und Ferrari 166: Die ersten modernen Sportwagen

Historiker und Designer stimmen überein: Der Cisitalia 202 ist der Archetyp des modernen Sportwagens. Im gleichen Atemzug werden meist auch der Ferrari 166 MM und der Maserati A6 1500 genannt. Alle drei kamen aus Italien und verzauberten die Welt, sie veränderten das Design des Autos. Betrachten wir den 202: Der erste Cisitalia (Compagnia Industriale Sportiva Italiana), der D46, wurde 1946 von dem Turiner Industriellen und Autoliebhaber Piero Dusio und dem Rennfahrer Piero Taruffi entwickelt.

Beide wollten erschwingliche Grand-Prix-Renner schaffen. Diese Absicht wurde mit dem D46 Wirklichkeit, der zunächst von Dante Giacosa, später von Giovanni Savonuzzi weiterentwickelt wurde. Der D46 verfügte über den modifizierten Motor eines Fiat 1100 und schaffte bis zu 170 Stundenkilometer. Die Bedeutung dieses Modells liegt jedoch darin begründet, dass 1947 aus ihm der berühmte Cisitalia 202 entstand: Gebaut für die Straße, war er elegant, leise, niedrig, geschwungen, mit viel Glas, sportlich und so schön anzusehen, dass er 1951 zum Kunstwerk erklärt wurde und seitdem auch im New Yorker Museum of Modern Art zu bewundern ist.

Bereits bei seinem inoffiziellen Debüt 1947 beim GP von Italien und bei der Autoschau in der Villa d'Este war er der unumstrittene Held. Die Formen des 202 stammten von Pinin Farina. Man wollte ein Auto bauen, das so groß war wie ein Buick, so schlank wie ein Rennwagen, so bequem wie ein Rolls-Royce und so leicht wie ein D46. Trotz des stolzen Preises von 6800 Dollar verkaufte sich der 202 bis nach Übersee, und selbst Henry Ford II. war fasziniert und kaufte gleich zwei Exemplare. Nicht nur das: Cisitalia traf 1951 eine Vereinbarung mit Ford, in deren Folge der 808XF gebaut wurde, und zwar mit einem Rahmen von Savanuzzi, einer Karosserie von Ghia und einem Achtzylindermotor von Mercury. Das Abkommen war allerdings nicht von Dauer, sodass nur 188 Stück gebaut wurden.

Zwischen 1947 und 1953 wurden 221 Exemplare des 202 hergestellt, darunter Coupés von Pinin Farina und Vignale und Cabrios von Pinin Farina, Stabilimenti Farina und Castagna. Das Modell 202 SMM (Spider Mille Miglia, auch genannt Spider Nuvolari, weil Tazio Nuvolari 1947 mit ihm den zweiten Platz bei der Mille Miglia erreichte) stammte ebenfalls von Stabilimenti Farina. Der 202 SMM kam mit seinen 65 PS auf 180 Stundenkilometer im Vergleich zu den 160 Stundenkilometern des Coupés. Das Triebwerk, daran lohnt es zu erinnern, stammte aus dem Fiat 1100. 1950 ging Dusio nach Argentinien. Das Unternehmen existierte mehr schlecht als recht weiter, um dann nach einigen missglückten

138 Der Cisitalia 202 von 1947 ist charakteristisch für das Automobildesign der Nachkriegszeit. Eine Ausführung von Pinin Farina hielt 1951 als Dauerausstellungsstück Einzug ins renommierte Museum of Modern Art in New York.

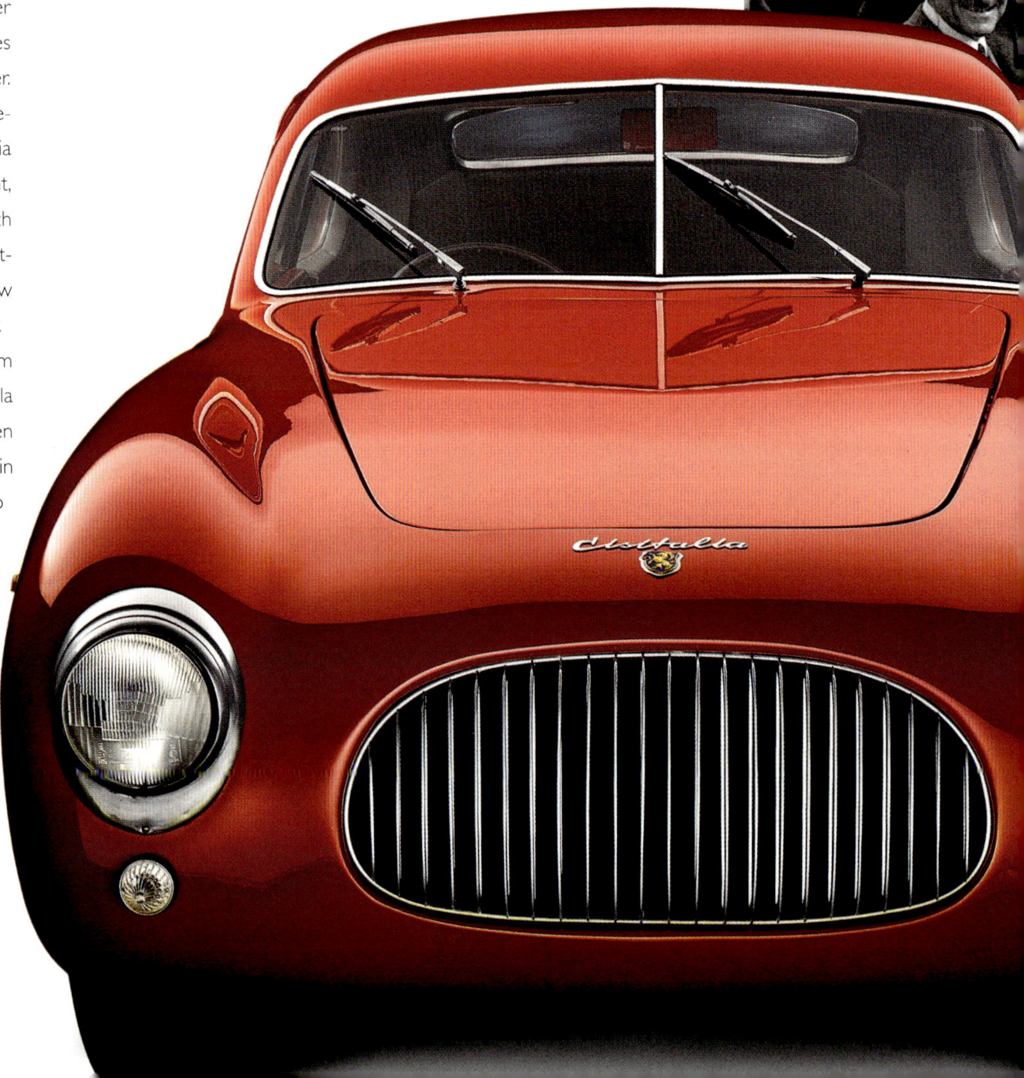

138-139 Der römische Ingenieur und Rennfahrer Piero Taruffi mit dem Tarf II, dem zweiten von ihm entworfenen Doppeltorpedo, der zum Erzielen neuer Rekorde gedacht war. 1937 hatte Taruffi den Geschwindigkeits-Weltrekord auf einer Gilera geholt.

140-141 und 141 Der Cisitalia 202 SMM (Spider Mille Miglia) wurde 1947 bei Pinin Farina gebaut, ist aber besser bekannt als Spider Nuvolari, in Gedenken an den Rennfahrer aus Mantua, der mit diesem Modell im gleichen Jahr den zweiten Platz bei der Mille Miglia erzielte. Das hier gezeigte Exemplar trägt die Fahrgestellnummer 001 und die Motornummer 006.

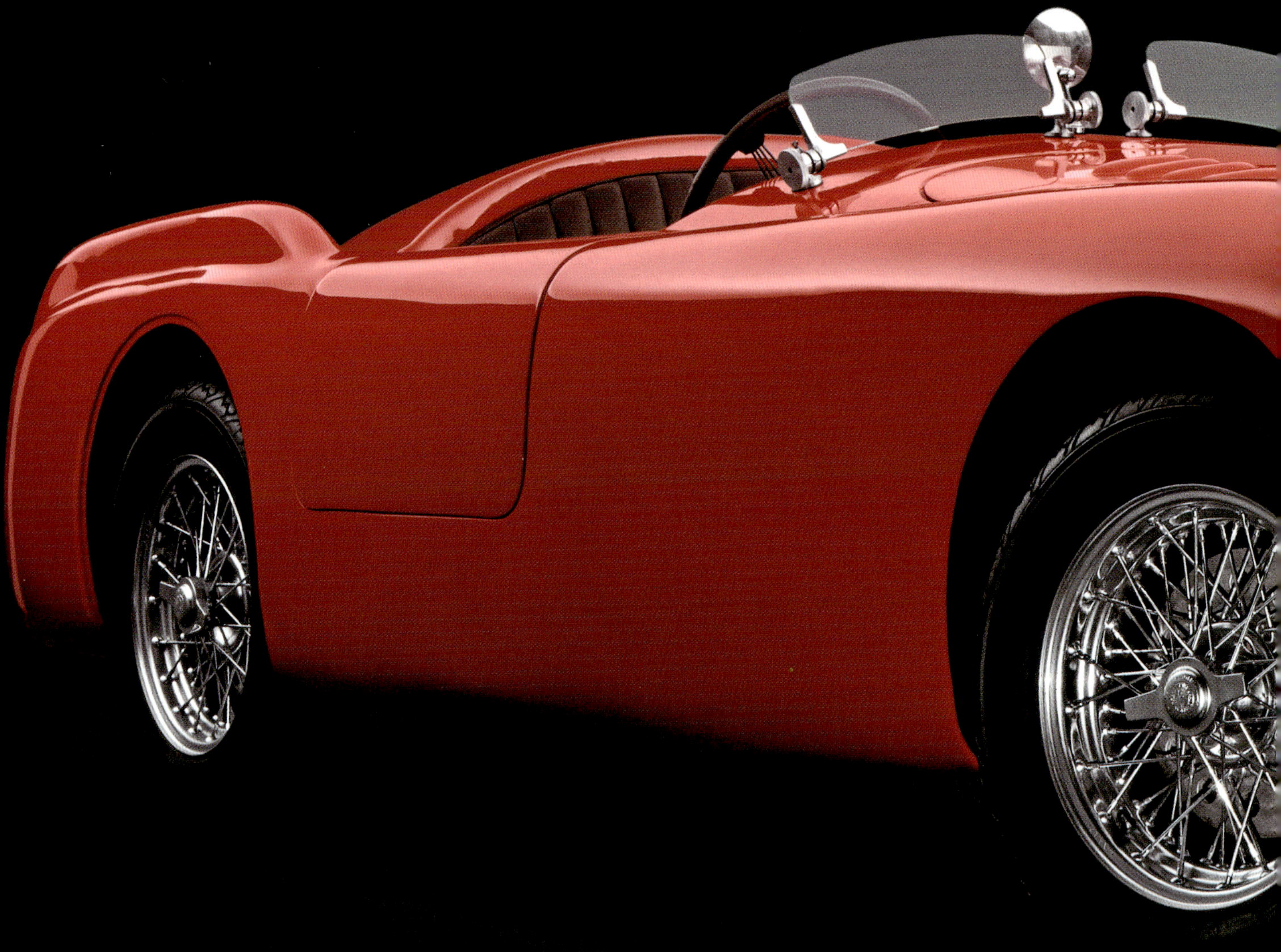

Cisitalia

Cisitalia

Ferrari
Motore 125
Gr.
Motr
N° Dis.
Dis.
Sezione trasversale
Scala 1:1
Data 5-8-46
Mat.
Peso Kg.
Fin.
Quant.
125-10301

Modellen im Jahr 1964 endgültig zu schließen.

Von Niedergang konnte bei Ferrari keine Rede sein. Nach dem zweiten Modell, dem 166, wurde das Unternehmen der weltweit bekannteste Autohersteller, und dieser Wagen ist das perfekte Beispiel für einen in seinen Formen heute noch aktuellen Sportwagen. Nach Ende des Embargos infolge seines stürmischen Abgangs bei Alfa nach 20-jähriger Zusammenarbeit konnte Ferrari nun endlich Autos mit dem eigenen Namen schmücken und so wurde die Firma Ferrari 1946 in Maranello gegründet.

Der erste Wagen, der 125 S, fuhr 1947 zum ersten Mal mit einem neuartigen Zwölfzylindermotor auf der Rennstrecke bei Piacenza und läutete einen Siegeszug ein, der die Marke beständig an der Weltspitze halten sollte. Dieses Fahrzeug war auch das erste, das nicht nur den Namen Ferrari, sondern auch sein Markenzeichen trug: Das schwarze „Cavallino Rampante“, das sich aufbäumende Pferdchen, hatte während des Ersten Weltkrieges die Flugzeuge des Piloten Francesco Baracca geschmückt. Seine Familie überließ der Firma das Emblem als Erinnerung an ihren Sohn. Der gelbe Hintergrund ging auf eine Idee von Ferrari zurück, denn Gelb ist die Farbe der Stadt Modena.

Der 125 war das erste einer langen Reihe von sportlichen und erfolgreichen Modellen. Vom 166 wurden 1948 auch Straßenversionen gebaut. Der Inter, ein Coupé mit einer Superleggera-Karosserie der Firma Touring, war der erste Ferrari, der nicht für Autorennen bestimmt war, und hatte einen geräumigen Innenraum, der vier Personen Platz bot. Das schnelle Auto war schnittig und im Stile eines modernen Sportwagens gestaltet: lange Schnauze, eiförmige Motorhaube, rundes Heck. Neben dem Inter gab es auch die Modelle S, F2 und Mille Miglia.

Nach dem 166 folgten die Variationen 195 Inter, 212 Inter und 340/342 America; dieser war für den US-Markt bestimmt, den Ferrari mit größter Aufmerksamkeit beobachtete. So zog Luigi Chinetti, ein persönlicher Freund von „Il Drago“ (der Drache), wie Ferrari auch genannt wurde, in die USA. Dort gründete er das North American Racing Team, um junge Rennfahrertalente mit den roten Wagen aus Maranello fahren zu lassen und um die Serienmodelle dort zu verkaufen.

Es folgten die ersten der raffinierten GT-Modelle, schnell, elegant und angenehm zu fahren: der 250 Europa mit Zwölfzylindermotor und drei Litern von

142 Technische Querschnittszeichnung von Ferraris 60-Grad-V12 in Aluminiumbauweise mit 1496 cm^3 und 118 PS, entwickelt von Enzo Ferrari und Gioacchino Colombo. Der Motor kam im Modell 125 S (Sport) zum Einsatz.

142-143 Schnittig, schnell, agil und natürlich in Rot – das Modell 125 S war der erste Ferrari, der von Enzo Ferrari für Autorennen konstruiert wurde. Im Jahre 1947 erzielte er den ersten Sieg beim Großen Preis von Rom.

143 oben Der Ferrari 125 S am Tor der Ferrari-Werke in Maranello. Darüber die Arbeiterparole „Es lebe die Freiheit, es lebe die Arbeit“. Das Tor ist nach wie der Eingang zum Werk.

144 und 145 unten Eine der unzähligen Varianten des Ferrari 166, der von 1948 bis 1951 hergestellt wurde: ein Spider Corsa, wie gehabt mit V12-Motor. Die zahlreichen Versionen erklären sich dadurch, dass die Karosserien nur auf Bestellung in individuellen Formen und Ausstattungen gebaut wurden.

145 oben Enzo Ferrari (links) im vertraulichen Gespräch mit dem Rennleiter von Mercedes, Alfred Neubauer (rechts). Die Aufnahme entstand 1953 in Monza während eines Probelaufs zum Großen Preis von Italien. Ihre Unterhaltung betraf die Absicht Enzo Ferraris, sich vom Rennsport zurückzuziehen, nachdem einige seiner Fahrer bei Unfällen ums Leben gekommen waren – damals keine Seltenheit im Motorsport.

Gioacchino Colombo und der 375 America, ebenfalls mit Zwölfzylindertriebwerk und 4,5 Litern von Aurelio Lampredi. Diese beiden Fahrzeuge markierten den Anfang der Zusammenarbeit mit Pinin Farina. Der berühmte Karossier schuf mit seinen Kreationen im Zusammenspiel mit den Motoren Colombo eine schier unglaubliche Serie von Straßen- und Rennsportwagen.

Die Reihe reichte vom ab 1954 gebauten 250 mit seinen Typen Europa, Boano/Ellena oder GTE 2+2 über den GT Berlinetta mit kurzem Radstand und den bis 1963/64 produzierten GT Lusso bis hin zum Testa Rossa, dem 410 Superamerica und den legendären und äußerst gefragten California LWB („long wheel base") und SWB („short wheel base").

Übrigens: Im Mai 2008 fand in Maranello die Auktion „Leggenda e passione", auf Deutsch „Legende und Leidenschaft", statt. BBC-Star Chris Evans ergatterte eins von nur 56 Exemplare des 250 California SWB, die zwischen 1960 und 1963 gebaut wurden. Der Wagen hatte dem Schauspieler James Coburn gehört, der das gute Stück 1964 nach den Aufnahmen zu dem Film „Gesprengte Ketten" gebraucht gekauft hatte. Der Verkaufspreis betrug ganze 7,04 Millionen Euro, der höchste bis dahin bezahlte Preis für einen Serien-Ferrari. Inzwischen liegt der Rekord bei 38 Millionen Euro für einen 250 GTO …

Diese Versteigerung ist nur einer der zahlreichen Beweise für die zeitlose Faszination, die dieses Auto ausübt. Schon als er neu war, kauften ihn verschiedene Hollywood-Schauspieler, aber auch Leute wie Viktor Emanuel von Savoyen, Nachkomme der letzten Könige Italiens, oder Brigitte Bardot; diese gönnte sich später sogar noch einen zweiten. Das erste 250 GT Cabriolet aus dem Jahr 1957 dagegen wurde vom Aga Khan in Auftrag gegeben.

146-147 Eine der Ikonen von Ferrari und ein bei Sammlern weltweit sehr begehrtes Modell, der Spider 250 California, hier von 1958 mit langem Radstand. Von diesem Modell, das Ferrari schließlich den Weg in die USA eröffnete, wurden nur 49 Exemplare gebaut.

148-149 Tatsächlich ist Rot die charakteristische Farbe von Ferrari, aber die gelbe Lackierung dieses 250 GT SWB (Short Wheelbase, das heißt kurzer Radstand mit 2,4 Metern) unterstreicht den Reiz dieses Wagens, der am Ende der 50er Jahre mit 240 km/h Höchstgeschwindigkeit einer der schnellsten weltweit war.

150-151 Der für den US-Markt entwickelte Ferrari 410 Superamerica von 1959, eines von 36 Exemplaren des letzten Produktionsjahres, war mit geschlossener oder offener Karosserie und einem Radstand von 2,60 oder 2,80 Metern erhältlich. Entworfen und gebaut von Pinin Farina, erreichte dieses Coupé 260 km/h mit einem 4962 cm^3 großen V12-Motor.

ENGLEBERT

Ein Maserati für den Schah

Der Schah von Persien wiederum bestellte eines der luxuriösesten Maserati-Modelle jener Zeit, einen 5000 GT aus dem Jahr 1959. Der 5000 GT war ein sehr eleganter und schneller Sportwagen, den sich die Kunden vom Karosseriebauer nach ihren Wünschen gestalten lassen konnten. Der Wagen besaß einen Achtzylindermotor, der auch bei Rennen zum Einsatz kam, die Karosserien stammten zunächst von Touring, später auch von Pinin Farina, Ghia, Frua, Monterosa und Allemano.

Maserati wurde nach dem Krieg von der Familie Orsi geleitet. Bereits 1937 hatten die Orsis die Firma von den Gebrüdern Maserati übernommen, die aber als Leiter des Technikbüros bis 1947 weiter mitarbeiteten. 1947 kam dann der A6 1500 als erster Straßensportwagen als Nachfolger des reinen Rennwagens 6CM heraus, ein weiteres glänzendes Beispiel eines schnellen Sportwagens mit langer Schnauze und eingebetteten Scheinwerfern. Er war der erste einer eleganten Serie von GTs, die es Maserati ermöglichen sollten, sich eine eigene Nische in diesem Segment zu schaffen.

Nach dem A6G 2000 und dem A6G 54 aus den Jahren 1951 und 1954 kam 1957 der 3500 GT heraus, der mit einer Stückzahl von 1972 einen bemerkenswerten Erfolg verzeichnete und die Firma aus der finanziellen Krise befreite, in der sie steckte. Dieses Auto wurde zum Konzept: Maserati stand von nun an für elegante, schnelle und besonders bequeme Autos.

Karosserie von Pinin Farina versehen und erschien zusammen mit dem A6 1500. Sogleich gewann Ascari in diesem Wagen das Rennen von Modena. Er ist mit einem Sechszylindermotor aus Grauguss ausgestattet, daher das G (für „ghisa“) in der Modellbezeichnung.

Fiats fabelhafte 50er

Nach einer unsicheren Nachkriegszeit als Folge des Todes von Giovanni Agnelli im Jahr 1945 schaffte es Fiat unter seinem Nachfolger Vittorio Valletta, die schwierigen Jahre zu überstehen. Die Firma wuchs und erlebte ein einmaliges Jahrzehnt. Man denke nur an die verschiedenen Prachtexemplare: Der 1400 Diesel war 1953 das erste italienische Auto mit Selbstzünder. Der Typ 600 aus dem Jahr 1955 mit seinen vier Sitzen und dem unwiderstehlichen Preis von 590.000 Lire wurde mit 2,6 Millionen produzierten Exemplaren zum Symbol des italienischen Booms.

Der 600 Multipla, Baujahr 1956, war der erste Minivan der Geschichte; der 500, Baujahr 1957, wieder einmal Werk des genialen Dante Giocosa, bedarf keiner weiteren Erläuterung. Interessant ist aber, dass dieses Modell, das quasi als Erbe des Topolino entstanden war, 1959 die Designauszeichnung „Compasso d'Oro" erhielt. Der Fiat 500 wurde 15 Jahre lang in Turin produziert und mehr als drei Millionen Mal hergestellt. 50 Jahre später trat er wieder auf die Bildfläche, als ein dem Original sehr ähnliches Retromodell, und wurde wieder zu einem vollen Erfolg.

Der Erfolg der Autos spiegelte sich auch in der Anzahl der Beschäftigten wider, die von 60.000 auf 80.000 anwuchs. Die Jahresproduktion stieg von den 70.800 im Jahr 1949 produzierten Autos auf

154 oben Vittorio Valletta wurde 1946, nach dem Tod von Giovanni Agnelli, Präsident von Fiat. Im Hintergrund eine Aufnahme des Werks Mirafiori, das 1958 vergrößert wurde und wo mehr als 50.000 Arbeiter Autos bauten.

154 unten Rechtsanwalt Gianni Agnelli und Staatspräsident Luigi Einaudi beim 37. Internationalen Automobilsalon 1955 in Turin vor einem aufgeschnittenen Fiat 600.

155 Die italienischen Schauspieler Ugo Tognazzi (im Auto) und Raimondo Vianello treiben ihre Späße mit einem Fiat 600. Die Aufnahme entstand 1957, zwei Jahre nach der Einführung dieses Wagens, der den Topolino ersetzte und dessen großen Erfolg fortführte.

350280 MI

156, 156-157 und 157 Der Fiat 600 Multipla von 1955 war die Familienversion des kleinen 600. Er war gleichsam Erbe des Siluro Ricotti. Der Multipla wurde dank origineller Form und funktionellem Innenraum zum Pionier der modernen Großraumlimousine. Das Fahrzeug, auf einer Idee von Dante Giacosa basierend, bot Platz für bis zu sechs Personen in drei Sitzreihen und ausreichend Stauraum für Gepäck. Zuerst wurde die für das Modell 600 vorgesehene Motorisierung mit 633 cm^3 und 24 PS übernommen; mit der Modellvariante D ab 1960 wuchsen Hubraum und Leistung auf 767 cm^3 und 29 PS, der Tank wurde von 27 auf 29 Liter vergrößert. Das Modell wurde, auch als Taxi und Lieferwagen, bis 1965 produziert.

158-159 Eine Parade von Fiat 500 in den Straßen von Turin 1957, dem Jahr der Einführung dieses kleinen Autos. Der Erfolg stellte sich anfangs eher zögerlich ein, da der Preisunterschied zwischen dem spartanischen Wagen und dem Modell 600 gering war (490.000 gegenüber 640.000 Lire) und sich nur die kleinen Ausstellfenster öffnen ließen, während die eigentlichen Seitenfenster fest verglast waren.

160 oben und 161 Diese Werbeplakate illustrierten die Qualitäten des Fiat 500. Ab 1959 gab es ein Faltdach über den Vordersitzen. Beim Modell 500 D aus dem Jahr 1960 führte eine deutlich komfortablere Ausstattung zu einem Aufschwung beim Verkauf; die Rückbank bot Platz für zwei Personen, mit dem neuen Motor mit 499,5 cm³, übernommen aus dem 500 Sport, erreichte er mit ausreichenden 17,5 PS bis zu 95 km/h, der Benzinverbrauch lag bei 5l/100 km.

160 unten Die vorletzte Modellvariante des kleinen Fiat, der 500 F, wurde von 1965 bis 1972 in 2.272.092 Exemplaren produziert. Alle Varianten zusammen kamen auf eine Stückzahl von 3.702.078.

FIAT
500

339.300 Stück im Jahr 1958. Dazu kamen neue Fiat-Werke in Süditalien, Argentinien, Jugoslawien, Mexiko, Südafrika und in der Türkei. Fiat war allerdings nicht nur Kleinwagenhersteller: Der 1100 war das erste neue Modell nach dem Krieg, ein Wagen der Mittelklasse, der vor allem 1953 in seiner neuen Bauart Anklang fand.

Sechs Jahre später stellte man dann Modelle für die Mittel- und die Oberklasse her, wie den 1800 und den 2100, der zum Dienstwagen vieler italienischer Politiker wurde. Daneben existierte der Fiat 1900, eine ebenso zuverlässige wie originelle viertürige Limousine; die Coupé-Ausführung Granluce war noch amerikanischer in ihrem Stil als die Limousine, der Torpedo Veloce war dagegen ein Cabrio, das nur für die Polizia Stradale, die Autobahnpolizei, gedacht war.

Nicht zu vergessen ist auch der Campagnola, ein Geländewagen aus dem Jahr 1951, die italienische Antwort auf den Willys Jeep aus den USA, der vom Militär eingesetzt wurde. Ebenso wie der 500 kehrte auch er im Jahr 2008 mit der gleichen Philosophie – stabil, klar, spartanisch – in Form des Geländewagens Massif von Iveco zurück. Außerdem kam 1952 der schnelle und aerodynamische Sportwagen 8V heraus, Abkömmling des 1100ES von Pinin Farina und benannt nach seinem Achtzylindermotor, der ihm eine hervorragende Leistung garantierte; der 8V konnte durchaus mit Alfa Romeo und Ferrari mithalten.

162 oben Die Schauspielerin Gina Lollobrigida im neuen Fiat 1100, einer viertürigen Mittelklasse-Limousine, die den 1100 E ablöste und bis 1963 produziert wurde; die vorletzte Modellvariante, der 1100 D, wurde zur meistverkauften der Serie.

162 unten Venedig bildet die Kulisse für den Fiat 500 Giardiniera von 1960, eine Kombiversion des 500, der bis 1967 von Fiat, dann bis 1977 von Autobianchi produziert wurde.

163 Werbung für den Fiat 1400 von 1950 mit Anklängen an die Ursprünge der Marke mit dem ersten Modell 3,5 HP von 1899. Die Formen dieses Wagens erinnern an amerikanische Autos. 1953 und 1954 gab es das Modell auch mit Dieselmotor.

FIAT
1899
Fiat 1400

Die Verlobte Italiens und die Avantgardistin

164 oben Ein Blick über den 40. Internationalen Automobilsalon von Turin 1958: vorne der Stand von Alfa Romeo mit verschiedenen Ausführungen der Giulietta, im Hintergrund Fiat mit dem 600 D Multipla.

Alfa Romeo und Lancia teilten nach dem Krieg ein gemeinsames Schicksal: Sie mussten mit der Zerstörung der Werke fertig werden und schleunigst mit dem Wiederaufbau beginnen. Für das Mailänder Unternehmen bedeutete dies, mehr als 40 Prozent der Gebäude wiederherzurichten; es nahm die Produktion mit dem 6C 2500 und nur tausend Angestellten wieder auf.

Ab 1950 jedoch änderte sich alles – die Modelle, aber auch die Art der Produktion. Das war das Verdienst von Orazio Satta Puliga, der das erste Fließband für die Serienproduktion des Typs 1900 einführte, des ersten Alfa mit selbsttragender Karosserie. Man wollte große Stückzahlen bauen und dabei den Grundsätzen der Firma treu bleiben, dies alles zu einem Preis, der die Konkurrenz in die Knie zwingen sollte. Mit dem 1900 gelang das ab 1951.

Es handelte sich um eine viertürige Limousine der Mittelklasse, bequem und für fünf bis sechs Personen ausgelegt, wendig und mit einem starken Vierzylindermotor mit Doppelnockenwelle, seinerzeit das einzige Serienfahrzeug dieser Art auf dem Weltmarkt. Der Werbeslogan: „Das Familienauto, das das Rennen gewinnt". Mit seinem Hubraum von 1884 Kubikzentimetern und 90 PS brachte er es auf 150 Stundenkilometer, eine respektable Leistung, hinzu kam die vorbildliche Straßenlage. Der Motor wurde auch im Matta eingebaut, im Typ 1900M oder AR51, einem Geländewagen für militärische Zwecke.

Erwähnung muss auch der 1900C 52 Disco Volante finden, der dank seiner linsenförmigen Superleggera-Aluminiumkarosserie von Touring in die Geschichte einging. Vorgesehen eigentlich für Autorennen, wurde er aber weder für den Markt produziert noch bei Wettbewerben eingesetzt. Sein Design jedoch bekam Standing Ovations. Noch ein Auto ging aus dem Typ 1900 hervor: der futuristische BAT („berlinetta aerodinamica tecnica").

Mit Berlina, TI Super („turismo internazionale"), Sprint und Super Sprint machte der Typ 1900 oder Alfona innerhalb von acht Jahren eine bemerkenswerte Karriere. Das Modell wurde 19.039 mal hergestellt, und das, obwohl trotz Fließbands noch immer eine Menge Handarbeit im Wagen steckte. Auch die Polizei setzte den Wagen ein. Legendär ist die Squadra Pantere, die „Pantherstaffel".

In jedem Fall behauptete sich Alfa Romeo in der Welt als Hersteller von hochwertigen und

164-165 Der Alfa Romeo 1900 SSZ (Super Sprint Zagato) von 1954 war die Coupé-Variante der 1951 vorgestellten Limousine, die als Polizeiwagen mit dem Spitznamen Pantera große Bekanntheit erlangte.

166-167 und 167 Prototyp und Karosserieform – der eine für den Spider von Pininfarina, die andere für das Coupé von Bertone. Das Cabrio kam 1955 und wurde weltweit, namentlich in den USA, ein Riesenerfolg. Das Coupé sorgte beim Autosalon in Turin 1954 für derart große Begeisterung, dass gleich mehr als 700 Bestellungen eingingen.

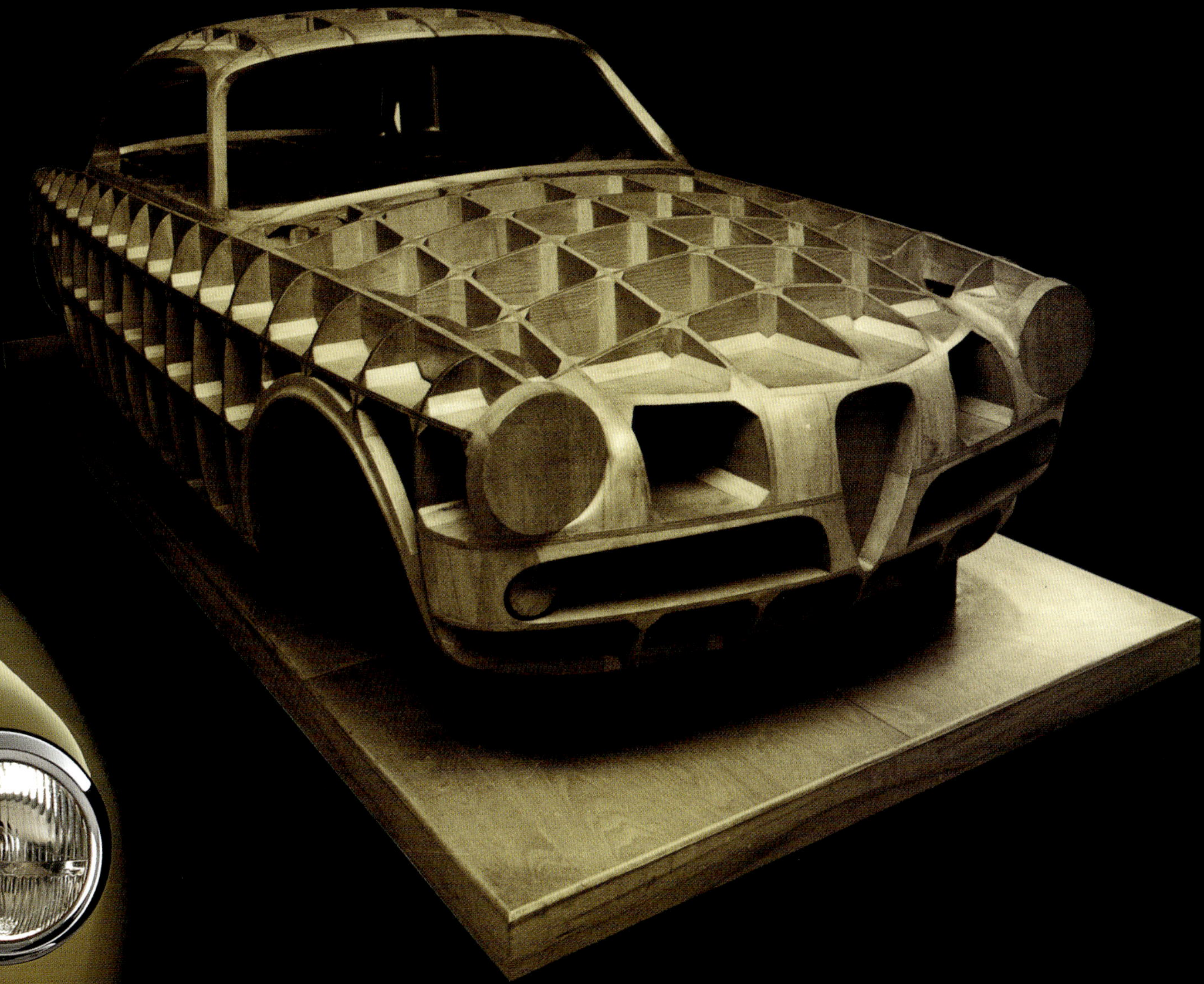

anspruchsvollen Alltagsautos. 1954 kam die Giulietta, die „fidanzata", die „Verlobte Italiens". Alle Modelle hatten enormen Erfolg: Man denke an den Sprint, auf dessen Debüt 1954 in Turin sofort 700 Bestellungen folgten. Zagato setzte den SZ (Sprint Zagato) mit einer aerodynamischen Aluminiumkarosserie um, anfangs mit rundem, später mit stumpfem Heck. 200 Exemplare wurden gebaut, 200 war auch die Höchstgeschwindigkeit, die der Wagen erreichte.

Allen Giuliettas gemein war die hervorragende Straßenlage, ebenso wie ein sicheres Bremsverhalten, gekoppelt mit optimaler Leistung und einem bequemen Innenraum. Die beachtlichen Produktionszahlen brachten Alfa Romeo letztendlich dazu, weiter zu expandieren und in Arese ein zwei Millionen Quadratmeter großes Gelände zu kaufen, das damit acht Mal größer als das in Mailand war.

Ebenfalls in Turin angesiedelt war die Firma Lancia, bei der die Nachkriegszeit – im Vergleich zu Alfa – einen weiteren erschwerenden Umstand mit sich brachte: den Tod von Vincenzo Lancia. Bergauf ging es erst wieder mit den Modellen Aprilia und Ardea.

Am Steuer des Konzerns stand nun Arturo Lancia, der Bruder von Vincenzo. Francesco de Virgilio, verantwortlich für Spezialprojekte und Patente, setzte die Verwendung des weltweit ersten in größerer Serie gebauten V6-Motors durch, der 1950 in einem neuen Wagen erschien, im Aurelia, der Lancia-Geschichte schreiben sollte.

Diese neue Limousine, die von 1950 bis 1958 in den Typen B10, B21, B15, B22, B12, B20 und B24, in der Reihenfolge des Erscheinungsdatums, gebaut wurde, veränderte die Nomenklatur, die sich nun an den Namen römischer Reichsstraßen orientierte. Der Aurelia beeindruckte mit technischen Besonderheiten und der Leistung des neuen Sechszylindertriebwerks mit einem Hubraum von 1754 Kubikzentimetern und 56 PS, das eine Höchstgeschwindigkeit von 135 Stundenkilometern ermöglichte.

In Mode kamen nun glattflächige Karosserien ohne Trittbretter und mit Türen ohne Fensterrahmen. Boano entwarf das Coupé und die Italiener hatten wieder einmal die Fähigkeit unter Beweis gestellt, atemberaubende und gleichzeitig alltagstaugliche Sportwagen zu bauen. Unvergesslich ist das B24-Cabriolet, das in Übersee dermaßen begeisterte, dass letztendlich die gesamte Produktion von 240 Exemplaren in den USA landete. Das Modell Convertibile mit Panorama-Windschutzscheibe mit 110-PS-Motor machte den Aurelia zu einem schnellen Auto; es spielte in Dino Risis Film „Verliebt in scharfe Kurven" aus dem Jahr 1962 eine Hauptrolle. Der Film ist ein Spiegelbild des „Italiens am Lenkrad" jener Jahre mit einem meisterhaften Vittorio Gassman und einem ebenso guten Jean-Louis Trintignant auf einer verrückten Autofahrt von Rom nach Viareggio.

Der Appia von 1953 und der Flaminia von 1957 vervollständigten die Produktion der 50er Jahre. Der Appia ersetzte den Ardea, der Flaminia ebnete kommenden Modellen den Weg, die wieder einmal die Welt begeisterten. Der Flaminia zeichnete sich durch raffinierte Technik und ein erstklassiges Fahrwerk aus. Eine komplett neue Karosserie kennzeichnete diese große Limousine, die über Heckflossen und einen neuen Kühlergrill verfügte, der mit der Tradition aller bisher erschienenen Lancias brach.

Die luxuriöse und bequeme Innenausstattung machte den Flaminia zur Dienstlimousine par excellence. Ein Besuch der englischen Königin war der Anlass, dass Pinin Farina sechs Exemplare mit verlängertem Radstand baute, von denen zwei noch heute für den Quirinale, den Amtssitz des italienischen Staatspräsidenten, im Einsatz sind. Abgesehen von der viertürigen Limousine wurde der Flaminia von Pinin Farina beziehungsweise Pininfarina, wie die Firma ab 1961 hieß, auch in Form eines Coupés gebaut, außerdem in GT- und GTL-Versionen von Touring und als Sport und Supersport von Zagato.

168-169 Der Lancia Aurelia B20 von 1951 ist die Coupé-Version der Limousine B10. Durch die bezaubernden Formen in Verbindung mit beeindruckender Leistungsstärke durch einen Sechszylinder mit 1991 cm³ und 75 PS (später 80 PS), der für 160 km/h Spitze reichte, wurde dieses elegante Fahrzeug zum Traum der italienischen Autofahrer.

169 oben Eine klassische Limousine der Oberklasse war der Lancia Flaminia, der mit dezenter Eleganz und erstklassiger Ausstattung bestach, was zu einer außerordentlich langen Produktionszeit, von 1957 bis 1970, führte. Von Pinin Farina wurden außerdem sechs Exemplare in Langversion als Staatslimousinen gefertigt.

Trintignant und Vittorio Gassman in einem Lancia Aurelia Cabriolet in einer Szene des Films „Verliebt in scharfe Kurven" von 1962; Regisseur Dino Rossi porträtierte den Wirtschaftsboom, der Italien erfasst hatte, die völlige Orientierung auf Konsum und den Erwerb von Statussymbolen wie Kühlschränken und Autos.

Ausführung des Aurelia war der B24 Spider von 1954, ein offener Wagen mit einer Panorama-Windschutzscheibe, mit dem Lancia weltweit Erfolge feierte, hier in der Version S. Die 240 Exemplare gingen allesamt in die USA.

172 oben Der Schauspieler Marcello Mastroianni in einem Lancia Flaminia Convertibile Touring. Von 1960 bis 1964 in Produktion, erfuhren dieses Modell und das Coupé gegenüber der Limousine zahlreiche Verbesserungen und Innovationen wie Scheibenbremsen an allen vier Rädern, damals eine absolute Neuheit.

172 unten Es existierten auch Interpretationen des Lancia Flaminia von Zagato, wie der Super Sport von 1959, der mit runderen Formen und einem wie üblich stumpf endenden Heck unverkennbar die Handschrift des Meisters trug.

173 Die französische Schauspielerin Brigitte Bardot schätzte den Charme und die Eleganz des Lancia Flaminia und ließ sich auf der Motorhaube eines Coupés von Pinin Farina fotografieren.

MIRAMONTI

Die winzige Isetta und die kleinen Bianchina und Amica

Kleinwagen, City Car oder Micro Car: Man nenne es, wie man wolle, aber kompakte Autos mit bescheidenen Dimensionen reizten die Hersteller schon lange bevor es Verkehrs- oder Parkplatzengpässe gab. In den 50er Jahren bestand das Bedürfnis nach preiswerten Autos, die gleichzeitig zuverlässig und bequem sein sollten. Die Vorstellung vom Kleinwagen fand in der Isetta ihren höchsten Ausdruck; sie war Vorläuferin des Smart, der 45 Jahre später das Licht der Welt erblicken sollte.

1953 zog Renzo Rivolta, ein Industrieller aus Genua, mit seiner Firma Isothermos nach Bressa in der Provinz Mailand und produzierte von da an Kraftfahrzeuge. Er baute die Isetta, ein Fahrzeug, dessen Front der eines Hubschraubers ähnelte und das gerade einmal 2,21 Meter lang war. Sie besaß entweder zwei eng beieinanderliegende oder ein einzelnes Hinterrad. Das 236-Kubik-Motorradtriebwerk brachte es mit zwei Insassen und Gepäck auf 80 Stundenkilometer.

Das Fahrzeug war eine geniale Erfindung, die jedoch in Italien verkannt wurde, obwohl sieben Isettas 1954 an der Mille Miglia teilnahmen und mit einem Schnitt von 72 Stundenkilometern ins Ziel kamen; auch im nächsten Rennen legten vier Exemplare die 1600 Kilometer zurück, sogar mit durchschnittlich 79 Stundenkilometern. Auch die Varianten Lastkraftwagen und Kleintransporter fuhren problemlos mit zwei Insassen und zehn Zentnern Ladung.

Aber trotz guter Werbung und der immer wieder betonten Zuverlässigkeit wurden mit der Isetta in ihrer Heimat keine Umsätze gemacht. Anders in

174 Beim Autosalon von Turin 1954 bestaunte die Sängerin Elena Giusti die Instrumente der kleinen Isetta und die originelle Fahrzeugfront, eine links angeschlagene Fronttür, die Zugang zur Sitzbank für zwei Personen bot. Die Isetta war ein nur 2,27 Meter langer Kleinstwagen mit einem Zweiradmotor von 236 cm³.

Deutschland: BMW war auf der Suche nach einem derartigen Wagen, erfuhr von der Isetta und produzierte sie schließlich zwischen 1955 und 1962 in 161.000-facher Ausführung in Lizenz, während in Italien bloß 1500 Exemplare abgesetzt wurden. Unter anderem gab es einen Kleintransporter für die Post. Außerdem wurde die Isetta in Frankreich, Spanien, Brasilien und Großbritannien gebaut.

Mehr Erfolg in Italien hatte die Bianchina, die von 1958 bis 1969 immerhin 273.800 Käufer fand. Dieses elegante Stadtauto griff auf die Mechanik des Fiat 500 zurück und wurde von der Firma Autobianchi produziert, die bisher unter dem Namen Bianchi Fahrräder, Motorräder und Lastkraftwagen gebaut hatte, jetzt aber in den Automobilsektor einstieg. 3,23 Meter lang, wurde die Karosserie der Bianchina in vielen verschiedenen Varianten gebaut: Von der Limousine mit vier Plätzen über den Kleintransporter und den Panoramica bis hin zum Trasformabile – alle hatten eine besondere Karosserie und Heckflossen, die dem Publikum gefielen.

Zum Schluss noch der Wagen mit dem Slogan „kleines Auto, großer Luxus". Das war der Amica von Siata, einer 1926 gegründeten Turiner Firma, die bekannt war für die Umarbeitung von Fiats. Angetrieben wurde der Amica aus dem Jahr 1949, ein kompaktes Cabrio von nur 3,31 Metern Länge, von der Technik des Fiat 500B. Das Auto hatte den stolzen Preis von anderthalb Millionen Lire (für 300.000 Lire mehr hätte man einen Lancia Aurelia bekommen), der einen bescheidenen Erfolg in Übersee aber nicht verhinderte. Ebenfalls von Siata stammte der Daina mit der Technik des Fiat 1400. Es gab ihn als GT, Coupé und Cabriolet von Farina und er verkaufte sich sowohl in Italien als auch im Ausland.

175 oben Die Eigenschaften dieses kleinen Stadtwagens: „Meistert jede Steigung, passt in jede Parklücke, geringer Verbrauch von 4 l auf 100 km"; beim Automobilsalon in Turin 1954 präsentierte der Turiner Hersteller Siata den Kleinwagen Mitzi 400.

175 unten 1954 verständigte sich Bianchi mit Fiat und Pirelli auf die Produktion von Kleinwagen unter dem Namen Autobianchi. Erstes Modell war der Bianchina mit der Technik des Fiat 500, der von 1958 bis 1969 als viersitzige Limousine sowie in den Varianten Trasformabile, Speciale, Cabriolet und Panoramica sowie als Minivan produziert wurde.

Rennsport in grün, weiß und vor allem rot

Es waren vor allem Ferrari und Alfa Romeo, aber auch Lancia, Maserati, Osca, Cisitalia und Abarth, hinzu kamen die leidenschaftlichen Konstrukteure Stanguellini, Nardi, Moretti und Bandini: Von der Nachkriegszeit an bis in die 50er Jahre gewannen die Italiener bei Autorennen immer und überall, wie der Blick ins Goldene Buch der Formel 1, der Mille Miglia oder der Targa Florio bestätigt.

Die ersten beiden Weltmeisterschaften, 1950 und 1951, gewann Alfa Romeo mit den Fahrern Nino Farina und Juan Manuel Fangio in den Modellen Alfetta 158 und 159. Ascari siegte 1952 und 1953 auf Ferrari 500, 1956 gewann Fangio im Lancia-Ferrari D50.

1957 triumphierte Maserati erneut mit Fangio am Lenkrad eines 250F, im Folgejahr gewann Ferrari mit Mike Hawthorn im Dino 246. Der neue Motor war Enzos Sohn Alfredo „Dino" Ferrari gewidmet, der in jenem Jahr an Muskelschwund gestorben war.

176-177 Porträt eines reinrassigen Champions: Der Alfa Romeo Tipo 159, besser bekannt als Alfetta, unbestrittener Protagonist der Autorennen der 50er Jahre, der dem Mailänder Hersteller 1951 den zweiten Formel-1-Weltmeistertitel und den Titel des Konstrukteursweltmeisters einbrachte. Auf der Erfolgsliste dieses Fahrzeuges stehen bei acht GP-Teilnahmen fünf Siege und sieben schnellste Runden.

177 oben Giuseppe Farina erreicht in seinem Alfa Romeo 158 als Erster das Ziel beim Großen Preis von Europa 1950 in Silverstone. Er war von der Poleposition gestartet und fuhr auch die schnellste Runde. Ein optimaler Anfang für die Eroberung der Formel-1-Weltmeisterschaft.

176 oben Einstellarbeiten während der Testfahrten des Großen Preises von Italien 1951 in Monza: Dieser Monoposto ist der Alfa Romeo 159 des argentinischen Rennfahrers Juan Manuel Fangio, der in jenem Jahr den ersten seiner fünf Formel-1-Weltmeistertitel errang.

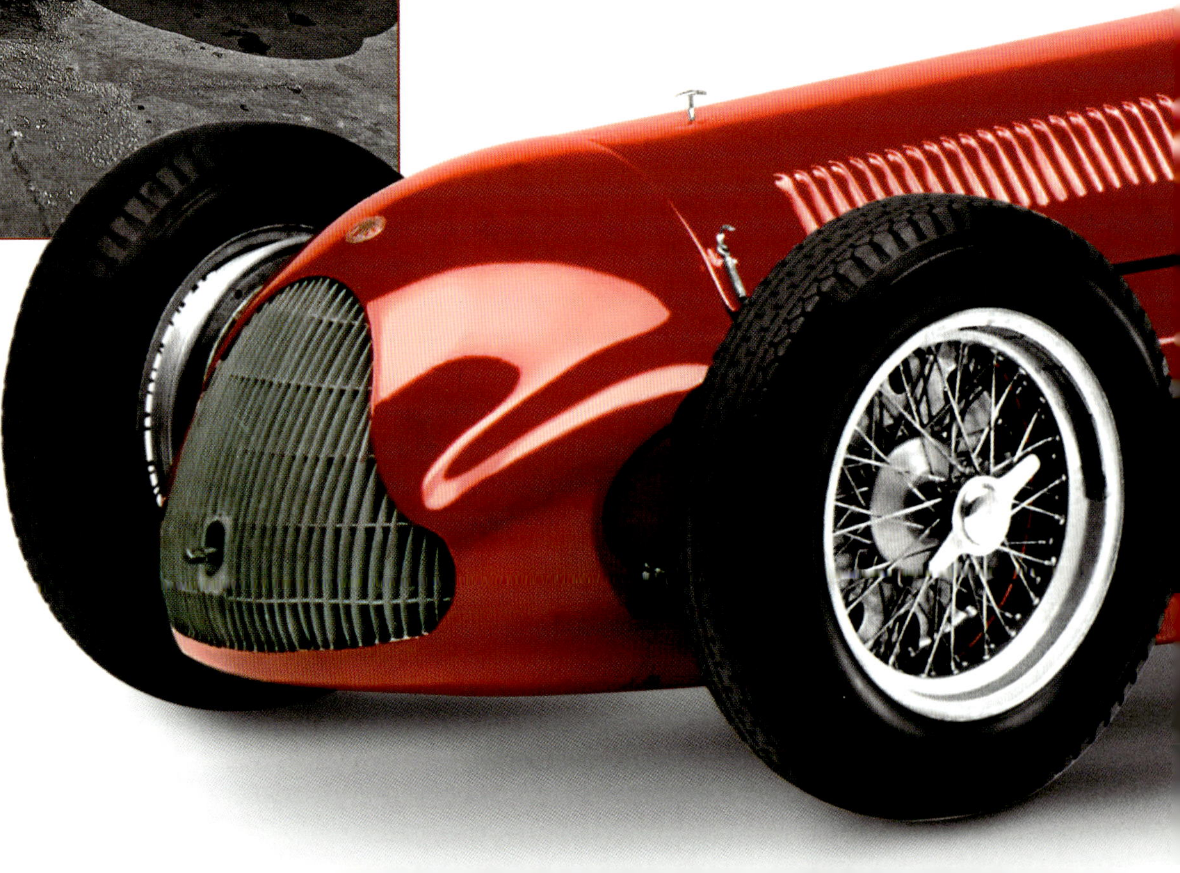

MASERATI

178 und 179 unten Mit dem 250 F holte Maserati den Weltmeistertitel in der Formel-1. Bemerkenswert ist, dass Omer Orsi just in jenem Jahr 1957 beschloss, die Marke aus der Formel 1 zurückzuziehen. Der 250 F gehört heute zu den teuersten Monoposti, mit einem Wert von etwa zwei Millionen Euro.

179 oben Monte Carlo, 19. Mai 1957, Juan Manuel Fangio in einem Maserati 250 F auf der Stadtrennbahn beim Großen Preis von Monaco. Auf diesem Monoposto errang der argentinische Fahrer seinen fünften Weltmeistertitel.

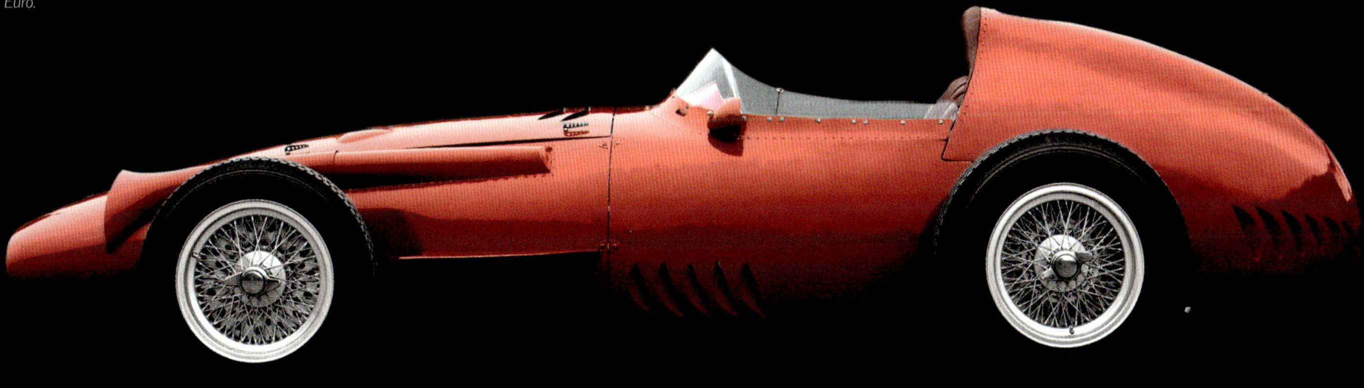

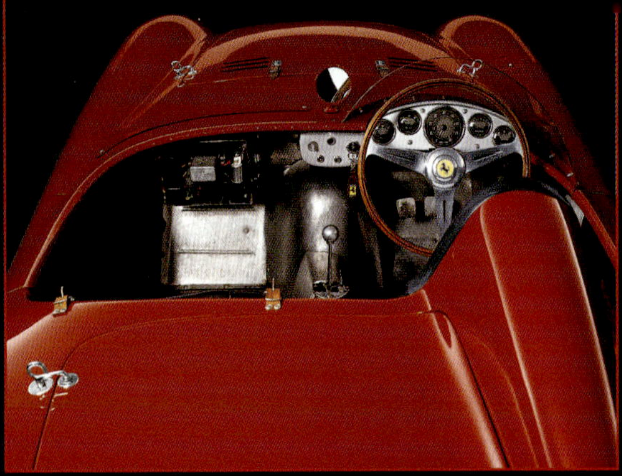

180 und 180-181 Der 500 Mondial von 1953 war das erste Modell, das Sergio Scaglietti für Ferrari entwarf; es war der Beginn einer langen Zusammenarbeit. Ausgestattet mit einem Vierzylindermotor war dieser Einsitzer ein großer Gewinn für Ferrari, auch wenn Enzo Ferrari die Konfiguration mit zwölf Zylindern bevorzugte.

181 oben Alberto Ascari beim Großen Preis von Italien in Monza im September 1952. Die Formel 1 wurde in diesem und im folgenden Jahr nach dem bisherigen Formel-2-Reglement ausgerichtet. Ascari siegte mit einem Ferrari 500 Mondial, mit dem er auch die Weltmeisterschaft gewann, genau wie im Folgejahr.

Die Geschichte der Mille-Miglia-Rennen belegt, dass die schnellen Flitzer aus Maranello keine Rivalen kannten: Von 1949 bis 1953 jagte ein Sieg den anderen, und zwar mit den Modellen 166MM, 195S, 340 America, 250S Berlinetta Vignale, 340MM Spider Vignale und im Jahr 1956 mit dem 290MM. Im letzten Rennen von 1957 war der Marquis de Portago, der stets mit einem Pantoffel statt eines Schuhs am rechten Fuß fuhr, mit einem 315S unterwegs und verursachte einen tragischen Unfall, bei dem er und sein Kopilot zu Tode kamen. Weitere zehn Personen aus dem Publikum starben, die Mille Miglia fand von da an nicht mehr statt. Weitere Rennen waren der 1000-Kilometer-Wettkampf in Buenos Aires, das 12-Stunden-Rennen in Sebring und die Targa Florio.

Bei der Firma OSCA, der neuen Firma der Maserati-Brüder ab 1947, war es der MT4, der nach seinem Debüt im Jahr 1948, und in der Folge die gesamten 50er Jahre über, alle Sportwagenrennen dominierte und das Zwölf-Stunden-Rennen in Sebring gewann. Beim 24-Stunden-Rennen von Le Mans dagegen trat das Talent des Argentiniers Alejandro de Tomaso zutage. Er lebte seit 1955 in Italien und gründete 1959 seine eigene Automobilfirma, De Tomaso Automobili, die

182 oben Der Ferrari 860 Monza mit der Startnummer Nr. 556. Luigi Musso wird am Ende als Dritter durchs Ziel der Mille Miglia 1956 gehen. Sieger wird Eugenio Castellotti auf Ferrari 290 MM.

182 unten Rennwagen beim Start des 12-Stunden-Rennens von Sebring 1956; es gewann das Team Fangio/Castellotti in einem Ferrari 860. Das Rennen wurde mit dem Le-Mans-Start begonnen: Die Fahrer gingen zu ihren geparkten Wagen, ließen erst dann die Motoren an und starteten auf die Rennbahn.

182-183 Triumphale Zieleinfahrt in Brescia beim 21. Rennen der Mille Miglia: Die Zielfahne wird für Alberto Ascari geschwenkt, der sich den Sieg in diesem historisch bedeutenden Rennen am Steuer eines Lancia D24 Carrera Spider sicherte.

602

5
6
8

FIAT ABARTH 1000
FIAT ABARTH 1000

Rennautos mit OSCA-Motoren baute. Zehn Jahre zuvor, im Jahr 1949, hatte der 1946 nach Italien gezogene Wiener Carlo Abarth, ein Autoliebhaber und Rennsportler, die Firma seines Namens gegründet. Ein Jahr später verwendete er Material der kriselnden Firma Cisitalia, deren technischer Direktor er war, und ließ von ihm aufgepeppte Wagen bei Rennen starten. 1949 siegte er beachtliche achtzehn Mal. Danach widmete er sich Fiats und Ferraris und erzielte zahlreiche Erfolge, auch auf internationaler Ebene, ganz abgesehen von seinen Rekorden. Von 1956 bis 1966 gewann er 113 internationale Rennen und drei Weltmeisterschaften.

Die Zeit nach dem Krieg war eine goldene für Italien. Man fuhr Autorennen, um den Horror des Krieges zu vergessen. Die Rennen brachten bemerkenswerte Persönlichkeiten hervor, Rennfahrer ohne Angst, reiche Männer, sowohl finanziell als auch charakterlich. Mutig und rüpelig waren sie, aber niemals respektlos. Sie traten das Pedal stets bis zum Anschlag durch – und mancher ließ dabei sein Leben. Clemente Biondetti, Luigi Castellotti, Peter Collins, der Marquis de Portago, Luigi Musso und Achille Varzi: Das sind die Namen derer, die in jener Zeit bei den Wettrennen ums Leben kamen. 1953 verstarb nach schwerer Krankheit Tazio Nuvolari, der so lange gefahren war, wie er konnte, der nur lebte, wenn er am Lenkrad saß, und der dabei allen Schmerz des realen Lebens vergaß.

184 oben Auf der Rennbahn von Monza wollten 1956 alle das neue Rekordfahrzeug sehen, den Fiat-Abarth mit seiner extrem winschlüpfigen Karosserie.

184-185 Der Fiat Abarth 1000 wurde 1962 mit vom Fiat 600 D übernommener Technik, aber mit 66-PS-Motor vorgestellt. In der letzten Version von 1969 mit einem speziellen Zylinderkopf erreichte das Modell mit 112 PS eine Spitze von 200 km/h.

KAPITEL 5

Vom Dolce Vita der 60er bis zur Krise in den 70ern

Das Automobil wird immer besser, wird zum Massenprodukt ... und bleibt im Stau stecken!

In den 60ern und den 70ern vollendete sich die Entwicklung des Autos zum Massenverkehrsmittel. Begonnen hatte sie endgültig im Boom der Jahre etwa von 1958 bis 1964. Einstmals Statussymbol der Bürgerlichen und Spielzeug der Reichen, wurde das Auto zum unverzichtbaren Transportmittel für alle. Dank der Serienproduktion in großen Stückzahlen sanken die Herstellungskosten und somit der Endpreis. So wurde das Auto praktisch für jedermann erschwinglich. Wie Fernseher und Waschmaschine wurde es zum Wohlstandssymbol.

Infolgedessen schossen die Verkaufszahlen in die Höhe. 1960 verzeichnete der italienische Markt 381.385 Autos, während es 1979 schon 1.397.039 waren. 1965, neuerdings waren mehr Autos als Motorroller und Motorräder auf den Straßen unterwegs, kam ein Auto auf neun Einwohner, während 20 Jahre später ein Auto auf drei Einwohner kam und auf den Straßen des Landes mehr als 20 Millionen Fahrzeuge unterwegs waren. In den 60ern hielt Italien in Bezug auf das Auto endlich mit dem Wachstumstempo der übrigen Industrieländer mit.

Mehr als die Hälfte der Fahrzeuge war klein und hatte einen Hubraum, der 800 Kubikzentimeter nicht überschritt. In den 70er Jahren schließlich begannen die Hersteller, ihre Aufmerksamkeit der Jugend, die von den Studentenbewegungen der 68er geprägt war, zu widmen. Sie war die neue Zielgruppe, die es zu erobern galt. Gesellschaftlich spielte das Auto vor allem im Massentourismus eine Rolle. Der durchschnittliche Italiener benutzte es vorwiegend, um in die Ferien ans Meer zu fahren.

Die Massenmotorisierung brachte zwei Probleme mit sich, die das Land bis heute begleiten und die auch künftig eine Rolle spielen werden: den immer dichteren Verkehr und die Umweltverschmutzung. Die Stadtzentren verstopften. In Mailand, Rom, Neapel und anderen Großstädten staute sich der Berufsverkehr, und im August, wenn die Fabriken schlossen und alle in den Urlaub fuhren, gab es Staus auf den Autobahnen. Stadtautobahnen, Umgehungs- und Zubringerstraßen sowie Parkplätze waren schon vor ihrer Fertigstellung unzureichend – damals wie heute.

In Sachen Umweltschutz wurde 1966 das erste Gesetz erlassen. In Bezug auf Autos legte es nur ganz allgemein fest, dass sie keine umweltverschmutzenden Substanzen abgeben sollten. Dieselabgase durften gewisse Grenzwerte nicht überschreiten und bei Inspektionen sollte auch auf die Qualität der Abgase geachtet werden. 1971 gab es die erste EU-Verordnung, die in Italien allerdings zehn Jahre lang ignoriert wurde. Weil Regierung und Hersteller die Umweltproblematik unterschätzten, fehlte es an einer genauen Regelung.

Die Hersteller waren in diesen 20 Jahren damit beschäftigt, mit der Technologie der Konkurrenz Schritt zu halten, denn es gab ständig Innovationen. Die Italiener lagen im Wettstreit mit dem Rest der Welt, erhobenen Hauptes und mit den gleichen Mitteln. Sie konnten jedoch jederzeit auf ihren ausgeprägten Sinn für Eleganz und Ästhetik setzen.

Das Auto war mittlerweile technisch ziemlich ausgereift, nun ging es um Verbesserungen. Im Laufe der 60er Jahre wich die Gleichstrom- der Drehstromlichtmaschine und in Luxusmodelle wurden bereits Servolenkungen eingebaut. Der Vorderradantrieb setzte sich durch. Paradebeispiel war der Lancia Flavia mit seinem Vierzylinder-Boxer.

Einspritzmotoren mit zunächst mechanisch gesteuerten Pumpen verdrängten jene mit Vergasern. Bis die elektronische Einspritzung die Automobilwelt Ende der 70er, Anfang der 80er aus den Angeln heben würde, sollte es noch Jahre dauern. Auch aus Umweltgründen drängte sich das System auf, da es eine exakte Kraftstoffzufuhr und Zündung ermöglicht und auf diese Weise Emissionen und Energieverbrauch reduziert. Das Thema spitzte sich mit der Ölkrise von 1973 zu, die zu astronomischen Benzinpreisen, zu Benzinknappheit und zu Fahrverboten führte.

186-187 Nur eine von zahlreichen Varianten dieses wundervollen Gran Turismo ist der Ferrari 250 GT Lusso Berlinetta von 1964 mit 220 PS und 240 km/h.

188 Eine Szene aus dem Film „La dolce vita" von Federico Fellini aus dem Jahr 1960: Marcello Mastroianni (rechts) und Anita Ekberg mit einem Triumph TR3A, im Hintergrund eine weiße Giulietta.

189 Das Auto stand im Film immer häufiger im Mittelpunkt. Eine Bild von den Dreharbeiten zu „Gestern, heute und morgen" von Vittorio De Sica, der 1963 in die Kinos kam; neben dem Fahrer Sophia Loren und Marcello Mastroianni.

190 oben Der Lancia Fulvia wurde 1963 beim Genfer Autosalon vorgestellt und ersetzte den glorreichen Appia. Eine weitere großartige Limousine des Herstellers aus Turin mit gerader Linienführung und sehr außergewöhnlich für ihre Zeit.

190-191 Sondermodell Safari: In einer Auflage von 900 Stück gab es diese besonders sportliche Varainate des Lancia Fulvia Coupé.

Lancia blickt voraus - auch antriebstechnisch

Das einst von Vincenzo Lancia gegründete Unternehmen war dafür bekannt, die Automobilwelt regelmäßig in Erstaunen zu versetzen. Seine Fähigkeit, Autos zu entwickeln und Modelle zu kreieren, die mit Althergebrachtem in Stil und Technik brachen, hatte es nicht verloren. In den 60er Jahren präsentierte es eine herausragende Neuigkeit: den Flavia, mit dem der Vorderradantrieb in Italien eingeführt wurde.

Er war das erste italienische Auto mit Scheibenbremsen an allen vier Rädern und mit einem Leichtmetall-Boxermotor ausgestattet, seit 1919 der erste Motor von Lancia, bei dem die Zylinder nicht V-förmig angeordnet waren. Zunächst gab es einen 1,5-Liter mit 78 PS, der aber im Hinblick auf Leistung und Verbrauch als etwas unterdimensioniert galt. So wurde der Hubraum 1963 auf 1,8 Liter vergrößert, die Leistung stieg auf 92 PS, aus denen 1965 dank Kraftstoffeinspritzung schließlich 102 wurden.

Traditionsgemäß gab es neben der Limousine ein Coupé von Pininfarina, ein Cabriolet von Vignale und eine Sportversion von Zagato. Das dreisitzige Coupé mit Aluminiumkarosserie war einer der schrägeren Entwürfe Zagatos mit raffinierten Leuchteneinheiten und einem stark geknickten Kühlergrill sowie ausgesprochen guten aerodynamischen Qualitäten.

Damals wurde ein neues Werk in Chivasso nahe Turin eröffnet, und die Familie Lancia verkaufte ihre Anteile an den Industriellen Cesare Pesenti. Es waren auch die Jahre des vielseitigen Ingenieurs Antonio Fessa. Er war seit 1955 im Unternehmen und begann mit dem Flavia eine Reihe von Kreationen, die sich mit den berühmten Vorfahren Lambda, Aprilia und Aurelia auf Augenhöhe befanden. Es folgte die Entwicklung des Fulvia, der den Appia ersetzte. Der Wagen hatte einen V4-Motor mit einem Zylinderwinkel von nur 13° und einem Hubraum von 1092 Kubikzentimetern, der um 45 Grad nach links geneigt eingebaut wurde und ein weiteres ingenieurtechnisches Meisterwerk mit kleinem Hubraum war.

1965 war das Jahr des Fulvia Coupé. Es gab eine Version HF, was für High Fidelity stand. Der für Rennen konstruierte 1,6er ging in die Geschichte ein als „Fanalone" (Flutlicht), wegen seiner Frontleuchtengestaltung mit zusätzlichen Fernscheinwerfern, die bei Nachtrennen von entscheidender Bedeutung waren. Zudem gab es die Varianten Rallye, Rallye HF und Monte Carlo, diese ohne Stoßstangen und mit schwarzer Motorhaube. 1976 endete die Produktion der zweiten Generation des Fulvia, die 1970 eingeführt worden war. 1971 war das Jahr des 2000, ebenfalls ein Coupé und eine Weiterentwicklung des Flavia 2000. Er zeigte zwar weiterreichende ästhetische Veränderungen an Front und Heck, die Technik jedoch blieb gegenüber dem Vorgängermodell unverändert. Im Jahr darauf debütierte das erste Modell des neuen Lancia-Zeitalters: Der Beta war das erste greifbare Resultat, das durch die Übernahme von Lancia durch Fiat 1969 zustande gekommen war.

Ganz in der alten Markentradition wurde die Fließhecklimousine wieder nach einem Buchstaben des griechischen Alphabets benannt. Die Motorisierung erfolgte mit 1,4-, 1,6- und 1,8-Liter-Motoren, die von Fiat stammten. Der Beta wurde wie immer auch als Coupé gebaut. Pininfarina entwarf den Spider, der von Zagato gebaut wurde. Auch der Entwurf des Monte Carlo stammte von ihm. 1975 erschien der HPE (High Performance Estate), ein dreitüriger Coupé-Kombi oder Shooting Brake.

1979 war die Zeit des Restylings mit ästhetischen Neuerungen. Der Kühlergrill wurde für alle Modelle gleich gestaltet. Es war auch die Zeit jenes Armaturenbretts, das den Spitznamen „Schweizerkäse" erhielt wegen seiner zahlreichen Löcher für Anzeigen und Kontrolllämpchen. Außerdem wurde die elektronische Zündung eingeführt. Schließlich kam 1980 die dritte und letzte Generation mit einer zusätzlichen Stufenheckvariante, dem Trevi, auf den Markt. Es gabe Motoren mit 1,3, 1,6 oder zwei Litern mit Vergaser oder Einspritzung. Zudem gab es eine Volumex-Variante mit Kompressor.

Aus der Zeit des Beta ist ein weiteres Modell zu erwähnen, das auf dem Fahrgestell des Fulvia 1600 HF entwickelt wurde. Der Stratos war ein Stern am Automobilhimmel, sowohl in der Straßen- als auch in der Sportvariante. Er wurde 1973 entwickelt; ein faszinierendes Coupé in Keilform und mit futuristischen Linien, das im Rallyesport den Fulvia 1600 HF ablösen sollte. Motorisiert war es mit einem Dino-V6 von Ferrari mit 2418 Kubikzentimetern.

Enorm elegant war außerdem das Lancia Gamma Coupé. Leider erschien es in einer schwierigen Zeit und verkaufte sich dementsprechend schlecht – 1976 war der Schreck der Ölkrise noch nicht überwunden. Drei Jahre später jedoch kam die Zeit eines Modells, das die Verkäufe ankurbelte und die Bilanz von Lancia ins Reine brachte.

Es handelte sich um den kompakten Delta, der auf dem Fiat Ritmo basierte. Wie es die Zeit verlangte und wie es Giugiaro lehrte, zeichnete er sich durch straffe, rechteckige Linien und ein kurzes Heck mit einer Heckklappe aus. Technisch gab es viele Gemeinsamkeiten mit dem Beta. Chromverzierungen, Kunststoffstoßfänger, ein durchdachtes Armaturenbrett und eine wiederum dem Niveau der Marke entsprechende Ausstattung machten ihn zu einem Erfolgsfahrzeug, dem 1980 der Titel „Auto des Jahres" verliehen wurde.

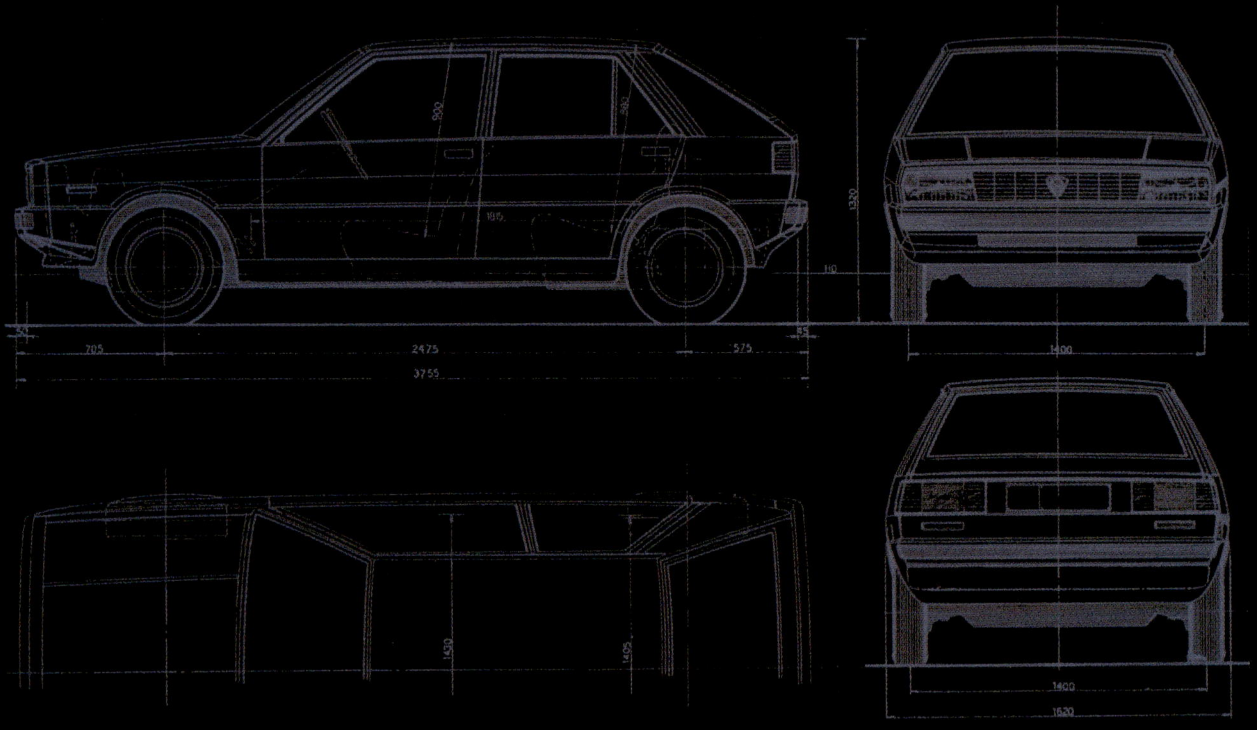

192 und 193 Der Lancia Delta erschien 1979 und verhalf der Turiner Marke wieder zu Erfolg, nachdem die vorigen Modelle hinsichtlich Prestige und Innovation hinter den Erwartungen zurückblieben waren. Der in klarer Formensprache gehaltene Entwurf von Giorgetto Giugiaro fand großen Anklang, ebenso gefielen die praktische Heckklappe und die aufwändige Innenausstattung. Dazu gesellten sich hervorragende Fahreigenschaften und spritzige Motoren mit 1300, 1500 und schließlich mehr als 1600 cm³. 1983 folgten die ersten Versionen mit Turbolader, und plötzlich sah die Rallyewelt ganz anders aus.

LANCIA DELTA

Ferrari zwischen der Formel 1,
den Sport-Prototypen und den
in Serie gebauten Meisterwerken

In den 60er und den 70er Jahren wurden bei Ferrari die Unterschiede zwischen Straßensportwagen und Rennwagen immer deutlicher. Bezeichnend für diese Spaltung war eines der drei Spitzenmodelle jener Zeit, der 250 GTO, damals der Gegner, den es in GT-Rennen zu schlagen galt. Die verführerischen und wundervollen Formen des GTO von 1962 stammten aus der Feder von Sergio Scaglietti. Er vertraute dabei auf seine Erfahrung und sein Können, die Entwürfe hatte er im Kopf und nicht auf Papier. Ausgangspunkt war ein 250 GT Berlinetta, bei dem Motor und Getriebe sehr tief eingebaut wurden. Die Karosserie war „hauteng", was die ausgeprägten Kotflügel und die Rundung der Motorhaube erklärt.

Die Entwicklung des Fahrzeugs wurde dem jungen Mauro Forghieri übertragen. Seine Aufgabe bestand darin, dem Wagen die exzellenten Fahreigenschaften zu verleihen, die ihn zum König der Rennen machten. Das Debüt des GTO stellte dann alle anderen Modelle in den Schatten. Ebenso war es mit dem Flaggschiff 400 Superamerica von 1960 und mit dessen Weiterentwicklung, dem 500 Superfast von 1964, sowie dem GT 330 2+2 von 1964.

Zwei Jahre später gab es daneben noch den 330 in den Varianten GTC, GTS und GT California. Beide wurden vom 365 in den Ausführungen GTC, GTS und GT 2+2 von 1968 abgelöst, bei dem die Kraftstoffeinspritzung eingeführt wurde, sowie vom 275 von 1964 mit seinen Versionen GTB-GTS-GTB/4 und GTS/4. Die „4" bezog sich dabei auf vier anstelle von zwei obenliegenden Nockenwellen.

Dino war eine selbstständige, in den meisten Fällen mit Sechszylindermotoren ausgerüstete

194-195 Der Ferrari 275 GTB wurde 1964 präsentiert und ersetzte den 250 GTL. Das Modell (Entwurf von Pininfarina, Karosserie von Scaglietti) verfügte über einen V12-Motor mit 3285 cm³ und 280 PS und erreichte 238 km/h. Es gab zahlreiche Ausführungen: 250 Tour de France, SWB, GTO, ab 1965 eine zweite Serie mit verlängertem Radstand, den GTB/4 mit vier statt zwei obenliegenden Nockenwellen sowie den Spider GTS.

196 Ein Monteur bei der Arbeit an einem 250 GTO im historischen Ferrari-Werk in Maranello im Jahr 1962. Zwei Jahre zuvor war die Anlage vergrößert, modernisiert und für eine Jahresproduktion von 500 Autos optimiert worden. Außerdem änderte sich der Firmenname von Auto Costruzioni Ferrari in SEFAC (Società esercizio fabbriche automobili e corse).

196-197 Der Ferrari 250 GTO von 1962, hier in elegantem Silber, ist einer der berühmtesten Ferraris und seit jeher weltweit bei Sammlern begehrt und erzielt, auch dank der nur 36 bis 1964 gefertigten Exemplare, astronomische Preise. Der Buchstabe O steht für „Omologato“ (homologiert). Das Modell ist eine Weiterentwicklung des Rennwagens 250 GT Berlinetta mit modifiziertem Fahrgestell und V12-Motor mit 2953 cm^3, 290 PS und 280 km/h Höchstgeschwindigkeit. Ein faszinierender und sehr schneller Wagen, der sowohl auf der Straße als auch auf der Rennbahn für Begeisterung sorgte.

198-199 Der Dino war der Beginn der einzigartigen Karriere des V6-Motors von Ferrari. Hier der erste 206 GT von 1968, dem der 246 GT und der GTS Spider folgten. Bis 1974 wurden 2487 Exemplare produziert. Die ersten beiden Ziffern der Modellbezeichnung verraten den Hubraum in Dezilitern, die dritte die Zahl der Zylinder. Der Sechszylinder-Mittelmotor der letzten Modellversionen hatte 2418 cm^3 und 195 PS.

Marke, die nach dem früh verstorbenen Sohn Enzo Ferraris benannt war. Dem Dino 206 GT Coupé folgte der 246 GT – auch als Cabrio. 1969 kam der Ferrari 365, besser unter dem Namen Daytona bekannt. Mit dem Dino hatte der Motor begonnen, „sich zurückzuziehen" und wurde entweder in der Mitte oder vor der Hinterachse eingebaut. Man folgte damit der aktuellen Entwicklung in der Formel 1.

Aber Ferrari hielt das bei Straßenwagen nicht für gut. Für „Il Drago" mussten die „Ochsen", also der Motor, in der Tat vor dem „Karren" stehen und nicht umgekehrt. Die Geschichte und die folgenden Modelle bewiesen aber, dass er damit unrecht hatte.

Für die Zukunft des Betriebes sorgte der Commendatore unterdessen mit finanzieller Absicherung durch Beteiligung: Am 21. Juni 1969 beteiligte sich Fiat mit 50 Prozent an der Firma. Man ließ dem Chef aber absolute Unabhängigkeit in Sachen Rennsport.

Kommen wir auf den Daytona zurück. Anstelle der gewölbten und abgerundeten Linien, die bis dahin typisch gewesen waren, hatte er eine keilförmige Front mit Einsätzen aus Plexiglas, unter denen die Scheinwerfer saßen. Die für die USA bestimmten Autos wurden mit versenkbaren Scheinwerfern versehen, eine Lösung, die schließlich Standard bei der Produktion der Nachfolgemodelle wurde.

Behielt der Daytona seinen starken V12-Motor mit 352 PS vorn unter der Haube, ging es mit dem 365 GT4BB von 1973 mit Mittelmotor in 180°-V12-Bauweise wieder direkt gegen Lamborghini und

200 Der Ferrari 308 GTB, Nachfolger des Dino, wurde beim Autosalon in Paris im Oktober 1975 vorgestellt. Die Karosserie, von Pininfarina entworfen und von Scaglietti gebaut, wurde zunächst aus Glasfaser hergestellt. Der flache und sehr sportliche Wagen mit versenkbaren Scheinwerfern verfügte über einen Gitterrohrrahmen und einen V8-Mittelmotor mit 2926 cm³ und 250 PS und erreichte 252 km/h. Erhältlich war auch die Version GTS Spider, ab 1980 dann auch die Motorisierung mit zwei Litern, auch mit Turbolader (208 GTB, GTS und Turbo).

200-201 Der Ferrari 512BB erschien 1976. Keilförmige Schnauze und ausdrucksstarke Linien betonten die Leistungsstärke, der Zwölfzylinder mit 4942 cm³ und 360 PS garantierte 280 km/h, dazu kam ein recht komfortables Fahrverhalten. 1981 kam eine Version mit Einspritzmotor heraus; 1984 wurde ein Modell für den Export in die USA vorgestellt, das den dortigen gesetzlichen Bestimmungen entsprach.

Maserati. Ein 365er war auch der GT4 2+2, der größte Ferrari von Pininfarina.

Bertone hingegen sollte unter dem Markennamen Dino mit dem 308 GT4 einen bequemeren Ferrari entwickeln. So war 1973 der Zeitpunkt für den Einbau eines Dreiliter-V8 gekommen. Die Variante 208 mit einem Zweilitermotor wurde nur für den italienischen Markt hergestellt, um von einer geringeren Besteuerung zu profitieren.

Der neue 308 GTB (Gran Turismo Berlinetta) von 1975 hingegen war das Werk von Pininfarina. Er war flach, breit, kraftvoll und geschwungen und hatte Klappscheinwerfer. Mit 255 PS und einer Höchstgeschwindigkweit von 255 km/h stand er gut im Futter. Beim Debüt präsentierte er sich mit einer Karosserie aus Fiberglas von Scaglietti. Ab 1976 waren die Karosserien aus Blech, im Jahr darauf gab es einen Spider mit herausnehmbarem Dachteil. Der Wagen war bis 1985 auf dem Markt und unter anderem in der Fernsehserie „Magnum“ zu sehen. Seine Epoche ging mit den Varianten 208 GTB und GTS mit zwei Litern Hubraum zu Ende.

Der 308 GTB QV war ein spezielles Modell mit vier Ventilen pro Zylinder und elektronischer Einspritzung. Auch der 400 GT von 1976 war eine Innovation. Er war der erste Ferrari mit einem Automatikgetriebe von General Motors. Die 70er Jahre beschloss jedoch eine Ikone, der 512 BB. Er wurde von 1976 bis 1984 in der Version mit Einspritzmotor produziert. Insgesamt wurden 1936 Stück gebaut.

Das Fahrzeug war die Weiterentwicklung des 365GT4BB, entworfen von Pininfarina und gebaut von Scaglietti. Zu seinen Besonderheiten gehörten seine Bugschürze mit weit nach unten gezogener Motorhaube, der Pantographscheibenwischer, die sechs Rückleuchten und sechs Auspuffrohre. Auf jeden Fall war er leistungsstark, seine 360 PS verliehen ihm eine Höchstgeschwindigkeit von 280 Stundenkilometern.

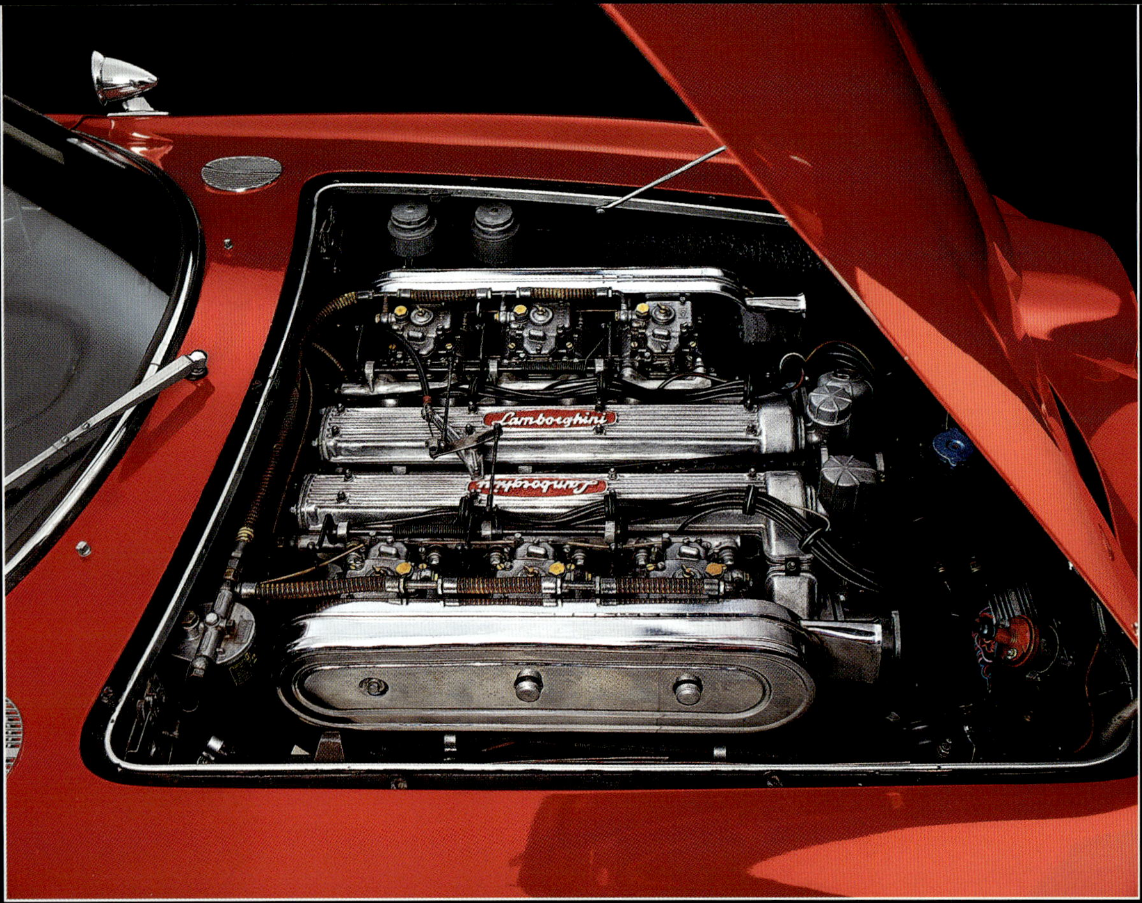

202 oben Der Motor mit 3464 cm³ und 280 PS füllt den Motorraum des Lamborghini 350 GT bis an den Rand. DerZwölfzylinder beschleunigte den Wagen auf bis zu 250 km/h.

202-203 Der 350 GT, 1964 konstruiert und präsentiert, war Lamborghinis Alternative zu Modellen von Ferrari und Maserati. Die Autos gefielen durch originelle Linienführung und starke Individualität Publikum und Fachwelt gleichermaßen. Die Produktion lief bis 1966.

Miura, Countach, Espada: Lamborghini versetzt die Welt in Staunen

Von der Gründung über den Gipfel automobilistischer Perfektion bis zur Pleite in nur zehn Jahren. Die Geschichte Lamborghinis hätte es ohne Enzo Ferrari und seinen schwierigen Charakter nicht gegeben. Der Betrieb in Sant'Agata Bolognese entstand als eine Art Genugtuung für Ferruccio Lamborghini, dessen ursprüngliches Geschäft Traktoren waren. Er wollte beweisen, dass er in der Lage war, bessere Fahrzeuge als der Betrieb in Maranello herzustellen, da er auf seine Beschwerde beim „Drachen" über die Kupplung seines nagelneuen Ferrari und seine Verbesserungsvorschläge zur Antwort bekommen hatte: „Bau du nur weiter deine Traktoren und überlasse mir die Sportwagen."

Gut eine halbe Milliarde Lire stellte er für den Bau von Autos „mit Stierhoden" bereit. Das war ein Budget, das mit den Investitionen heutiger Ölmagnate verglichen werden kann, die Fußballklubs erwerben und nahezu unbegrenzte Summen für den Spielererwerb bereitstellen. So warb Lamborghini Giotto Bizzarrini (Ex-Ferrari), Gianpaolo Dallara, Paolo Stanziani und viele andere hochrangige Techniker an, um einen GT mit 350 PS im brandneuen Werk in Sant'Agata Bolognese zu bauen. In nur sechs Monaten entstand der 350 GT, der sogar 10 Pferdestärken mehr besaß als verlangt.

Bei der Pressevorstellung im Oktober 1963 begeisterte er mit seiner Vollblutform und hinterer Einzelradaufhängung, als die Wettbewerber noch Starrachsen verwendeten. Das war eine erste Warnung für Ferrari und Maserati, die die Stärke des Konkurrenten anerkennen mussten, als 1966 der unbekannte Marcello Gandini, der Giorgio Giugiaro bei Bertone abgelöst hatte, mit dem von ihm kreierten Miura ins Rampenlicht trat. Der Miura war sportlich sowie stilistisch seiner Zeit voraus und auch heute ist er noch unglaublich aktuell. Der Name stammte von einer Stierrasse – Lamborghinis Sternzeichen war Stier und auch das Markenzeichen ziert einer. Der 3929 cm^3 große V12 leistete 350 PS und beschleunigte den Lambo auf 300 Stundenkilometer.

Noch zukunftsträchtiger war der Espada von 1968. Er war aus dem Prototypen Marzal entstanden,

203 oben Einige Mechaniker arbeiten im Lamborghini-Werk in Sant'Agata Bolognese im Oktober 1965 am Fahrgestell des P400 Miura, dessen Karosserie Marcello Gandini, ein Bertone-Mitarbeiter, entworfen hatte.

der ebenfalls ein Werk Gandinis war. Der Wagen war flach und lang und hatte eine sehr lange Motorhaube und ein imposantes Heck, er besaß allerdings nicht die Flügel der Studie.

Konsequente Keilform gab es dann wieder beim Countach von 1971, dessen Name aus dem piemontesischen Dialekt stammt und so viel wie Staunen bedeutet. Er war ein trotz seiner Wildheit straßentaugliches Auto mit Gitterrohrrahmen, Mittelmotor, sechs Doppelvergasern, 375 Pferdestärken und einer Höchstgeschwindigkeit von 315 Stundenkilometern.

Darüber hinaus war in der Produktpalette auch noch Platz für einen weiteren „Lambo". Der Urraco war ein kleineres und kostengünstigeres Modell mit Achtzylindermotor, das aber trotzdem über viele der Stilelemente seiner berühmten Geschwister verfügte. Wegen verschiedener Probleme konnte er allerdings erst 1974 ausgeliefert werden.

Unter anderem hatten Arbeiterunruhen zu Schwierigkeiten bei der Produktion geführt, und so entschloss sich Lamborghini 1972, zunächst 51 Prozent des Betriebes an den Schweizer Rossetti abzutreten. Ein Jahre später verkaufte er die verbliebenen 49 Prozent an den Maschinenbauunternehmer Leimer. Trotz des neuen Kapitals ging das Unternehmen 1980 in Konkurs, kam aber in den folgenden zehn Jahren wieder auf die Beine.

206 oben Der avantgardistische Lamborghini Marzal wurde von Marcello Gandini im Jahre 1967 im Auftrag des Designbüros Bertone entworfen; dieser Prototyp wurde bei der Motorshow in London im gleichen Jahr vorgestellt.

206-207 1971 erschien der Lamborghini Countach. Sein Name geht auf einen Ausruf in piemontesischem Dialekt zurück, der Bewunderung und Erstaunen ausdrückt. In zeittypischem Design mit keilförmiger Schnauze erzielte dieser Trendsetter mit vor der Hinterachse eingebautem 375-PS-Motor eine Höchstgeschwindigkeit von 315 km/h.

207 oben Ein weiteres vom Vater des Miura entworfenes Meisterstück: Marcello Gandini entwickelte in den Jahren seiner Mitarbeit im Büro Bertone auch den Lamborghini Urraco, der natürlich wieder einen Namen aus der Welt des Stierkampfs trägt.

De Tomaso, Maserati, Asa and Iso: Pure Leidenschaft!

Aber da waren nicht nur Ferrari, Lamborghini und Alfa Romeo: Italien war in jenen Jahren das Eldorado für Sportwagenfans. Nachdem der Argentinier Alejandro de Tomaso 1959 in Modena seine Firma gegründet hatte, um Rennwagen mit OSCA-Motoren auszustatten, beschloss er, ein eigenes Fahrzeug zu entwickeln. 1965 debütiert der Vallelunga, dessen von Fissore entworfene Karosserien zunächst von Fissore selbst und dann von Ghia gebaut wurden.

Ghia war eine Karosserieschmiede, die zusammen mit Vignale 1967 von de Tomaso und 1972 von Ford übernommen wurde. Der Vallelunga war stilistisch so interessant, dass er sogar im New Yorker Museum of Modern Art ausgestellt wurde. Aber er enttäuschte auch auf der Straße nicht und verdiente sich den Spitznamen „italienischer Lotus". Er verfügte über einen 1,5-Liter-Motor von Ford und war bis zu 205 Stundenkilometer schnell.

Der Pantera der 70er Jahre war dann die Krönung des Schaffens von De Tomaso. Er entstand 1970, nachdem das Unternehmen in den Einflussbereich von Ford gelangt war, und präsentierte sich mit einem Achtzylinder-Mittelmotor des Detroiter Unternehmens. Andere Modelle waren der Deauville, ebenfalls von 1970, und der Longchamp 2+2 von

208 oben Spricht man von De Tomaso, so auch vom Pantera, dem Sportwagen der Superlative von 1968 mit 330 PS, 260 km/h und V8-Mittelmotor, der zusammen mit Ford in den ehemaligen Werken des Karosseriebauers Vignale in Turin gebaut wurde.

208-209 Das erste Straßenmodell von De Tomaso war der Vallelunga mit Ford-Mittelmotor, einer Karosserie aus Glasfaser und Zentralrohrrahmen. Der schmucke Wagen wurde zuerst von Fissore, dann von Ghia gefertigt und schließlich vom New Yorker Museum of Modern Art als Ausstellungsstück auserwählt.

1972, jenem Jahr, in dem das Werk in Modena schloss und de Tomaso sein Unternehmen verließ, um dann 1976 wieder neu zu beginnen. Die letzte Serie des Pantera entstand Anfang der 1990er Jahre.

Nach wie vor war Maserati in Modena. 1960 kam der Sebring, der den Motor des 3500 GT besaß, jedoch eine neue und gelungene Formgebung aufwies. Drei Jahre später kamen der Mistral und der Quattroporte. Ersterer war ein kompaktes, gelungenes Coupé, Letzterer leitete die Epoche der repräsentativen Großlimousine ein. Die Bezeichnung Quattroporte (Viertürer) wird heute noch verwendet. Bei seinem Debüt war er mit 230 Stundenkilometern das schnellste „Flaggschiff" der Welt. Er bot vollkommenen Komfort und Luxus bei atemberaubenden Fahrleistungen. Damit noch nicht zufrieden, entschloss man sich bei Maserati 1965, ihm eine stärkere Version folgen zu lassen. Diese zeichnete sich durch Doppelscheinwerfer und einen V8-Motor aus, der statt 4,2 nun 4,7 Liter Hubraum hatte.

Im darauffolgenden Jahr wurden dann der Mexico und der von Giugiaro entworfene Ghibli herausgebracht. Sie waren Beispiele für Sportwagen mit Stil und Eleganz. 1968 wehte in Modena der Wind aus Frankreich. Die Familie Orsi verkaufte die Firma an Citroën. Diese behielt Maserati bis 1973 und baute den Indy mit Frontmotor und den Bora, den Merak und den Khamsin mit Mittelmotor, wie zu der Zeit üblich. Ebenso wurde die zweite Generation des Quattroporte produziert.

1975, nachdem die Firma zwei Jahre lang von der GEPI, einer Art staatlicher Insolvenzverwaltung, geführt worden war, ging Maserati auf die Firma Benelli über, die sich im Besitz von Alejandro De Tomaso befand. Den Kyalami, ein Coupé, und den Quattroporte III hat Giugiaro entworfen.

210-211 Hier eines der Meisterwerke von Giorgetto Giugiaro, der ab 1966 für Ghia arbeitete: der Maserati Ghibli in der Version Spider, von 1969 bis 1973 produziert. Ein schöner, eleganter und leistungsstarker Zweisitzer, gut für 290 km/h Höchstgeschwindigkeit.

211 oben Auch der Maserati Bora trägt den Namen eines Windes; er erschien 1971 und war das erste Fahrzeug der Marke mit Mittelmotor. Der Gran Turismo mit beachtlichen 310 PS erreichte 280 km/h.

212-213 Werbung für den Iso Grifo: Das neue Juwel des italienischen Automobilbaus. Das Modell erschien 1963 als superschneller GT. An der Entwicklung beteiligt waren bedeutende Persönlichkeiten wie Giorgetto Giugiaro, der die Karosserie entwarf, sowie Giotto Bizzarrini und Renzo Rivolta, die Gründer der Mailänder Automarke. Der Wagen, der in einigen Versionen eine Höchstgeschwindigkeit von 300 km/h erzielte, fand in den USA großen Anklang. Oft wurden Motoren von Chevrolet oder Ford eingebaut, wie im unten gezeigten Modell der zweiten Serie von 1974, dem vorletzten Jahr der Automobilproduktion von Iso Rivolta.

O ITALIANO

Auch bei ISO liebäugelte man mit sportlichen Modellen. Mit einer radikalen Kursänderung nach der Isetta erschien im Jahr 1962 der ISO Rivolta GT300, ein raffinierter viersitziger GT, dessen von Giugiaro entworfene Karosserie von Bertone gebaut wurde. Er hatte einen 5,3-Liter-V8 mit 300 PS, der aus der Chevrolet Corvette stammte. Das Fahrzeug und die Variante GT340 mit 340 Pferdestärken erzielten in Übersee einen beachtlichen Erfolg.

Renzo Rivolta dachte jetzt in großen Dimensionen und an eine extrem sportliche Version mit 300 Stundenkilometern Höchstgeschwindigkeit. Bertone war verantwortlich für die Linienführung und der Ingenieur Giotto Bizzarrini konstruierte den Grifo, der einen 405-PS-Chevrolet-Motor besaß und in den Ausführungen Lusso und Competizione angeboten wurde, dazu kamen eine abgespeckte Version mit 365 PS und zwei weitere mit fünf und sieben Litern Hubraum. 1973 dachte man gar an die Formel 1, aber trotz frischen US-Kapitals befand sich das Unternehmen im Würgegriff der Ölkrise und musste im Jahr 1975 seine Pforten schließen.

Hinter dem ASA 1000GT stand die Firma Ferrari, weshalb er schnell den Spitznamen Ferrarina bekam. Es handelte sich um ein kompaktes Coupé mit einem Motor, der in der endgültigen Version einen Liter Hubraum hatte, dem Fahrwerk des Ferrari 250 GT und einer Ausstattung, wie sie zu einem Wagen der Spitzenklasse gehörte. Von Bertone im Auftrag von Ferrari entworfen, sollte er aber nicht unter dem Namen Ferrari erscheinen. Der Mailänder Industrielle Oronzio de Nora und sein Sohn kamen schließlich mit Ferrari überein, die Projektunterlagen und Patente zu erwerben und den Wagen zu bauen.

Beim Turiner Autosalon von 1961 wurde er erfolgreich vorgestellt, aber erst 1963 kam er auf den Markt. Neben dem Coupé mit Glasfaserkarosserie gab es später auch noch eine Cabrio-Variante, ebenso den Prototypen 1000GTC mit Mittelmotor. Trotz weiterer Versionen mit einem leistungsstärkeren

Motor und einem Modell für die USA erntete der ASA nicht den gewünschten Erfolg und die hohen Herstellungskosten zwangen zur Einstellung der Produktion im Jahr 1966.

Definitiv preiswerter war eine Reihe von Sportwagen kleineren Hubraums, aber mit hoher Leistung, die von Abarth und Giannini auf Fiat-Plattformen realisiert wurden. Mit ihren Rennerfolgen zogen sie ein Publikum aus jungen Fans an. Vor allem traf dies auf den 500er und den 595er von Abarth zu, die vom Fiat 500 abstammten wie der Giannini 500 TV (Turismo Veloce). Dabei hatte man es geschafft, aus dem kleinen Wagen bis zu 32 Pferdestärken (statt serienmäßig 13) herauszuholen. Eine weitere Ikone war der A112 Abarth mit 58 PS, die Hochleistungsvariante des Autobianchi A112.

214 oben Auf Basis des Fiat 500 entwickelte der in Italien lebende Wiener Carlo (eigentlich Karl) Abarth eines seiner überzeugendsten und bekanntesten Modelle. Er verwandelte den sympathischen Kleinwagen in einen Minirennwagen, der auf der Straße wie auf der Rennstrecke überzeugte.

214-215 und 215 oben Kanten und Rundungen kennzeichnen den roten Abarth 1000 Sport von 1963. Dieser Rennwagen wurde vom Schweizer Champion Tommy Spychiger gefahren, der 1965 in Monza in einem Ferrari 365P der Scuderia Filipinetti ums Leben kam.

216-217 Der Alfa Romeo Giulia Sprint GT, ein ebenfalls von Giugiaro bei Bertone entworfenes viersitziges Coupé, erschien 1963. Basis war die bereits sehr sportliche Limousine Giulia. „Der Bertone“ ist das Musterbeispiel für einen alltagstauglichen Sportwagen.

Giulia, Giulietta, Duetto, 33 Stradale, Alfetta und Alfasud, praktisch jedermann kannte die reizvollen Autos aus Mailand. Sie alle hatten reichlich Rennsport-Genmaterial, war Alfa doch immer erfolgreich im Motorsport gewesen. Man denke an den Giulia TZ (Tubolare Zagato, Rohrrahmen, Entwurf von Zagato) und seine großen Erfolge oder an den 33, der den Sportwagen-Weltmeistertitel holte. Oder man denke nochmals an die Formel 1, an der Alfa ab 1977 wieder teilnahm. Zunächst lieferte das Unternehmen die Maschinen für Brabham, im Jahre 1980 kam ein eigenes Fahrzeug zum Einsatz.

1972 kehrte der Name Alfetta für eine Limousine zurück, der GT und GTV sowie der Turbodelta folgten. Der Wagen fand enormen Anklang. 1979 kam er als erster italienischer Turbodiesel. Nicht zu vergessen die Giulia, ein schneller, wenn nicht gar superschneller Wagen, ebenso beliebt bei der Polizei wie bei den Kriminellen. Er erschien 1962 und bot Neuerungen im Bereich der passiven Sicherheit, wie Knautschzonen, eine versteifte Fahrgastzelle zum Schutz der Insassen, eine Sicherheitslenksäule sowie die Ausstattung mit Sicherheitsgurten.

Mit den verschiedenen Typen wie dem TI (Turismo Internazionale), dem Super, dem Sprint, dem Sprint GT und dem GTA, dem TZ, dem TZ2 sowie dem Spider und den 1,3- und 1,6-Liter-Motoren in verschiedenen Konfigurationen hatte die Giulia für Leistungshungrige allerhand zu bieten. Sie fanden in ihm ein ideales Fahrzeug, auch wenn einige Details wie die Lenkradschaltung und die vordere Sitzbank für drei Personen nicht alle überzeugten, sodass Alfa 1964 optional eine Mittelschaltung und vordere Einzelsitze anbot. Die TZ-Modelle führten zur Gründung der Tuningfirma Autodelta durch Ingenieur Carlo Chiti und Alfa-Händler Ludovico Chizzola aus Udine. Sie machten die Fahrzeuge wettkampftauglich und führten sie zu zahlreichen Erfolgen. Daraus entstand die offizielle Rennabteilung von Alfa Romeo.

Ende der 60er, Anfang der 70er Jahre vergrößerte sich Alfa Romeo vom industrialisierten Norden in

den ländlicheren Süden. Um die Beschäftigung zu fördern, beschloss man, in Pomigliano d'Arco in der Provinz Neapel zu bauen. Dort wurde ab 1972 der Alfasud gefertigt, bei voller Produktionsauslastung waren 15.000 Arbeiter damit beschäftigt. All das blockierte aber die Entwicklung in Arese und Portello, und das führte zur Krise.

Dennoch entstanden 1971 Modelle wie der 2000 und der Montreal, ein prächtiges 2+2-Coupé mit V8-Motor. 1977 kam die zweite Giulietta, Erbin der Alfetta, heraus. Ein besonderes Schmuckstück war der Spider, das Cabrio auf Giulia-Basis, genannt Duetto und in den USA spätestens ab dem Zeitpunkt ein voller Erfolg, als „The Graduate" in die Kinos kam. Der Film mit Dustin Hoffman, der einen roten Duetto fährt, hieß in Deutschland „Die Reifeprüfung". Ein zeitloses Fahrzeug, wie die Produktion bis 1995 – mit einigen Neuerungen – bewies. Der Name Duetto war das Ergebnis einer Ausschreibung mit 120.000 Teilnehmern, um dem 1600 Spider einen Namen zu geben. Er wurde aber bereits im nächsten Jahr wieder abgeschafft, weil er schon für einen Keks geschützt war.

Die kaum gezähmte Straßenversion des Rennwagens Tipo 33, der 33 Stradale, verströmte Rennatmosphäre und das war kein Wunder. Er war eine Fahrzeugikone, ein Werk des vielseitigen Franco

218-219 Die erste Serie des Alfa Romeo Spider ist bis heute unter dem Namen Duetto bekannt, obwohl sie den Namen eigentlich gar nicht mehr tragen durfte, weil er bereits für ein Produkt des Lebensmittelherstellers Pavesi registriert war. Der Wagen spiegelte Ende der 60er Jahre das Lebensgefühl der Jugend wider. Er kam 1966 heraus und wurde – immer wieder leicht überarbeitet – bis 1995 produziert.

219 oben Der Film „Die Reifeprüfung" (1967) von Mike Nichols mit Dustin Hoffman, Anne Bancroft und Katharine Ross machte den Alfa Romeo Duetto in den USA bekannt. Er wurde dort nach dem Originaltitel des Films „The Graduate" genannt.

Scaglione in Zusammenarbeit mit Autodelta, mit Sportlerherz und -seele und mit einer Linienführung, die noch heute das Herz höherschlagen lässt. Die aerodynamische Form, der Zweilitermotor mit 230 PS bei beeindruckenden 8800 Umdrehungen pro Minute und die hervorragende Laufkultur verschafften ihm eine Höchstgeschwindigkeit von 255 Stundenkilometern, er hatte eine nicht viel geringere Leistung als die Rennausführung.

Fiat schluckt alle: Autobianchi, Lancia, Ferrari und Abarth

220 unten Vorstandssitzung im Fiat-Werk Mirafiori in Turin im Jahr 1963. Zu sehen sind unter anderem Fiat-Präsident Vittorio Valletta (2.v.r.) und Gianni Agnelli (3.v.r.).

220 oben Die Modellstudie eines Fiat wird im Büro der Fiat-Werke Mirafiori von den Designern Oscar Montabone (links) und Dante Giacosa im Jahre 1963 begutachtet..

Die enorme Unternehmensgröße und die Führungsrolle im Wirtschafts- und Sozialgefüge Italiens ließen Fiat neue Strategien entwickeln. Die Auslandsorientierung konkretisierte sich mit Verträgen und neuen Betriebsstätten, so 1966 in der Sowjetunion mit der Fabrik in Togliattigrad. Sie war in der Lage, pro Tag 2124 Shigulis, also Fiat 124 mit Lada-Logo, zu produzieren, und erhielt weiteren Auftrieb mit Beginn der Präsidentschaft von Gianni Agnelli.

Durch den Erwerb von Abarth, Autobianchi, 50 Prozent von Ferrari sowie Lancia, was 1979 zur Gründung der Fiat SpA führte, wurden die ganz unterschiedlichen Marken unter einem Dach vereint. Seit 1984 gehört auch Innocenti zu Fiat, seit 1986 Alfa Romeo und mit der 90-prozentigen Beteiligung gehört auch Ferrari seit 1991, drei Jahre nach Enzos Tod, zu Fiat.

So ließ sich der komplette Markt bedienen, mit dem 500 als günstigstem Angebot. Schließlich folgte der schon recht gut ausgestattete 500 L (1968) und am Ende der 500 R (1972–1975.) Der 500 ist eine Ikone auf vier Rädern und das Paradebeispiel für ein Stadtauto. Heute würde man sagen, dass er universell ist und keine spezielle Zielgruppe hat. Zudem war er ein weiterer Beleg für die Spezialisierung Fiats auf gelungene Kleinwagen.

Der 124 entstand 1966, um den Platz des unvergessenen 1300/1500 einzunehmen. Er war eine komfortable viertürige Stufenhecklimousine, ausgestattet mit einem robusten und wirtschaftlichen 1200er-Motor und 60 PS. Neben dem Coupé, dem Familiare, dem Special und dem T gab es noch den Spider, den ewigen Gegenspieler des Alfa Duetto.

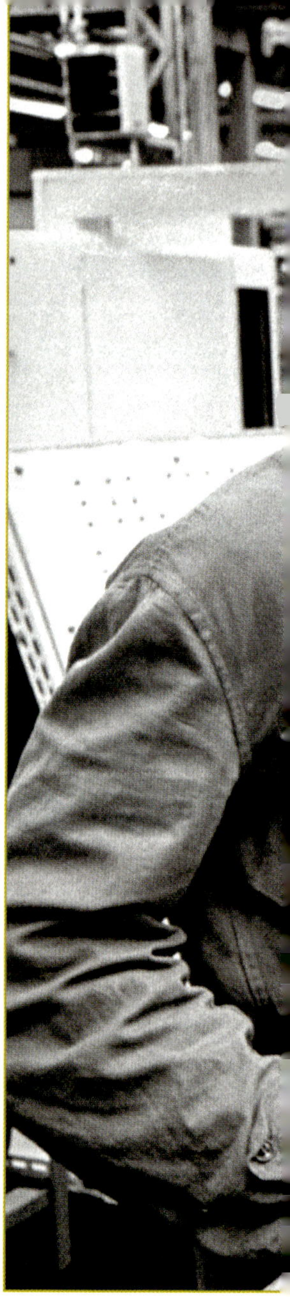

220-221 Im Jahr 1966 übernahm Gianni Agnelli den Vorsitz bei Fiat, als Nachfolger von Vittorio Valletta. Im Februar 1967 besichtigte er das Ausbildungszentrum der jungen Facharbeiter der Fabrik.

Der 124 verdankte seinen internationalen Erfolg seiner hervorragenden Konstruktion. 1,5 Millionen Exemplare wurden in Italien verkauft, vier Millionen weltweit, wenn man die Lizenzproduktionen mitrechnet, und das nicht nur dank des Übereinkommens mit der UdSSR, sondern auch, weil der 124 nach 1974, als er in Italien vom 131 abgelöst wurde, in Russland, Südafrika, Marokko, Südamerika, Malaysia, der Türkei, Bulgarien, Spanien, Portugal, Jugoslawien und Irland weiterproduziert wurde. Der 125 aus dem Jahre 1967 beruhte auf dem 124, jedoch besaß er eine bessere Ausstattung und mehr Sportlichkeit.

Ein weiterer millionenfach hergestellter Wagen war der 850 von 1964. Er präsentierte sich mit größerem Hubraum und mehr Komfort als der 500 und der 600 und hatte einen Heckmotor mit 850 Kubikzentimetern und 34 Pferdestärken, zwei Türen, fünf Sitze sowie ein Semi-Fließheck.

Eine Variation war der Familiare, ein Kleinbus mit der Funktionalität einer modernen Großraumlimousine, der das Erbe des Multipla antrat. Er verfügte über vier Türen und acht Sitzplätze, verteilt auf drei Reihen (2+3+3). Es folgten das stromlinienförmige Coupé 2+2 und der Spider von Bertone, der sich in den USA den Spitznamen „Little Ferrari" erwarb und der 1972 vom X1/9 abgelöst wurde.

1968 war das Jahr des Restylings, und der 850 mutierte zu Special, Sport Coupé und Sport Spider. Das waren aber bescheidene Sportwagen im Vergleich zu Dino Spider und Coupé, die aus einer Übereinkunft mit Ferrari hervorgingen und die Beteiligung von Fiat an Ferrari vorbereiteten. Zunächst aber wurde nur der Sechszylindermotor des Ferrari Dino verbaut, die Karosserien stammten von Pininfarina.

In den 70er Jahren herrschte eine enorme Modellvielfalt: vom luxuriösen Flaggschiff 130, der auch als von Pininfarina entworfenes Coupé mit seinem faszinierenden Stufenheck erhältlich war, bis hin zum 128 von 1969. Der hatte den ersten Frontantrieb bei Fiat, mit quer eingebautem Motor von 1110 Kubikzentimetern, und war ein hervorragendes Auto, sowohl in Bezug auf seine Straßenlage als auch auf die Geräumigkeit dank des fehlenden Getriebetunnels. Er wurde auch als Familiare, Sport Coupé und Special sowie als Coupé 3P gebaut, dessen Merkmal die sechs runden Heckleuchten waren.

Um den Umweltvorschriften gerecht zu werden, erschien 1976 der neue 128. Seine Produktion wurde 1978 eingestellt, als der Ritmo auf den Markt kam. Dieser leitete in vielerlei Hinsicht eine neue Ära ein, von der Produktion über den Stil und die Verwendung von Plastik bis hin zum Marketing. Nicht vergessen sein sollte auch der 127 von 1971, der sechs Jahre später modifiziert wurde. Er wurde gebaut, um den 850 abzulösen, und war ein moderner Dreitürer – weil ab 1972 bereits mit großer Heckklappe – mit geräumigem Innenraum. Dieser Wagen wurde in Zusammenarbeit mit Pio Manzù gebaut, dem Sohn des Bildhauers Giacomo.

Der 127 blieb 16 Jahre lang in Produktion, drei Jahre länger als der 126. Dieser erschien 1972 als Nachfolger des 500 und übernahm dessen Technik, steckte jedoch in einer modernen Hülle und war praktisch ein 127 en miniature. Er zeichnete sich durch Robustheit und niedrige Unterhaltskosten aus.

Eine Klasse höher fand sich der 132 von 1972, der das Erbe des 125 antrat. Er war der erste Fiat, der von Robotern in Mirafiori montiert wurde und serienmäßig mit einem Außenspiegel ausgestattet war.

Das ging mit weiteren Sicherheitsmerkmalen bei Fiat einher. Dazu gehörte eine Teleskoplenksäule, deren fünf Elemente sich beim Aufprall ineinanderschoben und so den Fahrer schützten. Sie tauchte 1977 beim 132 auf, der zum neuen Flaggschiff der Marke wurde, als der 130 von der Bühne abtrat. Trotz einer umfangreichen Überarbeitung mit verbesserter Ausstattung – unter anderem Automatik und Klimaanlage – konnte das Mittelklassemodell den 130 aber nicht vollwertig ersetzen.

Unterhalb des 132 rangierte der 1974 erschienene 131, auch als Mirafiori bekannt, der mit zwei verschiedenen Ausführungen der Frontpartie geliefert wurde: einer mit kleinen rechteckigen Scheinwerfern bei der Basisversion und einer mit vier runden Scheinwerfern beim Special. Vier Jahre später folgten überarbeitete Modelle, darunter der Supermirafiori sowie ein am Buckel auf der Motorhaube erkennbarer Diesel. Das Aushängeschild war jedoch der Abarth Rallye, der drei Marken-Weltmeisterschaften gewann und 17 erste Plätze in internationalen Wettbewerben und 23 in europäischen Wettbewerben erreichte.

1978 erschien der Ritmo, an dem alles neu war, angefangen mit dem Namen, der erstmals mit der Tradition der numerischen Bezeichnungen der vorangegangenen Modelle brach. Die Rohkarosserien wurden zum ersten Mal weltweit von einem Robotersystem montiert. Das vor allem in der ersten Version nicht unumstrittene Design war innen wie außen von runden Elementen gekennzeichnet. Dazu kam eine neuartige Armaturenbrettgestaltung.

Der Ritmo war ein Beispiel für die neue Modellpolitik, die Fiat jetzt verfolgte. Der Wagen wurde bis 1988 gebaut und 1982 mit den Super-Versionen noch exklusiver. In den 80ern wurde ihm jedoch die Schau gestohlen von einem Wagen, der revolutionär und ein Symbol zugleich war: dem Panda.

222-223 Der elegante und faszinierende Fiat 130 wurde 1969 als Nachfolger des 2300L als Spitzenmodell vorgestellt. Der repräsentative Wagen war 1971 auch als attraktives Coupé mit einem wohlgeformten Stufenheck erhältlich.

223 Fiat bot in den 70er Jahren eine reiches Programm vom Kleinwagen bis zur großen Limousine: Von oben der 127 von 1971, Nachfolger des glorreichen 850, der Ritmo von 1978, originell, innovativ und Nachfolger des Raumwunders 128, der 131 Mirafiori von 1974, der das Erbe des 124 antrat, und der 132, der 1972 Nachfolger des 125 wurde – hier in der eleganten Version GLS 1800 von 1974.

Große kleine Autos: Autobianchi A112 und Mini Innocenti

17 Jahre A112, zehn Jahre Mini: So lange wurden die beiden kleinen Meisterwerke verkauft. Der Autobianchi A112 und der Innocenti Mini waren nationale Autolegenden. Der A112 war das Resultat der 1967 beginnenden Wandlung nach der Übernahme durch Fiat. Der Hauptsitz blieb in Mailand, im neu errichteten Pirelli-Turm. Zudem fuhr man fort, den Primula zu fertigen, mit dem Fiat erste Erfahrungen mit dem Frontantrieb sammelte, die dann Eingang in den 128 fanden. Und es war das im Primula vorgestellte Schrägheck mit Klappe, das den Fiat 127 bekannt machte.

Zwischen 1969 und 1986 wurden 1,3 Millionen Exemplare des A112 verkauft. Zu diesen kamen die unvergesslichen Abarth mit den schwarzen Motorhauben, sportlichen Instrumenten mit Drehzahlmesser, Voltmeter, Öldruck- und Öltemperaturanzeige, dem dreispeichigen Sportlenkrad und dem unverwechselbaren Motorensound. 1979 gab es eine Neugestaltung mit Kunststoffstoßfängern und Seitenschutzblenden. Dazu gab es eine Ausstattung, wie sie höherklassigen Wagen angemessen gewesen war, etwa das Fünfganggetriebe oder die elektronische Zündanlage.

Über den Mini in seiner ursprünglichen Ausführung von Alec Issigonis ist praktisch alles bekannt. Nach dem Krieg hatte Ferdinando Innocenti als prak-

224 oben Am 14. Oktober 1965 reiste der Herzog von Edinburgh nach Mailand, um das Innocenti-Werk zu besichtigen. Hier ist er an Bord eines Innocenti Mini, einer in Italien gebauten Version des bekannten Mini des englischen Konstrukteurs Alec Issigonis.

224-225 Die ganze Palette der fünften Serie des bedeutenden italienischen Kleinwagens, des Autobianchi A112 für vier Personen, bequem und sparsam. Hier in einer Aufnahme aus dem Jahr 1979 aufgereiht, von links: Junior mit Faltdach, Elegant, Elite und der sportive Abarth. Es folgten zwei weitere Modellgenerationen dieses Wagens, dessen imposante Karriere 1986 nach 17 Jahren und 1,3 Millionen Exemplaren endete.

225 oben Die italienische Sängerin Wilma De Angelis steigt in einen Austin A40, am Steuer sitzt Boxer Duilio Loi. Es ist der 21. Oktober 1960, die Aufnahme entstand in den Innocenti-Werken in Mailand während der Präsentation des neuen Wagens, der unter Lizenz von BMC von Ferdinando Innocenti gebaut wurde.

tischer Mensch sein künftiges Geschäftsfeld in einer Alternative zum Vespa-Roller gesehen. So wurde die Lambretta geboren. Später nahm er seinen Sohn in das Geschäft auf und stieg mit einem Lizenzbau des Austin A40 ins Autogeschäft ein.

Und hier war er nun, der Mini, der mit mehr als 280.000 Exemplaren einschließlich des Cooper ein Erfolgsmodell war. Er verfügte über ein fantastisches Fahrverhalten, das ihn noch heute, in der Version von BMW, eher in die Nähe eines Karts als eines anderen Autos rückt. Der erste Mini wurde von 1965 bis 1975 fast unverändert von Innocenti in Lizenz für den italienischen Markt produziert.

In der Zwischenzeit erfuhr das Innocenti-Werk Veränderungen in den Eigentümerverhältnissen. Zunächst hatte es zur IRI gehört und später kam es zu British Leyland. Dies betraf allerdings nur die Automobilsparte, Lambretta mit den dazugehörigen Anlagen landete schließlich in Indien. In der Folge ersann man im Jahr 1973 einen neuen Mini, der auf der Technik des alten beruhte, aber mit einer von Bertone komplett neu entworfenen Karosserie versehen wurde und in den Modellen Mini 90 und 120 seinen Ausdruck fand. Im Jahr 1975 jedoch kam Leyland in eine Krise, sodass das Unternehmen in die Hände von Alejandro De Tomaso gelangte, der bereits Eigentümer von Maserati war.

Motorsport: Von der Formel 1 bis zur Rallye

In einer Zeit, als britische Teams und Technik die Formel 1 dominierten, blieb den Italienern Ferrari. 1961 wurde man Weltmeister mit Phil Hill und Konstrukteursweltmeister, genau wie 1964 mit John Surtees und schließlich mit Niki Lauda in den Jahren 1975 und 1977, auch 1976 wurde Ferrari Konstrukteursweltmeister. Am Ende folgte noch einmal ein Doppelsieg im Jahre 1979 mit Jody Scheckter.

In diesen beiden Jahrzehnten verlagerte sich der Schwerpunkt jedoch auf eine andere Sportart: auf die Rallyes. Die teilnehmenden Wagen basierten auf Serienmodelle. Die extrem unterschiedlichen Wettkampfstrecken von Schnee über Schlamm bis hin zu Wüstensand auf fünf Kontinenten führten dazu, dass die Hersteller bessere technische Lösungen entwickelten. Hier kristallisierte sich die Vorherrschaft Lancias heraus.

In den 70er Jahren gesellte sich Fiat mit dem 124 und dem 131 hinzu, ebenso der Autobianchi A112. Alfa Romeo blieb nicht untätig und die GT- und Prototypen-Wettkämpfe waren ganz die Domäne des Unternehmens, zunächst mit der Giulietta, danach mit der Giulia TZ, gefolgt vom 33. Das Mailänder Unternehmen kehrte nun offiziell in den Rennsport zurück, nachdem es sich 1951 unmittelbar nach den beiden gewonnenen Formel-1-Weltmeisterschaften zurückgezogen hatte. Aber die Formel 1 war Alfa Romeo im Blut geblieben und im Jahr 1979 waren die Mailänder wieder da, zunächst als Motorenlieferant für Brabham, später dann auch mit einem eigenen Monoposto.

226 Phil Hill mit Lorbeerkranz und Pokal feiert den Sieg beim Großen Preis von Italien 1961 in Monza. Mit seinem Ferrari fuhr er die 430 Kilometer in 2:03:13 Stunden und war einer der 12 von 32 gestarteten Rennfahrern, die das Ziel erreichten. Er schloss das Rennen als Fünfter ab, nachdem er aus der Poleposition die schnellste Runde gefahren war.

226-227 Niki Lauda auf Ferrari beim Großen Preis von England 1974 auf der Rennbahn von Brands Hatch.

227 unten Im Regen meistert der großartige österreichische Rennfahrer Niki Lauda in seinem Ferrari 312 T2 mit der Startnummer 11 die Schikane beim Großen Preis von Österreich 1977. Er wurde Zweiter in diesem Rennen.

228 oben Der junge Alain Delon posiert mit dem futuristischen Lancia Stratos. Auch der französische Schauspieler vermochte sich der Faszination des Motorsports und namentlich der rassigen italienischen Renner nicht zu entziehen.

228 unten Der Stratos war ein einzigartiges Auto mit ganz ungewöhnlicher Form. 1972 bis 1983 war er der König der Rallyes. Bertones Entwurf basierte auf einem Fulvia-1,6HF-Fahrgestell und hatte einen 2,4 Liter großen V6 aus dem Dino.

Für den Rennsport gemacht war der 1968er Lancia Fulvia 1,6 HF. Er verschaffte der Turiner Marke so manchen motorsportlichen Lorbeer. Erinnert sei an den Sieg des Teams Munari-Manucia bei der Rallye Monte Carlo 1972.

KAPITEL 6

Die epochalen Veränderungen der 80er und der 90er

Auf dem Weg ins neue Jahrtausend: Offene Märkte, starke Konkurrenz und missglückte Allianzen

Ab den 80er Jahren ähnelte die Situation der italienischen Autobranche hinsichtlich der Marktzusammensetzung der heutigen: Japanische und weitere asiatische Automobilhersteller waren im Anzug und auch die europäischen, besonders die deutschen und französischen, gewannen immer mehr an Gewicht. 1997 wurden bereits mehr Autos nach Italien importiert, als man dort herstellte.

In den letzten 20 Jahren des alten Jahrtausends bildeten die ausländischen Konstrukteure Allianzen und trafen Vereinbarungen mit anderen internationalen Herstellern, um weiterhin auf dem Welt- und dem europäischen Markt wettbewerbsfähig zu bleiben.

Letzterer öffnete sich nach dem Fall der Berliner Mauer auch nach Osteuropa. Man ging mit großen Schritten der Globalisierung entgegen. Volkswagen und Audi übernahmen Seat in Spanien, Škoda in Tschechien, Bugatti in Frankreich, Bentley in Großbritannien und Lamborghini in Italien.

Auch Ford kaufte ein: Mazda in Japan, Land Rover und Jaguar in Großbritannien, außerdem Volvo in Schweden. General Motors übernahm die schwedische Firma Saab und Daewoo in Korea, Renault Dacia in Rumänien. BMW ergatterte die Firma Rover, die später weiterverkauft wurde, und Mini.

Italien jedoch verpasste den Anschluss, da die Fiat-Gruppe, der einzige Automobilkonzern des Landes, der mit den ausländischen Kolossen hätte mithalten können, eine andere Politik verfolgte: Sie wollte die Unternehmenstätigkeit diversifizieren, mit der Folge, dass Autos nicht mehr das Kerngeschäft waren. Man schlug den Vorschlag der Firma Ford aus, gemeinsam Chrysler und Volvo zu kaufen. Es folgte eine Reihe erfolgloser Produkte, die Mittelklassewagen Bravo/Brava und Stilo aus dem Hause Fiat, die Modelle 145/146 von Alfa Romeo und der Dedra sowie der Lybra der Firma Lancia, sodass italienische Autofahrer schließlich ausländische Modelle bevorzugten.

Profitabel waren dagegen einige Nischenbereiche wie die Minivans, ein Phänomen der 90er Jahre aus den USA. Dank der Fiat-PSA-Kooperation, das heißt mit Peugeot-Citroën, baute man im Joint-Venture-Verfahren ein für alle beteiligten Unternehmen gleiches Auto, das sich durch einige ästhetische Aspekte wie die Front unterschied. Bei Fiat hieß es Ulysse, Lancia nannte es Zeta, Peugeot taufte es 807, Citroën dagegen Evasion. Die italo-französische Zusammenarbeit brachte ein weiteres interessantes Produkt im Bereich der Nutzfahrzeuge hervor: den Fiat Ducato beziehungsweise die ihm entsprechenden Modelle Peugeot Boxer und Citroën Jumper.

Der italienische Fuhrpark bestand zu 30 Prozent aus Mittelklassewagen; sie waren das Rückgrat des Landes, dessen Markt aufgrund der Entwicklung Süditaliens stetig wuchs. 1988 überschritt die Zahl der ausgelieferten Fahrzeuge die Zwei-Millionen-Schwelle. In den 80er Jahren fuhren noch 24,7 Prozent der Leute einen Kleinwagen, in den 90ern waren es nur noch 16,5 Prozent. Die Zahl mittelgroßer Wagen von 1500 bis 2000 Kubikzentimetern stieg von 9,6 auf 19,4 Prozent, während sich

die Anzahl der großen Wagen mit mehr als zwei Litern Hubraum von 1,7 auf 3,8 Prozent mehr als verdoppelte, da die Mehrwertsteuer von 38 Prozent auf neue Fahrzeuge dieser Kategorie gestrichen worden war.

Sparsame Dieselmotoren wurden immer beliebter, technisch immer anspruchsvoller und vor allem immer leistungsstärker. Aufladung, Ladeluftkühler, Turbinen mit variabler Geometrie, Vierventiltechnik, Direkteinspritzung, Pumpe-Düse-Einspritzung und die revolutionäre Common-Rail-Einspritzung, die von Fiat und der Tochterfirma Magneti Marelli entwickelt und dann an Bosch verkauft wurde: Der Fortschritt bei den Dieselfahrzeugen machte in jener Zeit Riesenschritte.

Der Verkauf lief so gut, dass 2004 die Zahl der zugelassenen Dieselfahrzeuge größer war als die der benzinbetriebenen Autos. Dies bedeutete endlich Anerkennung für einen Motor, der stets als ärmlich, qualmend, langsam und typisch für Lkws verpönt gewesen war. Seit 1976 war der Dieselmotor durch den sogenannten „superbollo" benachteiligt gewesen, eine Sondersteuer, die die Verbreitung des Dieselmotors erheblich eingeschränkt hatte. Bessere Zeiten begannen für ihn erst 1992, als die Steuer gesenkt wurde, bis sie 2005 gänzlich abgeschafft wurde.

Nicht nur die Dieselmotoren erlebten Fortschritte und Innovationen. Der Umweltschutz zwang die Konstrukteure zur Entwicklung verbesserter Technologien, etwa der elektronischen Kraftstoffeinspritzung, des Abgaskatalysators oder der variablen Ventilsteuerung. Aus Japan kam das neue Verfahren der sogenannten schlanken Produktion, das einerseits die Kosten senkte, andererseits die Effizienz steigerte.

Nach der gleichen Logik funktionierten auch die „comunità", die Gemeinschaften: Man entwickelte Bodengruppen und Triebwerke, die als Basis für verschiedene Fahrzeuge dienten; sie wurden nicht nur innerhalb der Produktpalette einer Marke verwendet, sondern auch für verschiedene Marken innerhalb der Gruppen.

230-231 Der Lamborghini Diablo von 1993 in der Version VT (Visco Traction) mit Allradantrieb ist eine Sportwagenikone und eines der wildesten Autos der 90er Jahre. Das Modell blieb trotz diverser Firmenübernahmen von 1990 bis 2001 in Produktion, hatte nach oben öffnende Türen und einen starken Antrieb mit einem V12-Motor mit bis zu 590 PS, der für 325 km/h ausreichte.

232 links Der Lancia Lybra wurde von 1999 bis 2006 als Stufenhecklimousine und Kombi produziert. Die großen Rundscheinwerfer waren typisches Stilelement. Das Modell gab es mit unterschiedlichen Moto - risierungen: drei Benziner mit 1,6, 1,8 und 2,0 Litern und je vier Ventilen pro Zylinder und zwei Diesel mit 1,9 und 2,4 Litern.

232 rechts und 233 links 1995 wurden als Nachfolger des Tipo neue Modelle präsentiert: Fiat Bravo und Brava, eine dreitürige Steilhecklimousine und eine fünftürige Schräghecklimousine. Der Bravo war erfolgreicher, besonders bei jüngeren Käufern. Unter den verschiedenen Motorisierungen stach der Turbodiesel mit Intercooler und dem neuartigen Common-Rail-Einspritzsystem hervor, das die Leistung verbesserte, Verbrauch und Emissionen reduzierte und so die Welt der Dieselmotoren revolutionierte.

233 rechts Aus der Kooperation mit der PSA-Gruppe (Peugeot-Citroën) entstand 1994 der Fiat Ulysse, eine Großraumlimousine, die sich durch einen großen und funktionellen Innenraum auszeichnete, der bis zu acht Personen in drei Sitzreihen aufnehmen konnte.

Ferrari nach dem Abschied des „Commendatore“

Im Februar 1988 verstarb Enzo Ferrari, und in der Folge wuchs der Anteil von Fiat an Ferrari von 50 auf 90 Prozent. Luca Cordero di Montezemolo wurde im Jahre 1991 Vorstandsvorsitzender und Geschäftsführer von Ferrari. Diese beiden Ereignisse markierten den Beginn einer langen Metamorphose, die erst in den darauffolgenden Jahren Früchte tragen sollte, vor allem im Rennsport.

In der Zwischenzeit erlebte die Produktion der Straßenwagen eine Hochphase und es erschien eine Reihe revolutionärer Modelle mit zahlreichen Neuerungen, die die große technische Erfahrung bezeugten, die die Firma aus Maranello im Rennsport hatte sammeln können.

Den Anfangspunkt markierten der 288 GTO und der Testarossa. Ersterer war bekannt für die beeindruckende Höchstgeschwindigkeit von 305 Stundenkilometern und eine Beschleunigung von 0 auf 100 Stundenkilometer in fünf Sekunden, die nicht allein dem V8-Motor mit 2855 Kubikzentimetern Hubraum, zwei Turboladern und 400 PS

zu verdanken waren, sondern auch dem geringen Gewicht. Bei der Chassiskonstruktion kamen Verbundwerkstoffe aus der Raumfahrt zum Einsatz, bei der Motorhaube und am Heck fand das extrem leichte und gleichzeitig stabile Material Kevlar Verwendung.

Das Design des Testarossa, der ab 1992 512TR hieß und zwei Jahre später überarbeitet und in F512M umgetauft wurde, war unvergesslich, vor allem das ausgeprägte Heck und die seitlichen Lamellen, die Schule machten. Sie dienten dazu, die innovative Kühlanlage, die aus zwei seitlich am Mittelmotor angebrachten Kühlern bestand, mit Luft zu versorgen. Der Wagen ging auf das Modell 512BBi zurück und wies mechanische Besonderheiten wie Vierventil-Zylinderköpfe und elektronische Zündung und Kraftstoffeinspritzung auf. Man wollte mit dem Testarossa auf den Weltmarkt gehen und setzte auf die Formel „Eleganz und Leistung“ mit dem Siegel „made in Italy“.

1985 war das Jahr des 328 in den Varianten GTB und GTS sowie Turbo, der den zehn Jahre al-

Der Ferrari Testarossa erschien 1984 und 512 BB, dessen Chassis er übernahm. Neue Elektronik, zwei seitliche Kühler mit den auffälligen Öffnungen und herausragende Leistung charakterisierten diesen Ferrari. Das Modell blieb in verschiedenen Varianten (512 TR und 512 Modificata) von 1984 bis 1996 auf dem Markt und wurde in 8428 Exemplaren gebaut.

mächtiger und attraktiver als der Vorgänger. Größte Aufmerksamkeit erlangten der F40 und der F50, die 1987 und 1997 zum 40- und zum 50-jährigen Bestehen der Marke herauskamen. Es waren regelrechte vierrädrige Technologielabors, die höchstes Know-how der Formel 1 boten, das in Straßenfahrzeugen angewendet wurde.

Leistungsgewicht hieß das Stichwort, und es war interessant zu beobachten, wie die beiden Traumautos im Abstand von zehn Jahren diesen technische Fortschritte: Der F40 besaß eine Karosserie aus Carbonfaser und Kevlar mit ausgeprägten, sehr sportlichen Formen, einem riesigen Heckspoiler und vielen Luftschlitzen, die im 1986 eingeweihten eigenen Windkanal entwickelt worden war.

Etwas weniger Rennwagen – allerdings nicht in seiner Performance – war der F50. Er eignete sich sowohl für die Straße als auch für die Piste; dank des herausnehmbaren Hardtops konnte man zwi- hatte ihm ein bemerkenswert schönes Profil verpasst. Die Karosserie aus Carbonfaserverbundstoff war enorm verwindungssteif. Weitere Innovationen waren Hochleistungsbremsen von Brembo, Magnesiumräder mit Spezialreifen, die für den Einsatz auf Straße und Piste geeignet waren, der Tank aus Gummi und der V12-Motor mit fünf Ventilen pro Zylinder, 4700 Kubikzentimetern Hubraum und 520 PS, der für eine Höchstgeschwindigkeit von 325 Stundenkilometern sorgte. Innerhalb von

236-237 Mit dem Ferrari F40 von 1987 feierte das Unternehmen sein vierzigjähriges Bestehen. Dieses Traummodell lehnte sich an den 288 GTO an und war für Straße und Rennstrecke geeignet. Die Karosserie aus Carbonfaser und Kevlar war eine aus der Formel 1 entliehene Hightechlösung. Der V8-Motor mit 2936 cm³ und zwei Turboladern leistete 478 PS und erzielte eine Höchstgeschwindigkeit von 324 km/h.

238-239 Der Ferrari 360 Modena kam 1999 heraus und präsentierte den Stil des neuen Jahrtausends; zum Coupé gesellte sich im Jahr darauf der offene 360 Spider. Zu den besonderen Merkmalen der beiden gehörten Aluminium als strukturelles Material und ein V8-Mittelmotor mit 3586 cm³ und 445 PS. Insgesamt blieb der 360 fünf Jahre lang in Produktion.

zwei Jahren verkaufte man 349 Exemplare für je zwei Millionen Dollar.

Zwischen den beiden Kultautos F40 und F50 erschienen noch weitere Modelle, die ebenfalls nicht zu verachten waren. Der Mondial T von 1989, ebenfalls ein Cabrio, war ein Viersitzer, der den Mondial 8 ablöste. Er hatte einen längs eingebauten Mittelmotor und sein Getriebe lag hinter der Hinterachse. Diesem sogenannten „cambio trasversale" verdankte der Wagen das „T" in seinem Namen.

Die Serie des Mondial T setzte sich im als Coupé und Cabriolet erhältlichen 348 fort, der sich am Stil des Testarossa orientierte und 1995 zunächst durch den F355 GT und den GTS mit neuem V8-Motor mit 3,5 Litern und 380 PS ersetzt wurde, später dann durch den 360 Modena, der im Jahr 2000 auch als Cabriolet zu haben war. Das Thema des bequemen Viersitzers wurde auf exzellente Art und Weise auch mit dem 456 GT von 1992 wieder aufgenommen, der 1998 umgestaltet wurde; ein eleganter und raffinierter Gran Turismo und ein sehr schneller Wagen, der auch geräumig genug für lange Urlaubsreisen war. Er hatte einen Frontmotor und erhielt im Jahr 1996 ein Automatikgetriebe, das insbesondere in den USA und in Japan großen Anklang fand.

Das Jahrtausend wurde bei Ferrari mit dem 550 Maranello Coupé aus dem Jahr 1996 abgeschlossen, der als Roadster unter dem Namen Barchetta Pininfarina und in einer weiteren Version als 575M Maranello seine Fortsetzung im neuen Jahrtausend fand.

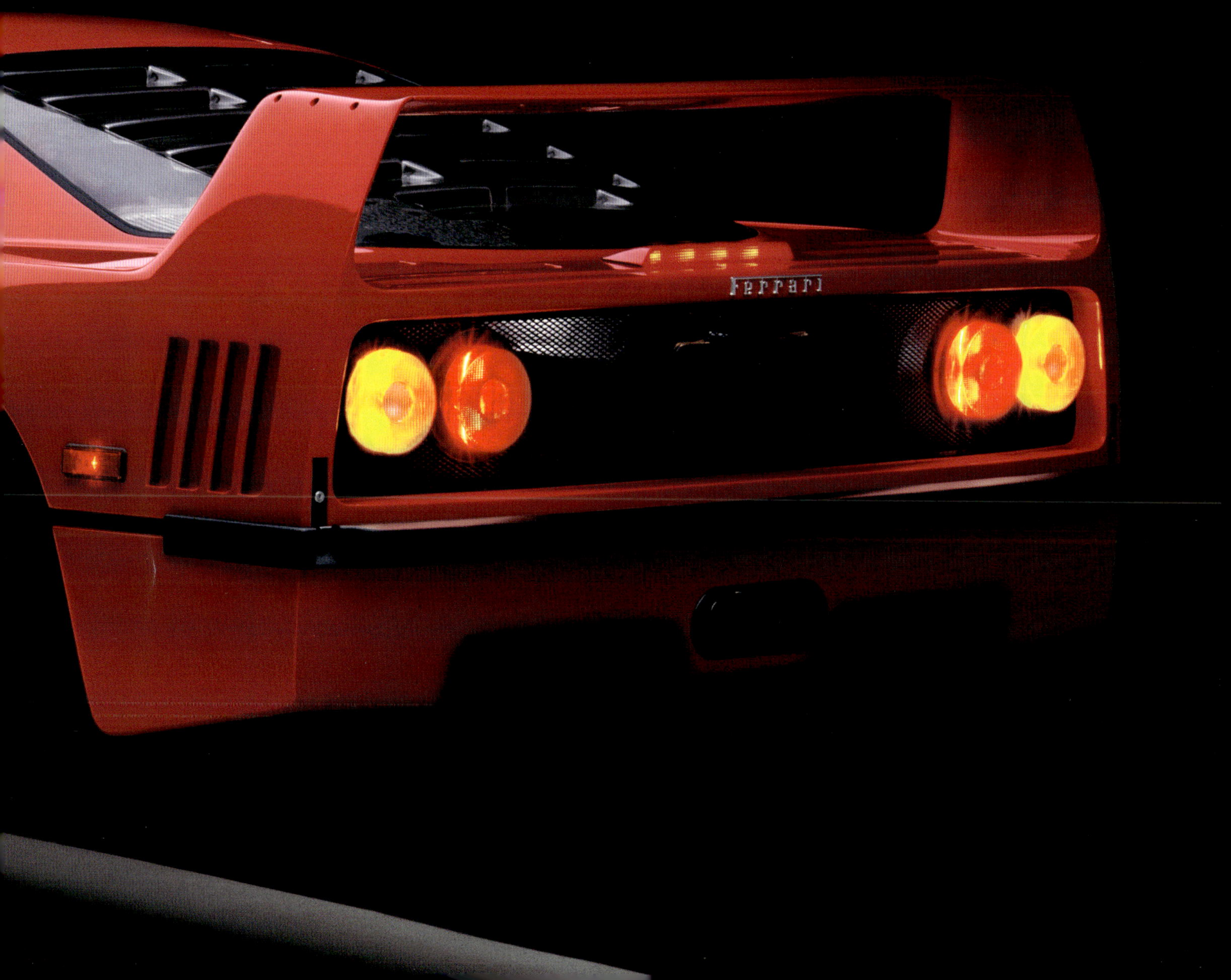

Panda, Uno und Punto: Fiat, das Stadtauto

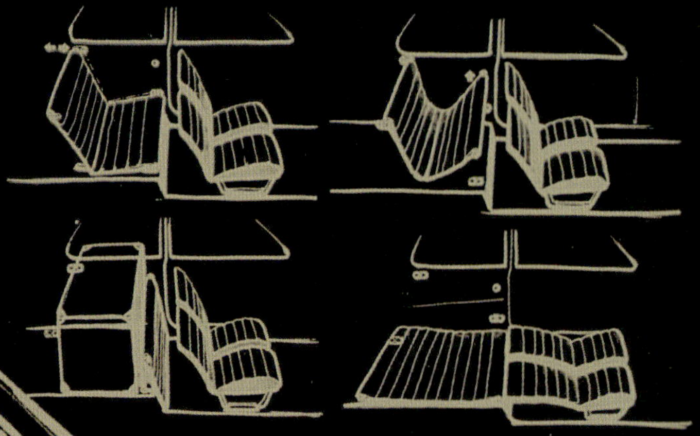

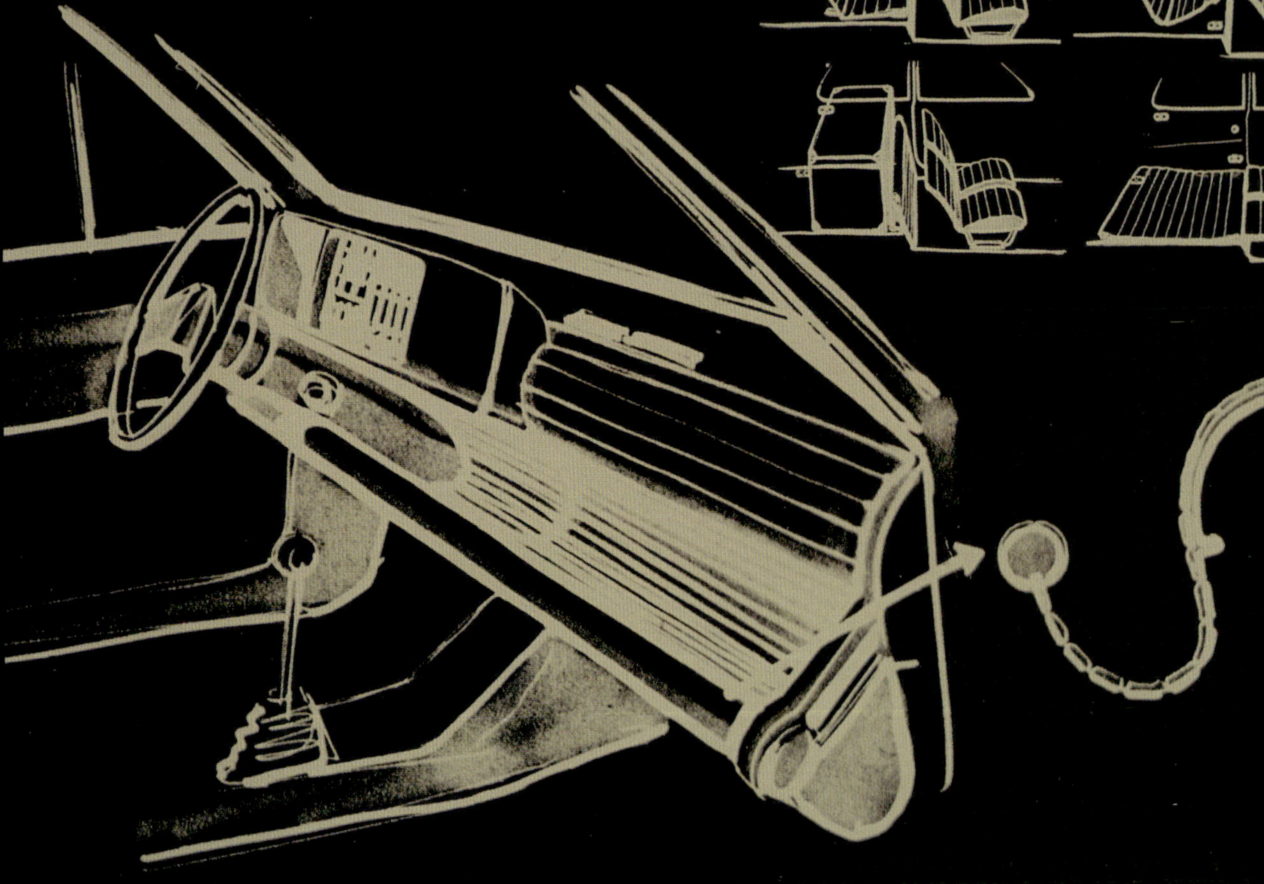

240 und 241 Der 1980 erschienene Fiat Panda wurde in verschiedenen Modellvarianten bis 2003 produziert. Auf das Wesentliche beschränkt, nüchtern und kantig, aber ungemein praktisch und geräumig, war er das ideale Fahrzeug für Fahranfänger.

Der 1980 zum Geschäftsführer von Fiat ernannte Cesare Romiti fand sehr erfolgreiche Modelle vor, etwa den Panda und den Punto. Der Panda war von Designer Giugiaro entworfen worden und hatte bedeutende Veränderungen mit sich gebracht: Mit ihm hatte der Wiedereinzug der Frontmotoren begonnen, nachdem der 500 und der 126 ihre Motoren im Heck gehabt hatten, zudem war hier zum ersten Mal ein Projekt extern vergeben worden.

Der Wagen war eckig, spartanisch und mit praktischen Erfindungen wie den umlaufenden Kunststoffbeplankungen zum Schutz vor Parkremplern versehen. Praktisch und funktional war auch die Innenausstattung mit dem mobilen Aschenbecher, den besonders weichen Sitzen, die an Strandliegen erinnerten und eine optimale Raumausnutzung für das 3,38 Meter lange Fahrzeug ermöglichten, und das auch noch bei fünf Personen. Und dann die Technik: einfach, aber unzerstörbar.

Zwei Motoren standen anfangs in Italien zur Wahl, ein luftgekühlter Zweizylinder mit 652 Kubikzentimetern und 30 PS und ein wassergekühlter Vierzylinder mit 903 Kubikzentimetern und 45 PS. Das Auto eignete sich besonders gut für Fahranfänger und war bei Frauen sehr beliebt. Der Typ 4 x 4 mit Allradantrieb war nicht aufzuhalten und wurde daher zum Lieblingsfahrzeug der italienischen staatlichen Forstbehörde und aller, die in den Bergen lebten oder arbeiteten.

Der Panda war ein echter Erfolg und wurde in seinen verschiedenen Versionen, dem Super, dem 4 x 4, dem Selecta und dem D mit Dieselmotor, ganze 23 Jahre lang produziert und befand sich

stets ganz oben auf der Liste der in Italien meistverkauften Autos.

Der Fiat Uno erschien im Jahr 1983, und sein erster Auftritt auf der NASA-Basis in Cape Canaveral war Beleg für die Absicht, nicht nur in Italien Erfolg zu haben, sondern auch im Ausland. Er war geräumiger als der Panda, rundlicher gestaltet, moderner und besser ausgestattet. Er war sympathisch und praktisch.

Der Uno zeigte technische Neuerungen wie den einarmigen Scheibenwischer oder das originelle Cockpit mit den zwei Bedienhebeln am Lenkrad. Es gab zahlreiche Änderungen im Laufe seiner 15-jährigen Karriere, die eigentlich sogar noch länger andauerte, weil 1995 zwar die Produktion in Italien endete, aber der Uno noch auf anderen Märkten Erfolg hatte, so in Brasilien und in Marokko. Es gab ihn als Benziner und als Diesel, beide auch mit Turbolader, und sogar als Energiesparvariante mit besonderen Einrichtungen zur Verbrauchsminderung wie zum Beispiel dem Cut-off-System, das im Schiebebetrieb den Benzinfluss unterbrach, oder der Anzeige im Innenraum, die sowohl den Verbrauch als auch den richtigen Schaltzeitpunkt anzeigte.

1984 kam der Regata auf den Markt und verdrängte den 131. Er erschien als Mittelklasselimousine und als Kombi mit dem Zusatznamen Weekend, der sich durch seine zweiteilige große Heckklappe auszeichnete, die das Beladen des Autos besonders leicht machte. Ein Jahr später erschien der Croma, der den nicht sonderlich erfolgreichen Fiat Argenta ablöste. Er war das Resultat des sogenannten „progetto Tipo 4", eines Joint Venture, aus dem auch der Alfa Romeo 164, der Lancia Thema und der Saab 9000 hervorgingen.

Der Croma war bequem und in den Ausführungen mit dem mächtigen Kompressormotor oder dem Turbodieselmotor mit Direkteinspritzung sehr schnell. Die Produktionsökonomie

242 oben Ein Meisterstück von Fiat war der Uno, der in seiner zwölfjährigen Karriere sechseinhalb Millionen Mal verkauft wurde.

242 unten Der Fiat Punto trat 1993 das Erbe des Uno an und setzte die Erfolgsgeschichte mit sechs Millionen in 13 Jahren verkauften Exemplaren fort.

beim „progetto Tipo 4" führte zu einem weiteren Joint Venture, dem „Tipo 2": Für Fiat und Alfa Romeo bedeutete das eine Plattform für verschiedene Modelle mit insgesamt 23 Motoren, sowohl Benziner als auch Diesel, und gemeinsamen Elementen bei der Technik und den Aufbauten. Der Fiat Tipo von 1988, der Nachfolger des Ritmo, war das erste Ergebnis.

Das Frontdesign wurde für diverse noch folgende Modelle übernommen. Der Wagen war auch für fünf Leute noch geräumig und verfügte über einige schicke Details wie Digitalanzeigen. Weitere Spielarten des „Tipo 2" waren der Tempra, der Bravo und der Brava sowie das Fiat Coupé, das erste Sportauto der Marke nach 15 Jahren Pause, also seit dem X1/9. Pininfarina steckte dahinter und es gab potente Motoren für das Coupé – etwa den Turbo 20V mit einer Höchstgeschwindigkeit von 250 Stundenkilometern.

Zudem kam der aufregende Barchetta, ein agiler und sympathischer offener Sportwagen, während mit dem Ulysse ein funktionales Modell Einzug auf dem Markt der Minivans hielt, das auch als Achtsitzer, mit hinteren Schiebetüren und beachtlichem Komfort erhältlich war. Der Punto brachte dem Hause Fiat nach der Autokrise der frühen 90er Jahre ab 1993 erfreuliche Erfolge. Er löste den Uno ab und machte im Vergleich zur großen internationalen Konkurrenz in Form von Ford Fiesta, Opel Corsa, Renault Clio, Nissan Micra, Peugeot 206 und VW Polo eine gute Figur.

Zu guter Letzt erschienen der kleine Seicento (600) und der Multipla, ein weiterer Minivan mit sechs Sitzen in zwei Reihen, mit 4,09 Metern Länge etwas kompakter als der Ulysse, aber sehr leistungsstark und mit einem sehr ungewöhnlichen Äußeren, das nicht überall Gefallen fand. Es gab ihn auch als Flüssig- oder Erdgasversion, was ihn vor allem bei Taxifahrern beliebt machte.

242-243 Der Fiat Barchetta, ein Spider aus dem Jahr 1995, wurde sehr geschätzt für seine schlichte Linienführung mit Anklang an die 50er Jahre und wegen seines günstigen Preises. Besonders das junge Publikum fuhr dieses Cabriolet, das mit attraktiver 1,8-Liter-Motorisierung dennoch günstig im Unterhalt war.

Lancia Thema and Alfa Romeo 164, die neuen Flaggschiffe

In der Fiat Group machten Lancia und Alfa Romeo zu jener Zeit ähnliche Erfahrungen mit den Projekten Tipo 2 und 4, aus denen eine Reihe von Modellen entstand, darunter auch einige echte Ikonen ihrer Zeit. An erster Stelle stehen sicherlich der Thema und der 164, die beiden großen Limousinen von Lancia und Alfa.

Der Thema von 1984 wurde sofort zum Erfolg und stieß nicht nur bei den Lancia-Anhängern auf Interesse, sondern zog auch neue Kunden an. Das elegante Äußere, die anspruchsvolle Innenausstattung mit einer modernen Klimaanlage und Holzarmaturenbrett und der starke Motor mit elektronischer Zündung und 160 PS, der 218 Stundenkilometer Höchstgeschwindigkeit ermöglichte, machten ihn zu einem Statussymbol. Dazu kam eine Turbodiesel-Version mit Ladeluftkühler und 100 PS für diejenigen, die viel fuhren.

Der Thema war darüber hinaus das erste italienische Auto mit ABS. Nach dem Kombi (1987) kam 1989 der Thema 2, der in den Genuss eines neuen Stylings kam, während der 1986 erschienene Thema 8.32, besser unter dem Namen Thema-Ferrari bekannt, für großes Aufsehen sorgte.

Man hatte ihm, wie seinerzeit schon dem Stratos, einen modifizierten 32-Ventil-V8-Motor von Ferrari mit drei Litern Hubraum und 215 PS eingebaut, der

244-245 Der 1988 präsentierte Lancia Thema 2 setzte die Tradition großer edler Limousinen fort – zusammen mit Alfa Romeo 164 und Fiat Croma, mit denen er sich die Basis teilte. Die neue Modellversion des Thema, bis 1994 auf dem Markt, unterschied sich von der alten durch eine veränderte Front.

245 oben Lancia präsentierte 1980 die Stufenhecklimousine Beta Trevi, die vier Jahre lang in Produktion blieb; 1982 kam die Variante Volumex mit Kompressormotor hinzu, die eine Geschwindigkeit von 190 km/h erreichte.

ursprünglich aus dem 328 und dem Mondial stammte. Ein von dem bekannten Möbelhersteller Poltrona Frau in Leder oder Alcantara gestalteter Innenraum mit Wurzelholz und ein Heckspoiler, der auf Knopfdruck ausfuhr, gehörten zu den besonderen Merkmalen des Modells 8.32, das den Thema so berühmt machte.

1994 war es Zeit für Veränderungen. Der mittlerweile in der dritten Generation gebaute Thema wurde vom Lancia K, auch bekannt als Kappa, abgelöst. Ebenso wie das Coupé von 1997 hatte er nicht so großen Erfolg wie sein Vorgänger und galt als nicht sehr originell; auch seine Sicherheit ließ zu wünschen übrig. Das war bedauerlich, da er über einen neuen Fünfzylindermotor mit 20 Ventilen und eine sehr anspruchsvolle Innenausstattung verfügte. Für Gefallen sorgte dagegen der Delta, der nicht nur weltweit viele Rennen gewann, sondern mit der Straßenversion HF Turbo zu einem Objekt der Begierde wurde, dessen Erfolg bis 1995 anhielt.

Zwischen dem Thema und dem Delta gab es noch weitere Lancia-Modelle, zum Beispiel den Prisma. Die Mittelklasselimousine orientierte sich am Outfit des Thema und wurde von 1982 bis 1989 gebaut, auch in einer Allradversion. Nachfolger des Prisma war der Dedra, der auch als Kombi erhältlich war und bis zum Ende des Jahrtausends gebaut wurde, ehe er seinerseits vom Lybra, dessen runde Scheinwerfer eine Hommage an die Vergangenheit waren, abgelöst wurde.

Erfolgreich war auch der Y, Erbe des A112 und Nachfolger des Y10 aus dem Jahr 1985, der in seiner zehnjährigen Karriere dank seiner originellen Form mit schwarzer Heckklappe großen Erfolg gehabt hatte. Das extravagante neue City-Auto von Lancia gefiel, vor allem in Italien, wegen des ungewöhnlichen Stylings von Enrico Fumia und der in über 100 Farben lieferbaren Innenausstattung. Der 1,2-Liter-Motor war unverwüstlich und bot gute Leistung bei geringem Verbrauch.

Ein Erfolg auf Anhieb war auch der Alfa 164: Er erschien mit eleganten, von Pininfarina gezeichneten Linien, umfangreicher Serienausstattung, her-

245 Mitte Die sportive Variante des Lancia Delta, der HF Turbo aus dem Jahre 1983, machte den Platzhirschen wie dem Golf GTI Konkurrenz. Mit 130 PS, 190 km/h und HF-Ausstattung erinnerte er an Lancias erfolgreiche Motorsportzeiten.

245 unten Der HF 4WD von 1986 war eine Variante des Delta mit permanentem Allradantrieb. Er war der Vorgänger des Delta HF Integrale, des Integrale 16V und des Integrale Evoluzione, auch Deltona genannt.

Alfa 156 GTA

246-247 *Der Alfa 156 von 1997 kündigte den neuen Stil von Alfa Romeo an und verhalf dem Unternehmen zu neuem Erfolg. Tolles Design und fantastische Motoren sprachen für sich. Der GTA (unten) war die Basis für die sehr erfolgreichen Renner der Tourenwagen-Klasse.*

vorragender Leistung und Vorderradantrieb, außerdem als Typ Q4 mit Allradantrieb, kombiniert mit einem V6-Motor mit 231 PS und Sechsganggetriebe und hatte eine Höchstgeschwindigkeit von über 230 Stundenkilometern. Der 164 wurde auch in den USA und im fernen Osten verkauft, wo er jedoch 168 hieß, da die Vier in China als Unglückszahl gilt. Nach zehn Jahren auf dem Markt trat er ab, um dem 166 Platz zu machen.

Der 33, 1983 vorgestellter Nachfolger des Alfasud, blieb dagegen noch ein Jahr länger in Produktion und hatte wie sein Vorläufer ebenfalls einen Boxermotor. Er war vor allem erfolgreich in der Kombiversion Giardinetta und als 4 × 4 mit zuschaltbarem Allradantrieb sowie in der exklusiven Ausstattung Quadrifoglio Oro (goldenes Kleeblatt). Viel Zuspruch fand auch der 75 von 1985, mit dem die Marke ihren 75. Geburtstag feierte. Er imponierte mit seinem hohen Heck und dem „Twin Spark"-Motor mit Doppelzündung; seine Dieselversion mit 90 Pferdestärken war zum Zeitpunkt des Erscheinens der schnellste Turbodiesel der Welt. Als Milano war er für den Export in die USA mit großen „Rammstoßstangen" ausgerüstet.

Im Hause Alfa baute man auch wieder echte Sportwagen. 1989 erschien das, was man ein Objekt der Begierde nennt, ein Roadster, dem später eine Coupéversion folgte. Ein Traum von Auto für 100 Millionen Lire, das RZ (Roadster Zagato) beziehungsweise SZ (Sprint Zagato, das Coupé) hieß, womit man die traditionsreiche Zusammenarbeit mit der Karosseriebaufirma Zagato wiederaufleben ließ.

Den Wagen hatte innerhalb von nur 19 Monaten ein Team unter der Leitung von Walter de Silva, dem Designverantwortlichen, entworfen. Mit dabei waren Giorgio Pianta aus der Rennsportabteilung, Elio und Gianni Zagato sowie Guiseppe Bizzarrini, der Sohn des bekannten Karosseriebauers Giotto Bizzarrini. Es waren zwei großartige Wagen, echte Traumautos, bei deren Bau Carbonfaser-Kunststoff zum Einsatz kam. Trotz Frontantriebs eroberten sie die Herzen zahlungskräftiger Alfisti im Sturm.

Auch über den 155 von 1993, den Nachfolger des 75, lässt sich Sportliches berichten: Seine GTA- und V6-TI-Versionen waren enorm erfolgreich im Tourenwagen-Rennsport. Die Straßenmodelle besaßen „Twin Spark"-Motoren, eine Technologie, die auch beim 145 und beim 146 von 1994 Einsatz fand.

Mit Spider und GTV von 1994 gab es wieder zwei Namen mit glorreicher Vergangenheit im Programm – und ein beeindruckendes neues und eigenständiges Design. Design spielte wohl auch die Hauptrolle beim riesigen Erfolg des 156, der ab 1997 Alfa enorme Verkaufszahlen und einen gewaltigen Schub fürs Image verschaffte. Für Aufsehen sorgten die „unsichtbaren" hinteren Türgriffe, die dem Wagen ein fast copuéartiges Aussehen verliehen, und die Luftschlitze ums Scudetto herum, die an die rennsportliche Vergangenheit der 30er Jahre erinnerten. Dazu kamen fantastische neue Motoren, etwa die innovative Common-Rail-Dieseltechnik. Diese Hochdruck-Kraftstoffeinspritzung verbesserte die Leistung, senkte den Verbrauch und verringerte den Schadstoffausstoß. Im Jahr 2000 machte die Kombiversion „Sportwagon" den 156 endgültig zum Erfolgstyp.

Alejandro de Tomaso leitete die Marke mit dem Dreizack. Sein Ziel war es, einen großen Wagen mit kleinem Hubraum auf die Räder zu stellen, um den Kunden die enormen Steuern zu ersparen, die der Staat auf Autos mit großen Motoren erhob. Dennoch sollte das Auto angemessen leistungsfähig sein. Das Ergebnis war der Biturbo: kompakt mit einer Länge von 4,15 Metern, und aggressiv.

Das Coupé zog auf dem Turiner Salon im Jahr 1981, auch dank seiner gelungenen Innenausstattung mit viel Leder und Holz, alle Aufmerksamkeit auf sich. Eine ovale Analoguhr prangte in der Mitte des Armaturenbretts, dazu gab es blau unterlegte Anzeigen. Der knapp zwei Liter große V6 lieferte dank seiner beiden Lader 180 PS. Der Preis von 22 Millionen Lire war verhältnismäßig günstig und machte den Biturbo zu einer starken Konkurrenz vor allem für flotte Autos aus Deutschland.

Die Tatsache, dass die Wagen ab 1986 in der Fabrik von Innocenti in Lambrate, in der Nähe von Mailand, hergestellt wurden, war für viele Italiener ein zusätzlicher Grund zum Kauf. Leider war das Auto etwas unzuverlässig, was seinen Erfolg beeinträchtigte, obwohl über die Jahre immer wieder neue Typen herauskamen, etwa die beiden Viertürer 420 und 425, die neuen 430, 222 und 422 sowie das Coupé Karif für zwei Personen, Shamal, Racing und Ghibli.

Diese Modelle bestimmten bereits den neuen Kurs der Firma Maserati, die 1989 zu 49 Prozent

Ein Objekt der Begierde: Der Maserati Biturbo

von Fiat übernommen worden war. 1993 war dann das gesamte Aktienpaket im Besitz von Fiat. 1997 gingen 50 Prozent an Ferrari, zwei Jahre später auch die andere Hälfte – es sollte eine Firma für italienische Supersportwagen geschaffen werden. Aus dieser Zeit stammen Modelle wie der Barchetta von 1992, der für Rennen vorgesehen war, oder der Quattroporte Evoluzione von 1994 mit seinen weichen Formen, sowie der von Giugiaro entworfene 3200 GT von 1998.

248-249 Der Maserati Biturbo, hier als Spider von 1985, wurde bei Innocenti in Mailand gebaut. In ihm vereinten sich edle Ausstattung und anspruchsvolle Technik.

249 oben Der Shamal wurde im Dezember 1989 vorgestellt, als Fiat fast die Hälfte der Anteile von Maserati erwarb. Auf dem Chassis des Biturbo saß eine sehr sportliche Karosserie; der V8-Motor mit 3217 cm³ und 326 PS erlaubte 270 km/h Spitze.

250 und 251 Der Maserati 3200 GT wurde 1998 unter Leitung von Ferrari präsentiert. Dieses prächtige Coupé, ein Entwurf von Giugiaro, mit origineller Front und revolutionären LED-Rücklichtern, nahm kommende Tendenzen vorweg. Eine elegante Innenausstattung und raffinierte Details in Fortführung der Tradition des Herstellers wurden durch einen V8-Biturbo-Motor mit 3217 cm^3 ergänzt, der diesem Modell 368 PS und eine Höchstgeschwindigkeit von 280 km/h verlieh. Die Bremsanlage von Brembo war eine Entwicklung aus dem Motorsport.

252 oben Das bullige Heck des Lamborghini Diablo VT. Das in 400 Exemplaren produzierte Auto gab es als Coupé und als Roadster.

252-253 Der Lamborghini Jalpa aus dem Jahr 1981 blieb sieben Jahre lang in Produktion. Es war der letzte Lamborghini, der mit V8-Motor gebaut wurde und das charakteristische abnehmbare Dachmittelteil aufwies, das zu einem Markenzeichen wurde. Insgesamt wurden 421 Exemplare dieses edlen, bei Sammlern sehr begehrten Sportwagens produziert, der vor allem ambitionierten Fahrern gefiel, die Wert auf Komfort legten.

Nach dem Bankrott 1980 schaffte es Patrick Mimran, der neue Eigentümer, die Marke Lamborghini wieder aufleben zu lassen. Er machte den Maserati-Ingenieur Giulio Alfieri zum technischen Direktor und Vorstandsvorsitzenden. Im folgenden Jahrzehnt erschienen der neue Countach 5000, in den Versionen Quattrovalvole und Anniversary, der Jalpa, als Nachfolger des Urraco, und schließlich der Diablo, Lamborghinis einziges Zugpferd in den Neunzigern und das letzte in Sant'Agata Bolognese gefertigte Modell.

1987 wurde Lamborghini an Chrysler verkauft. Chrysler veräußerte 1993, im Todesjahr von Firmengründer Ferruccio Lamborghini, wiederum 60 Prozent der Anteile an Tommy Suharto, den Sohn des ehemaligen Präsidenten Indonesiens, und die übrigen 40 an die malaysische Gesellschaft Malaysiàs Mycom.

1998 schließlich übernahm Audi die Marke und stattete den Diablo mit Technik der Extraklasse aus, wie einem Zwölfzylindermotor mit 5707 Kubikzentimetern Hubraum und 492 PS. Die Höchstgeschwindigkeit lag bei 325 Stundenkilometern und die Beschleunigung von 0 auf 100 Stundenkilometer dauerte vier Sekunden, dazu kam eine auffällige Ästhetik mit Flügeltüren. Kurzum, der Diablo hatte alles, was ein Rennwagen braucht und war ein echter Publikumsliebling, der in all seinen Varianten, inklusive Roadster, 2900-mal verkauft wurde.

Eine Zeitlang durfte sich diese Käuferschicht auch der Illusion hingeben, es gäbe bald wieder einen Isotta Fraschini zu kaufen. Fissore in Cherasco hatte die Marke von Finmeccanica übernommen und mit staatlichen Hilfen eine Produktionsstätte in Reggio Calabria errichtet, um einen neuen Hochleistungswagen zu fertigen, der auf Audi-Technik basieren sollte. 1996 und 1998 wurden die Studien T8 und T12 vorgestellt, doch der deutsche Partner zog sich aus der Zusammenarbeit mit Fissore zurück, was zum Scheitern des Projekts führte.

Dann war da die Wiederauferstehung der legendären Marke Bugatti. 1987 bauten Romano Artioli, Bugatti International – die Inhaberin der Markenrechte – und technische Sponsoren ein Werk in Campogalliano bei Modena mitsamt einem Motorenprüfstand, um den neuen 3,5-Liter-Zwölfzylinder mit 560 PS zu entwickeln, der den EB110 antreiben sollte. 1991 gab er sein Debüt in Paris. Im Jahr darauf wurden 126 Exemplare in den Varianten Standard, S (600 PS) und SS (Michael Schumacher kaufte einen in Gelb) ausgeliefert. 1993 erschien noch die elegante, von Giugiaro designte Sportlimousine EB112, eine Vorläuferin aktueller viertüriger Coupés. Doch die neuen Modelle brachten nicht den gewünschten Erfolg. Im Jahr 1995 folgte der Bankrott. Drei Jahre später übernahm Volkswagen die Namensrechte, Bugatti ist nun eine französische Firma unterm Dach des Wolfsburger Konzerns.

Wer hingegen heute noch rasante Träume auf vier Rädern produziert, ist Pagani. Gründer war der Ar-

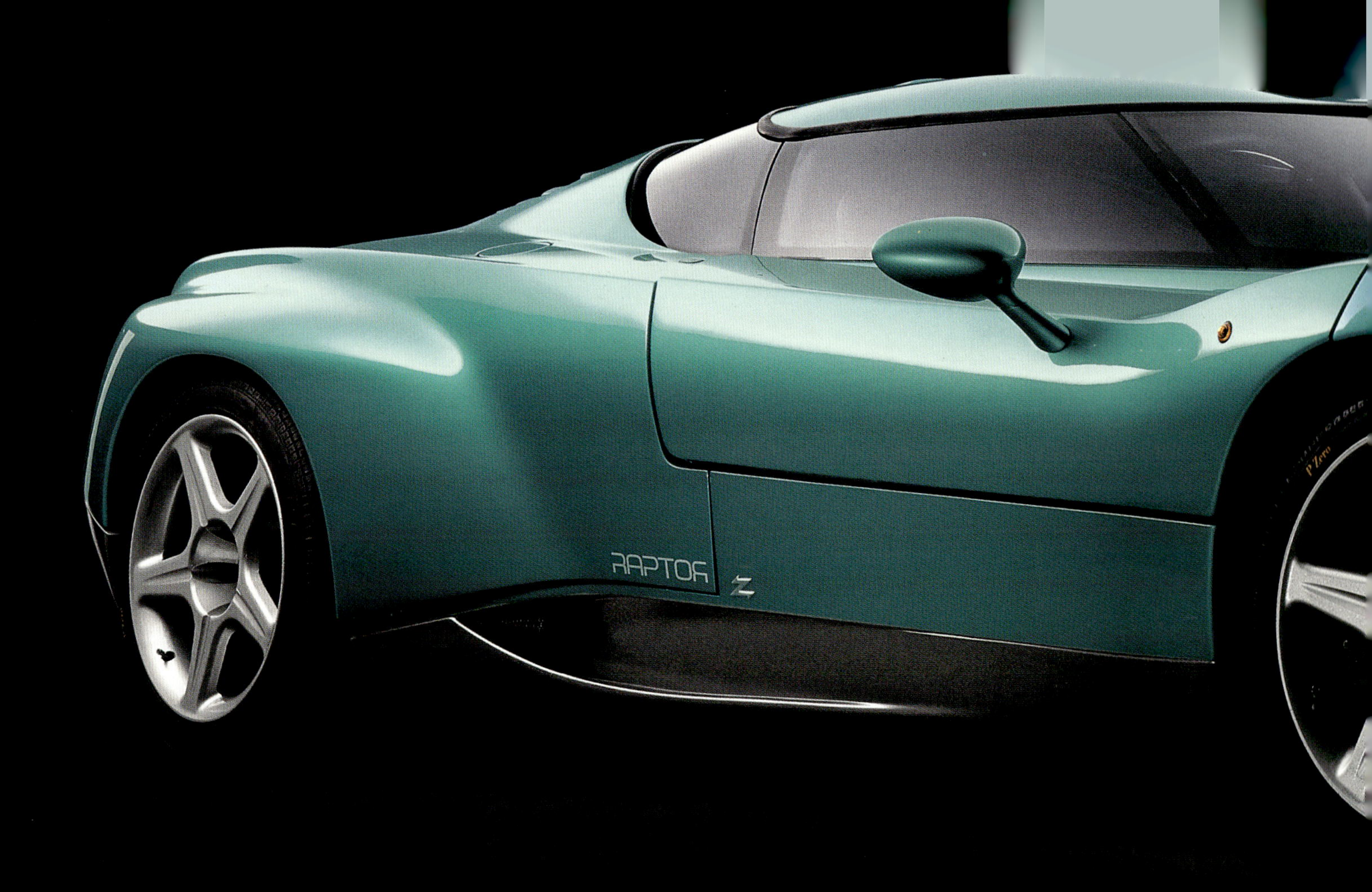
RAPTOR

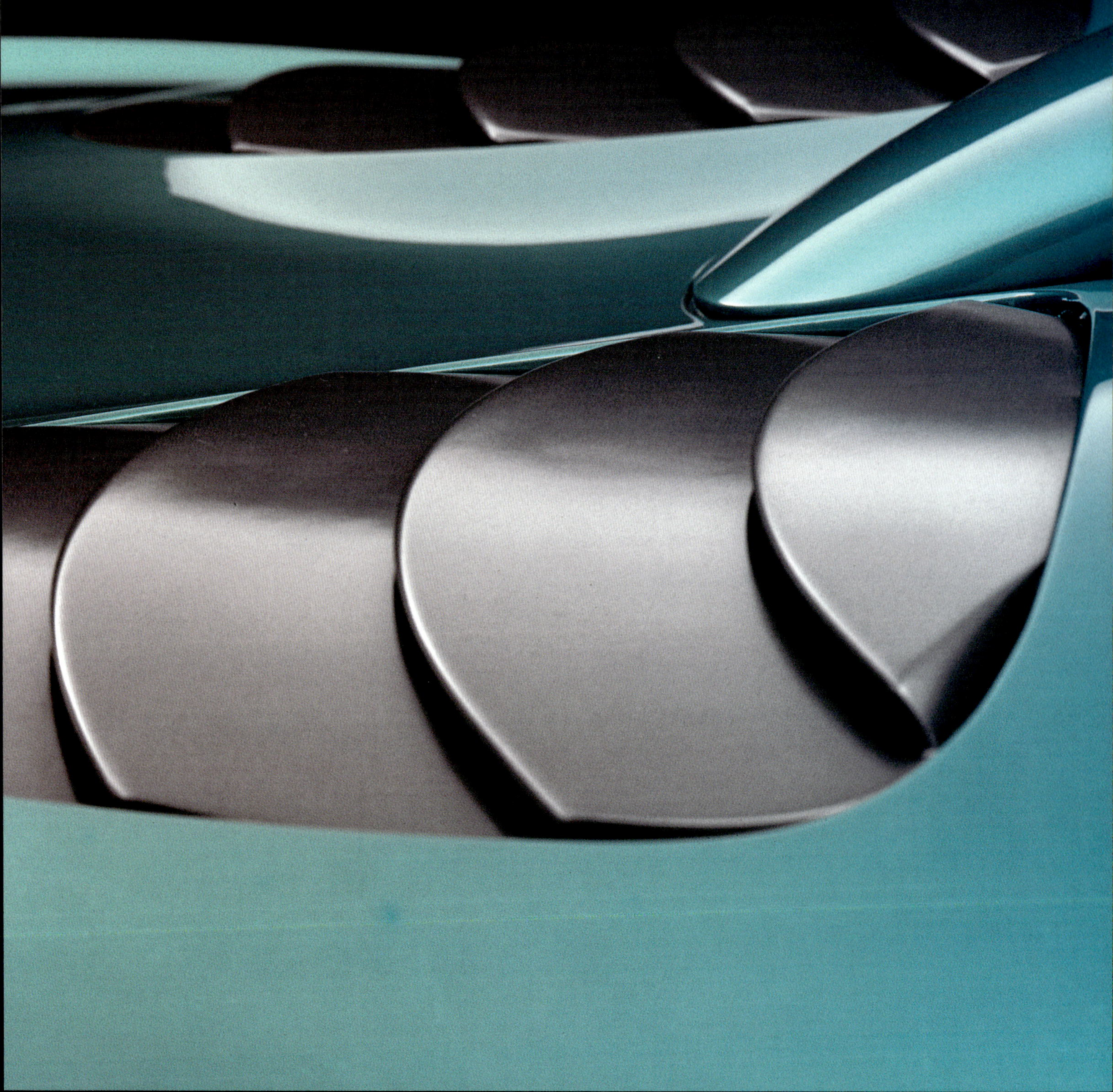

258-259 Der Bugatti EB 110 von 1991 war das erste Fahrzeug der von Romano Artioli im Jahre 1987 übernommenen Marke. Das Modell hatte ein Carbon-Chassis vom französischen Hersteller Aérospatiale, einen V12-Motor mit 3499 cm³ aus Aluminium mit vier Turboladern und fünf Ventilen je Zylinder sowie Allradantrieb. Mit 560 PS Leistung erreichte dieser Rennwagen 351 km/h Höchstgeschwindigkeit. Die Produktion des EB 110 mit einem Listenpreis von 550.000.000 Lire wurde 1995 aufgrund der Geschäftsaufgabe eingestellt. Michael Schumacher erwarb ein Exemplar der Modellvariante SS, was für Super Sport stand.

gentinier Horacio Pagani, ein ehemaliger Angestellter von Lamborghini und Freund von Juan Manuel Fangio, der voll schwärmerischer Leidenschaft für Automobile steckte. Zunächst war er für das Restyling des Countach Anniversary zuständig gewesen, doch dann machte er seinen Traum wahr und baute sein eigenes Auto.

Das Ergebnis war der im Windkanal der Rennwagenschmiede Dallara getestete, von einem Mercedes-AMG-Zwölfzylinder angetriebene, nach einem argentinischen Fönwind benannte Zonda C12 mit 555 Pferdestärken und 340 Stundenkilometern Höchstgeschwindigkeit in den Ausführungen Roadster und Coupé. Er wurde bis 2011 produziert, zu Preisen, die schnell einmal die Millionen-Euro-Marke übersteigen konnten. Der immer noch aktuelle Nachfolger war der Huayra. „Huayra Tata" heißt in der Sprache der Aymara, eines Andenvolks, „Gott des Windes".

260-261 Der Supersportwagen Pagani Zonda C12 stammt aus der Herstellung von Horacio Pagani, einem ehemaligen Mitarbeiter von Lamborghini und großen Autonarren. Zonda ist der Name eines Andenwinds, und der Entwurf des Fahrzeugs war von Mercedes-Rennwagen der Gruppe C inspiriert. 2005 erschien das abgebildete Modell S mit 555 PS und 340 km/h Höchstgeschwindigkeit.

Formel 1, Rallye, Tourenwagen und Prototypen: Für alle ist etwas dabei

Motoren mit mehr als 1000 PS, der Aerodynamikwahn, das Aufkommen der Elektronik und neuer Materialien wie Kevlar und Kohlefaser sowie die Sicherheit der Piloten: Die Formel 1 entwickelte sich ständig weiter, und Italien war ganz vorne mit dabei. Nachdem Ferrari bis 1999 keine bedeutenden Siege mehr eingefahren hatte, holte das Team in jenem Jahr mit dem jungen Deutschen Michael Schumacher, der kurz davor stand, in die

Geschichte der Formel 1 einzugehen, zumindest die Konstrukteurswertung.

Dies war Ferrari bereits 1982 und 1983 gelungen, 1985 entging Michele Alboreto knapp der erste Rang und er wurde Vizeweltmeister, Ayrton Senna begeisterte dann die Welt, bis er 1994 beim Großen Preis von San Marino tödlich verunglückte.

Auch Alfa Romeo versuchte sich in der Formel 1, stieg aber 1985 wieder aus. Grün-weiß-

262 oben In den Boxen von Ferrari in Monza beim Großen Preis von Italien 1985: Gianni Agnelli spricht mit Michele Alboreto. Der italienische Rennfahrer wurde in jenem Jahr Vizeweltmeister.

262 unten Ein finster blickender Luca Cordero di Montezemolo im Ferrari-Lager beim Großen Preis von Japan in Suzuka im November 1998. Mika Häkkinen hatte im McLaren-Mercedes das Rennen und die Weltmeisterschaft gewonnen, Michael Schumacher im Ferrari war an Reifenproblemen gescheitert.

262-263 Mit dem Ferrari C126 C3 Nr. 28 des französischen Rennfahrers René Arnoux erzielte Ferrari auf dem Hockenheimring den Sieg beim Großen Preis von Deutschland 1983.

rote Freuden suchte man woanders, beispielsweise im Rallyesport. In den Achtzigern war Lancia dort unschlagbar. Mit dem Rally 037 holte man 1977 und 1983 den Weltmeistertitel. 1987 war die Zeit des Lancia Delta gekommen. Bis 1992 gewann er sechsmal in Folge die Marken- und fünfmal die Fahrer-WM.

Ende 1991 verabschiedete sich Lancia jedoch, offiziell aus Kostengründen, aus dem Rennsport zugunsten des Engagements von Ferrari in der Formel 1 und von Alfa in den Tourenwagen-Rennen. Als Sportwagen-Prototyp, der Domäne Alfas in den 70ern, war der Ferrari 333 SP Barchetta 1994 und 1995 in den Händen von privaten Teams siegreich.

264 und 265 Der Lancia Delta S4 beherrschte die Rallyes. Er wurde 1985 in 200 Exemplaren als Straßenversion gebaut, um für die Gruppe B der Rallyes zugelassen zu werden; er gewann sofort in England und führte den Erfolg bis zur Abschaffung der Gruppe B im folgenden Jahr fort. Das Rennmodell war mit einem Mittelmotor von Abarth mit einem Intercooler und 400 PS sowie mit permanentem Allradantrieb, einem Gitterrohrrahmen und einer Karosserie aus Verbundmaterial ausgestattet.

KAPITEL 7

Das dritte Jahrtausend

Eine globale Herausforderung vor dem Hintergrund von Emissionen, Verbrauch und Größe

Um die Jahrtausendwende setzte man die Politik der Allianzen und Abkommen fort: Renault und Nissan gingen zusammen, ebenso Daimler (das heißt Mercedes, Maybach und Smart) und Chrysler, die sich dann 2007 wieder trennten. BMW päppelte Mini, Land Rover, Jaguar und die indische Firma Tata wieder auf, die Fiat-Gruppe kollaborierte dagegen mit General Motors in den Bereichen Motoren und Fahrgestelle.

2008 traf die US-Finanzkrise die Weltwirtschaft, ausgelöst durch Subprime-Kredite in Kombination mit explodierenden Erdölpreisen, was die Wirtschaft in Übersee in die Knie zwang. Dies führte auch in Europa zu einer Rezession, die insbesondere die Autoindustrie zu spüren bekam. Die sogenannten „Big Three", Ford, GM und Chrysler, befanden sich in einer tiefen Krise und erhofften sich staatliche Unterstützung durch den neuen Präsidenten Barack Obama. Fiat dachte derweil über den Kauf von Chrysler nach.

Was die Produkte betraf, so gab es diverse Revivals, vor allem beim Mini und beim Fiat 500 – sowie beim VW Beetle und Retro-Modellen wie dem Chrysler PT Cruiser. Es kam zu Phänomenen wie den SUVs, den Sport Utility Vehicles, Geländewagen mit der Leistung von Sportwagen, mit Limousinen-Ausstattung, Minivan-Funktionalität und Kombi-Ladekapazität.

Dies waren aber auch die Jahre, in denen es viele neue Entwicklungen gab, und zwar in Bezug auf Umweltschutz, die Verbreitung von Dieselfahrzeugen, Flüssig- oder Erdgasantriebe, die ersten Hybridfahrzeuge und die Versuche mit Elektro- und Wasserstoffautos. Rasant waren auch die Entwicklungen im Bereich der Sicherheit: Airbags gehörten zum Standard, ebenso wie ABS, Sicherheitsgurte mit Straffern und Karosserien, die sich im Falle eines Crashs gezielt verformen, um die Insassen zu schützen.

Außerdem gab es das Downsizing bei den Motoren, die mit kleinem Hubraum dank starker Aufladung bei niedrigem Verbrauch und geringen Emissionen sehr stark sind. Zudem gibt es den Trend zu kompakten Autos, die allerdings in der Regel größer ausfallen als das, was noch vor 15 oder 20 Jahren als Kleinwagen galt. Sie sind mittlerweile ausgestattet wie früher nur Mittel- und Oberklassewagen.

Die italienischen Hersteller erlebten eine Zeit der großen Produkterneuerungen. Die Krise der 90er Jahre und die vom Anfang des neuen Jahrtausends waren überwunden. Fiat, Lancia und Alfa Romeo versuchten, den alten Glanz mit Qualitätsprodukten wiederherzustellen, Maserati verkaufte wieder mehr Autos, Alfa Romeo wollte bei den Tourenwagenrennen wieder in die Führungsposition gelangen und Ferrari war seit 2000 wieder absoluter Superstar und Hauptdarsteller in der Formel 1.

266-267 Der Ferrari Enzo von 2002 huldigte dem Firmengründer und setzte die Serie von Supersportwagen (288 GTO, F40 und F50) fort, die Höhepunkte der Motorsporttechnologie waren und sich sowohl auf der Straße als auch auf der Rennpiste wohlfühlten. Dieses Modell war ein als Supersportwagen verkleideter Formelrenner mit markanten Formen, Hightechmaterialien im Überfluss, Formel-1-Schaltung und erstklassigem Antrieb mit V12-Motor mit 5998 cm³, 660 PS und 350 km/h Spitze. Der Verkaufspreis der 399 Exemplare betrug 660.000 Euro pro Stück.

268 und 269 Der neue Fiat 500 erschien am 4. Juli 2007, genau fünfzig Jahre nach dem ersten Cinquecento. Stilelemente des Vorgängermodells lebten in Neuinterpretationen wieder auf. Dieser exzellente neue Kleinwagen, im polnischen Werk in Tychy gebaut, nutzte das gleiche Fahrgestell wie der neue Panda und der neue Ford Ka mit einer Länge von 3,55 Metern (das alte Modell maß 2,97 Meter). Es gibt unzählige Ausstattungsmöglichkeiten inklusive einer Abarth-Version mit 135 PS. Der einstige Abarth auf Cinquecento-Basis hatte 27 PS, immerhin doppelt so viel wie ein normaler 500er.

„F“ wie Ferrari und Formel 1

Ferraris Erfolg in der Formel 1 spiegelte sich auch in der Serienproduktion wider, die hervorragend lief. Enzo Ferrari hätte sich nichts Besseres für seine Firma wünschen können. 2000 bis 2004 schmückten die Pokale des Konstrukteurs- und des Fahrerweltmeisters die Vitrine, die 21 Jahre lang niemand geöffnet hatte. Michael Schumacher war der Protagonist, aber auch Rubens Barrichello trug seinen Teil bei. Schumacher verließ 2006 die Formel 1, aber ein Jahr später eroberte Ferrari den Fahrertitel mit Kimi Räikkönen zurück. Nach dem Urteilsspruch der FIA im Hinblick auf die von McLaren angestiftete Spionageaffäre bekam Ferrari schließlich auch den Titel des Konstrukteursweltmeisters 2008 zugesprochen. 2010 kam mit Fernando Alonso ein neuer Fahrer, der Zweiter wurde und im Jahr 2012 nur knapp gegen Sebastian Vettel verlor.

Als ein Mittelding zwischen Renn- und Straßenwagen erschien 2002 das Modell Enzo, eine fast obliga-

torische Hommage an den „Commendatore" – ein Wagen mit feinster Technologie aus der Formel 1. Imposant und kantig, fast, als ob das Auto den Charakter des genialen Ferrari-Gründers besäße, orientierte sich der Enzo auch an den Monoposti und hatte einen V12-Motor mit sechs Litern und 660 PS. Das an die Formel 1 erinnernde spartanische Hightech-Cockpit verfügte über Sitze aus CFK.

270 Michael Schumacher im Ferrari während der Qualifikation auf der Rennstrecke von Interlagos beim Großen Preis der Formel 1 in Brasilien 2006 (oben) und im Rennen beim zweiten Boxenstopp in der 47. Runde (unten). Der Deutsche wurde in diesem Rennen Vierter, fuhr die schnellste Runde und beendete seine glänzende Rennfahrerkarriere mit 37 Jahren, nachdem er 15 Jahre lang Formel-1-Rennen gewonnen hatte

270-271 „Schumi" an Bord des Ferrari 248 F1 während des Großen Preises von San Marino in Imola 2006, den er nach dem Start aus der Poleposition gewann. Die sieben Sterne auf dem Helm stehen für die sieben Weltmeistertitel, die der Ausnahmerennfahrer errang.

272-273 Das Ferrari-Team feiert Michael Schumacher vor den Boxen. Er hat mit einem zweiten Platz beim Großen Preis von Belgien in Spa-Francorchamps noch vor Saisonende seinen siebten Weltmeistertitel festgemacht.

273 oben Der Präsident von Ferrari, Luca Cordero di Montezemolo, und Weltmeister Michael Schumacher verkünden bei einer Pressekonferenz beim Großen Preis von Italien in Monza 2006 den Ausstieg des Fahrers aus der Formel 1. Er blieb zunächst Berater.

273 unten Freudensprünge des Ferraripiloten Michael Schumacher nach einem siegreich beendeten Rennen auf seinem heimatlichen Kurs, dem Nürburgring..

2004 erschien der 612 Scaglietti, eine Hommage an den Designer und Karosseriebauer Sergio Scaglietti aus Modena, der einige der schönsten Ferrari-Modelle entworfen hatte. Das Resultat, ein eleganter und raffinierter Gran Turismo, komplett aus Aluminium mit einem V12-Triebwerk mit 5,7 Litern und 540 Pferdestärken, hatte auch der 1975 verstorbene Scaglietti selbst nicht besser hinbekommen. Der 612 war extrem handlich und komfortabel und ein Fahrzeug höchster Klasse. 2007, aus Anlass des 60. Geburtstags der Marke, gab es den Scaglietti als Sondermodell in limitierter Auflage von genau 60 Exemplaren. Der 612 war enorm erfolgreich und verkaufte sich sehr gut, trotz Wartezeiten von über einem Jahr. Die Erfolgs-serie mit Modellen, die beim Publikum gut ankamen, ging weiter, auch auf den neuen reichen Märkten des fernen Ostens, mit dem 360 Spider aus dem Jahr 2000 und seinem Nachfolger F430 von 2004 mit den Typen

274-275 Dieses Sondermodell eines Ferrari 612 Scaglietti, von dem anlässlich des sechzigjährigen Bestehens der Marke nur 60 Exemplare gebaut wurden, ist ein überragendes Beispiel für Design und Technik. Der Wagen kam 2004 heraus und war eine Ehrung des Karosseriebauers, der einige der schönsten Modelle für Maranello entworfen hatte. Ein viersitziger Gran Turismo mit Aluminiumkarosserie, V12-Motor mit 5748 cm³ und 540 PS, Höchstgeschwindigkeit: 315 km/h.

276-277 Der Scuderia von 2007 war das 100 kg leichtere Rennmodell des Ferrari F430 und markierte als Nachfolger des 360 Modena den Beginn einer neuen Generation. Man beachte die gewaltigen, gelblackierten Bremszangen hinter den Speichen der Leichtmetallräder.

Spider und Scuderia, der eine neue Generation mit V8-Motoren begründete.

Mit dem 575 Superamerica, der, wie der Name schon sagt, für den Markt in Übersee vorgesehen war, gab es auch ein Modell mit Zwölfzylindermotor. Das Hauptmerkmal des F430 war das herausnehmbare Dach aus Carbon, das ihn in ein Cabrio verwandelte – übrigens in das schnellste der Welt mit 320 Stundenkilometern Spitze. Im gleichen Jahr wie der 575 erschien auch der FXX. Dazu hatte man 30 Vorserienwagen in Zusammenarbeit mit Renn- und Testfahrern auf der Piste erprobt. So entstand ein Superauto, das die Technik des Enzo mit den neuesten Ergebnissen aus der Forschung und Entwicklung von Ferrari kombinierte.

Das Jahr 2008 war schließlich das des 599 GTB Fiorano mit V12-Motor, einer Weiterentwicklung des Enzo, mit einem adaptiven Fahrwerk mit magnetorheol-

ogischen Stoßdämpfern. Des Weiteren erschien der California, ein Coupé-Cabriolet, dessen Name an das legendäre Modell aus den 60ern erinnert, das heute zu astronomischen Preisen gehandelt wird. Dank eines automatisch versenkbaren Hardtops lässt sich das Auto innerhalb von 14 Sekunden vom Coupé in ein Cabrio für vier Personen verwandeln.

Wer im offenen Auto das Gefühl genießt, sich den Wind durch die Haare wehen zu lassen, muss sich im California auf einen veritablen Orkan einstellen. Dafür sorgt der gewaltige V8 mit 4296 Kubikzentimetern und 460 PS. 310 Stundenkilometer sind drin, für die Beschleunigung von 0 auf 100 Stundenkilometer werden nur vier Sekunden benötigt.

278-279 Der Ferrari California, 2008 präsentiert, ging auf eine der Ikonen des Herstellers aus Maranello zurück. Das erste Cabrio von Ferrari mit Metalldach war je nach Wunsch Coupé oder Cabriolet, ausgestattet mit einem V8-Motor mit 4296 cm^3 Hubraum und 460 PS für Geschwindigkeiten bis 310 km/h.

pininfarina

Alfa Romeo wird 100 - Die Rückkehr des 8C und die Geburt von Brera und MiTo

Das neue Jahrhundert stand zunächst im Zeichen des Biscione, der Schlange im Emblem von Alfa Romeo. Die Fiat-Gruppe wollte, dass Alfa das Konzept von Kampfgeist, Leistung und Mailänder Identität noch besser umsetzte, auch im Hinblick auf die Hundertjahrfeier, die 2010 mit der Rückkehr der Firma nach Mailand gefeiert werden sollte. Dabei waren die Resultate im Rennsport sehr hilfreich, bei denen man in der Tradition des 155 fortfuhr. 2000 und 2001 gewann der 156 GTA den Europäischen SuperTourenwagen-Cup (STC). 2002 und 2003 holte Alfa den Titel in der Tourenwagen-Europameisterschaft (ETCC).

Das „cuore sportivo", das Sportlerherz, wie es im Slogan heißt, schlägt natürlich auch in den Serienautos. 2000 kam der 147 als Nachfolger der Modelle 145 und 146 heraus; 2003 der elegante GT Coupé von Bertone, 2004 der Crosswagon Q4, ein sportbetontes SUV, 2005 der gelungene 159, im darauffolgenden Jahr auch als Sportwagon Q4. Man brauchte dem 156 nicht nachzutrauern, denn der 159 nahm dank seines sportlichen Designs und seiner guten Ausstattung dessen Platz auf dem recht vollen Markt der Mittelklasselimousinen ein.

2005 war auch das Jahr des von Giugiaro entworfenen und von Pininfarina produzierten Brera, der aufgrund seiner muskulösen Form und seines aggressiven Looks faszinierte. Der Erbe des GTV zog viele mittlerweile verloren gegangene Alfa-Fahrer wieder an, ebenso wie der Spider von 2007, der auf dem Brera basierte und über ein Stoffverdeck wie ein klassisches Cabrio verfügte, im Gegensatz zu den damals üblichen versenkbaren Blechdächern.

Alfa Romeo erreichte das höchste Niveau mit dem 8C, der in Serie ging, nachdem ein Prototyp 2003 auf der Automesse in Frankfurt vorgestellt worden war und dort großen Erfolg gehabt hatte, obwohl der

280 und 281 Alfisti waren begeistert, als Anfang 2005 der Brera vorgestellt wurde. Der sportliche Wagen stand ganz in der Tradition der Marke, die sich Rennsport-Meriten lange vor Ferrari erworben hatte und seither für alltagstaugliche Sportwagen steht. Dieses elegante Modell ersetzte den GTV. Entsprechend gut war der Brera motorisiert, auch mit einem Turbodiesel mit fünf Zylindern, 2,4 Litern Hubraum und Common-Rail-Einspritzung.

282 oben Der Alfa Romeo MiTo, ein Wortspiel aus Mythos und der Kombination der Nummernschildkürzel von Mailand (Gründungsort der Marke) und Turin (Sitz des Mutterkonzerns Fiat). Mit ihm begann die neue Modelllinie – inspiriert vom 8C.

282-283 Ein echter Supersportwagen war der 8C Competizione. Der Name erinnerte an die unvergesslichen 8C 2300 und 2900 sowie an das Rennmodell 6C Competizione, mit dem Juan Manuel Fangio die Mille Miglia 1950 gewann. In einer Auflage von nur 500 Exemplaren erschien 2007 das neue Modell auf Basis des Maserati Coupé und mit einem von Ferrari stammenden V8 mit 4691 cm^3 Hubraum und 450 PS.

Name etwas unglücklich war. Er verwies auf eine Alfa-Ikone der 30er Jahre, aber dieser neue Sportwagen war eine gute Neuinterpretation der Geschichte der Mailänder Marke.

Die Front erinnerte an den unvergesslichen 33 Stradale, die Karosserie war aus kohlenstofffaserverstärktem Kunststoff hergestellt und unter der Haube saß ein mächtiger V8-Motor von Maserati mit 4,7 Litern Hubraum und 450 Pferdestärken. Das Auto bestach auch mit seiner harmonischen Form.

Mit dem 8C schlug Alfa Romeo einen neuen Kurs ein. 2008 ging daraus der MiTo hervor. Der Name bedeutet im Italiensichen Mythos, liest sich aber auch als die Abkürzung der beiden Städtenamen Milano und Torino. Das Design des Kompaktwagens erinnert an die Formen des 8C Competizione. Selbst das Einstiegsmodell zeigt eine Menge Sportlichkeit und Charakter und spricht so eine junge Kundschaft an, die sich vielleicht ansonsten eher für sportliche Wagen aus Deutschland interessieren würde und wenig weiß von der glorreichen Vergangenheit der Mailänder Marke.

Dann machte das Gerücht von einem neuen Alfa 149 die Runde, auch als Milano angekündigt. Am Ende sollte dann eine herrliche kompakte Limousine mit sportlichem Charakter und dem Namen des ersten Alfa dieser Art kommen: die Giulietta, dritte Generation.

100 Jahre Lancia und die Rückkehr des Delta

Auch für Lancia brachte der Jahrtausendwechsel die Wiederaufnahme einiger alter Serienmodelle. Ziel war es, eine breite und konkurrenzfähige Palette zu schaffen, die in der Lage war, die ausländischen Märkte zurückzuerobern, auf denen Lancia praktisch nicht vertreten war. 2002 kam der Thesis heraus, ein Hightech-Luxusauto mit einem durch LED-Rücklichter charakterisierten Heck. Außerdem erschien der Minivan Phedra, ein Nachkomme des Z und gut geeignet für lange Fahrten; er besaß, ganz in der Tradition der Marke, eine sehr gute Ausstattung.

Das darauffolgende Jahr war das des Ypsilon: Das Heck erinnerte an den Ardea, das Innere war wie immer sehr sorgfältig und exklusiv gestaltet, weswegen das Auto vor allem bei jungen Leuten und Frauen sehr beliebt war. 2004 erschien der kompakte Minivan Musa, der 2007 ein neues Styling bekam und der allgemeinen Markttendenz des multifunktionalen Autos mit geringen Außenabmessungen entsprach. Im Vergleich mit dem Idea von Fiat gewann der Musa bei der Innenausstattung und seinem Zubehör Pluspunkte.

2008 war auch das Jahr des neuen Delta – eine Mischung aus sportlicher Limousine, Minivan und Kombi und ein würdiger Ausdruck des neugefundenen Lancia-Kurses nach dem 100-jährigen Firmenjubiläum. Er durchbrach die traditionellen Schemata und stellte avantgardistische Formen zur Schau, die nichts mit den vorangegangenen Typen zu tun hatten – er hätte Firmengründer Vincenzo Lancia sicher gefallen.

284 oben Das Oberklassemodell Thesis stellte Lancia 2002 vor. Der überaus elegante Wagen ging auf die Studie Dialogos von 1998 zu-rück, musste aber ohne dessen hintere „Selbstmördertüren" auskommen und hatte auch ganz konventionell eine B-Säule.
284 unten Unkonventionell, originell in Formensprache und Proportionen, aber sehr elegant – nach guter alter Unternehmenstradition gestaltet kam 2008 der neue Lancia Delta.

285 Mit seinem glamourösen Auftritt setzte der Ypsilon 2003 die Tradition der außergewöhnlichen Lancia-Kleinwagen fort. In Stil und Ausstattung gehörte er freilich eigentlich in eine höhere Klasse.

Die Wiedergeburt des Fiat 500

Das neue Jahrtausend fing für die Fiat-Gruppe nicht unbedingt gut an: Sie befand sich 2002 aufs Neue in einer schweren Krise, der schwersten der Firmengeschichte. 2003 verstarb Gianni Agnelli und die Produktpalette litt unter der alten Konkurrenz aus Frankreich, Deutschland und Japan und neuerdings auch aus Korea. Die Umstrukturierung der Firma mit Luca Cordero di Montezemolo als Vorsitzendem, John Elkann als Vizepräsident und Sergio Marchionne als Geschäftsführer führte zu einer Rückbesinnung auf die fünf Marken, die in der Gruppe vereint waren.

Jede Marke besaß ihre individuelle Identität. Fiat war schon immer auf vielseitige Autos spezialisiert und vor allem auf kompkate Stadtflitzer. Lancia steht für Luxus und Avantgarde, Alfa Romeo für Sportlichkeit und Leistung. Das Auto wurde so wieder zum Kerngeschäft der Fiat-Gruppe.

In der Folge kam es zu Investitionen, die zu neuen Erfolgsmodellen führten und darüber hinaus zu einer größeren Aufmerksamkeit bei den aufstrebenden Märkten. Es kam auch zur Neuauflage des Weltautos Palio.

Den neuen Kurs begann man mit dem Panda, es folgten Croma, Grande Punto, Sedici und Bravo, dazu kamen der Hochdachkombi Doblò und der kompakte Minivan Idea. Alle Fahrzeuge wiesen gute Verkaufszahlen in Italien und in Europa auf.

Besonders großen Anklang aber fand der neue 500 aus dem Jahr 2007, genau 50 Jahre nachdem er in erster Generation erschienen und das italienische City-Auto par excellence geworden war. Der Fiat 500 hatte sich einer Schönheits-OP unterzogen, und mit der neuen Form wurde er regelrecht zum coolen Kultauto. Die alte spartanische Innenausstattung war einer neuen, sorgfältig gestalteten gewichen. Der Wagen stellte so eine gute Alternative zum Mini dar, auch weil er weniger kostete.

Der Erfolg reichte über die italienischen Grenzen hinaus und schon nach einem Jahr überstieg die Zahl der verkauften Exemplare 270.000 Stück. Im Jahr 2009 kam mit dem 500C noch eine Cabriolimousine dazu. Es war ein verdienter Erfolg für ein Auto, das gemeinsam mit dem beliebten und zuverlässigen Panda von 2003, mit dem Grande Punto aus dem Jahr 2005 und mit dem Bravo die Fiat-Gruppe auf den Erfolgsweg zurückführte.

Nicht vergessen sei an dieser Stelle auch der Croma, der nur als Kombi gebaut wurde und fast als Minivan gelten konnte. Er war ein sehr beliebtes Flottenauto, das sogar von englischen Taxiunternehmen eingesetzt wurde. Auch der Ulysse schaffte sich seinen Platz im Sortiment von Fiat, ebenso wie das kompakte Sport Utility Vehicle (SUV) Sedici, das gemeinsam mit Suzuki entwickelt worden war.

Zu guter Letzt sei noch der starke und stabile Geländewagen erwähnt, der sich am Iveco Massif orientierte und den Namen eines der Fiat-Gruppe lieben Fahrzeuges trug: Es war der Campagnola, kantig und unaufhaltsam, eine stilistische Evolution des 1951 vorgestellten und 1974 überarbeiteten Modells mit den entsprechenden technischen Updates.

286 unten links Dem Modetrend folgend stellte Fiat 2006 das in Kooperation mit Suzuki entwickelte SUV Sedici vor, das im ungarischen Werk des japanischen Herstellers gebaut wurde.

286 unten rechts 2007 erschien der neue Bravo, der sich in überzeugendem und originellem Design mit reicher Ausstattung und großzügiger Motorisierung als Benziner mit einem neuartigen Turbomotor namens T-Jet oder als Diesel präsentiert.

286-287 Der neue 500 ist ein beliebter Wagen mit ausgewogenem Konzept, der sich im ersten Produktionsjahr bereits 270.000 Mal verkaufte. Er vereint modernste Technik und Sicherheitskomponenten mit komfortabler Ausstattung.

287 unten links Der Grande Punto von 2005 in gefälliger und origineller Formgebung ist in verschiedenen Motorisierungen einschließlich einer Abarth-Version erhältlich.

287 unten rechts Der zweite Panda erschien 2003 und ersetzte das alte Modell, das gut 23 Jahre lang auf dem Markt gewesen war. Ebenso wie der neue Cinquecento wurde er in Polen gebaut.

Maserati und Lamborghini, das andere Gesicht der Traumautos „made in Italy“

Nachdem Maserati von Ferrari übernommen worden war, verordnete Luca di Montezemolo der Marke eine neue Produktpolitik. Die technische Unterstützung kam von Ferrari. Nach dem ersten Modell 3200 GT kamen 2001 und 2002 Spyder und Coupé mit einem V8-Motor mit 4,2 Litern Hubraum und 390 PS. Eine technische Besonderheit war das intelligente Fahrwerk, das sich sofort dem Fahrstil des Fahrers anpasste; in der Ausstattungsvariante Cambiocorsa gab es außerdem noch Formel-1-Gebtriebetechnik.

Der 3200 GT wurde bis 2001 produziert, 2005 kam der GranSport, der einen V8-Motor mit 4,2 Litern Hubraum und ein traditionelleres Heck als sein Vorgänger hatte. Aus dem Vorjahr dagegen stammte der MC12, vorgesehen für die FIA-GT-Meisterschaft und wegen der großen Nachfrage in 50 Exemplaren gebaut – 25 hätten für die Homologation gereicht. Er bot beste Technik von Ferrari und Maserati zu einem Stückpreis von 600.000 Euro. Er besaß ein Chassis aus Carbonfaser und Nomex sowie einen V12-Motor mit 5,6 Litern Hubraum und 660 PS, mit dem er 330 Stundenkilometer erreichte.

Aber die beiden Modelle, die 2007 den Wendepunkt markierten und den Erfolg zurückbrachten, waren der Quattroporte und der GranTurismo. Der Quattroporte war ein von Pininfarina entworfenes Prachtexemplar mit sportlichem und verführerischem Aussehen. Der Wagen war mit einem V8-Motor mit 4,2 Litern Hubraum und 400 PS ausgestattet. Ab 2007 gab es auch den Quattroporte DuoSelect mit Formel-1-Schaltwippen und den Automatica mit klassischem Automatikgetriebe sowie den Sport GT, der 2008 auch als GTS auf den Markt kam.

Der Gran Turismo von 2007 war zweifelsohne ein klassischer Maserati im besten Sinne. Das Modell ist nach wie vor im Programm. Der Entwurf von Pininfarina zollte der noblen Geschichte der Marke Anerkennung und nahm Bezug auf den A6GCS; seine Karosserie war sowohl sportlich als auch sinnlich. Harmonisch und doch bestimmt, verkörperte der Wagen aufs Beste das Konzept eines Gran Turismo, also superschnell, gleichzeitig aber bequem und aufgrund der ausgefeilten Elektronik an Bord komfortabel.

Dabei bot er Platz für vier Personen, mit einer Innenausstattung aus Leder und anderen hochwertigen Materialien. Der V8-Motor mit 4,2 Litern Hubraum brachte den Wagen ordentlich zum Laufen: Ohne Schwierigkeiten erreichte er 285 Stundenkilometer und dank seiner ausgeklügelten Technik und der idealen Gewichtsverteilung war er dabei äußerst angenehm zu fahren.

288-289 und 289 oben Mit einem Karosserieentwurf von Pininfarina, produziert von Touring, kam 2003 die fünfte Serie des Maserati Quattroporte heraus, ein sportliches und aggressives Modell. Das Fahrzeuginnere mit hochwertigen Ausstattungsdetails glich einem Salon. Der elegante Wagen bot einen V8-Motor mit 400 PS und eine Höchstgeschwindigkeit von 275 km/h.

DVD
Internet
AUX IN
iPod
USB

Auch Lamborghini blühte dank Audi wieder auf. Die Volkswagen-Gruppe hatte auch Bugatti aufgekauft und stellt den Veyron 16.4 mit Achtliter-16-Zylinder, 1001 PS und 407 Stundenkilometern Höchstgeschwindigkeit zu einem Preis von 1,1 Millionen Euro her. Lamborghini entwickelte 2001 einen Nachfolger des Diablo, den Murciélago. Hinter dem Design stecken Bertone und Audi-Designer Luc Donckerwolke. Besonderheiten: Scherentüren, Allradantrieb sowie ein Zwölfzylindermittelmotor mit 6,2 Litern Hubraum und 580 PS, der für 330 Stundenkilometer Spitze ausreicht.

2005 gab es den Murciélago auch als Roadster mit einem 640-PS-Triebwerk, es folgte der LP640, der einen längs eingebauten Mittelmotor hatte. 2003 kam der relativ kleine Gallardo heraus. Er stammte wieder von Luc Donckerwolke, diesmal in Zusammenarbeit mit Giugiaros Italdesign. Der Wagen war kompakter als der Murciélago und hatte einen V10-Motor mit fünf Litern Hubraum und 530 PS. 2005 erschien der Spider, zwei Jahre später der Superleggera, der nur 1420 Kilogramm wog, 2008 der LP 560-4 als Coupé und als Spider.

Die Stiermarke ist nun auf der ganzen Welt erfolgreich. Zunächst waren Lamborghinis wichtigster Absatzmarkt die USA, allein 30 Prozent der nach Übersee ausgelieferten Autos landeten in Südkalifornien. 2007 feierte man das Debüt des Reventón, benannt nach dem Stier, der 1943 den Torero Felix Guzmán getötet hatte. Der Wagen bestand aus Carbonfaser und war von den Formen und vom Cockpit eines Kampfflugzeuges inspiriert worden.

Er verfügte über 650 Pferdestärken, erreichte 340 Stundenkilometer bei einer Beschleunigung von 0 auf 100 Stundenkilometer in 3,4 Sekunden, besaß Carbon-Keramik-Bremsen, kostete eine Million Euro und es gab ihn nur 20-mal. Im folgenden Jahr wurde in Paris die Studie Estoque gezeigt, eine faszinierende Coupé-Limousine mit vier Türen und vier Plätzen.

Auch Pagani setzte das Abenteuer Superportwagenbau fort. 2007 brachte man den Zonda S7.3 heraus, mit einem 12-Zylinder-Motor von Mercedes-AMG mit 7,3 Litern Hubraum und 555 PS. Er war als Coupé oder

Roadster zu haben, in beiden Fällen mit einem Gewand aus Carbonfaser auf einem Gitterrohrrahmen aus Chrom-Molybdän-Stahl. Er wurde auch als F angeboten, mit 605 beziehungsweise 650 Pferdestärken in der Clubsport-Version, die Juan Manuel Fangio gewidmet war. Schließlich gab es den Typ R, der auf Anfrage für einen amerikanischen Kunden angefertigt und später für weitere sechs Käufer exklusiv nach deren Wünschen hergestellt wurde. Dieser straßenzugelassene Rennwagen besaß ein Fahrwerk aus Avional, einer hochfesten Aluminiumlegierung, und einen Tank, wie man ihn auch in Jets einbaut, er verfügte über 720 Pferdestärken, die ihn auf 420 Stundenkilometer beschleunigten.

290-291 Ausdrucksstark, sportlich und imposant: Der Lamborghini Murciélago von 2001 war das erste Modell, das unter der Führung von Audi entstand. Der Modellname führte die Tradition der Stiernamen fort. Der Wagen wartete mit bester deutscher Technologie auf: Hightech-Materialien, Allradantrieb und V12-Motor mit 6192 cm³ und 580 PS bei 330 km/h Höchstgeschwindigkeit. 2006 erschienen der Roadster und der LP 640, dessen Name den Längseinbau des Motors und die Leistung in PS bezeichnete.

291 oben 2003 kam der Lamborghini Gallardo, nach einem Entwurf des Designers Giugiaro von Italdesign. Dieses Modell war kompakter als der Murciélago und verzichtete auf die Scherentüren anderer Modelle. Der Motor hatte „nur" 10 Zylinder, einen Hubraum von 4961 cm³ und 530 PS; mit bester Straßenlage durch Allradantrieb wurden 315 km/h erzielt. 2005 erschien, zwei Jahre vor dem Superleggera, der Spyder, 2008 der LP 560-4 als Coupé und Spyder.

292-293 Ein Musterbeispiel für einen Gran Turismo: Der just so getaufte Maserati von 2007 ist ein schneller, komfortabler Wagen mit 405 PS für vier Personen, ideal sowohl für weite Strecken als auch für Spritztouren. Er und der Quattroporte führten Maserati wieder auf die Straße des Erfolgs.

294-295 Eine der Attraktionen beim Concorso d'Eleganza Villa d'Este im Jahr 2008 war der Touring Superleggera Maserati A8GCS, der Stilelemente des berühmten A6GCS der 50er Jahre wieder aufnahm und in einem auf Basis des aktuellen Gran Turismo entworfenen Coupé wieder aufleben ließ.

Fiat, Chrysler und ein Allrad-Ferrari

Montag, 15. September 2008: In den Vereinigten Staaten begann die weltweite Wirtschaftskrise. An diesem Montag erklärte die Investmentbank Lehman Brothers den Bankrott. Dem folgte der Fast-Bankrott der American International Group, einer multinationalen Versicherungsgruppe. Der Aktienmarkt geriet in Aufruhr, Staaten kamen in größte Schwierigkeiten und unzählige Menschen verloren ihre Vermögen – die Krise schwappte hinüber nach Europa und ließ die Bewohner der Alten Welt die negativen Folgen der Globalisierung spüren.

Betroffen war natürlich auch die Automobilindustrie, inklusive des Fiat-Konzerns, der am 30. April 2009 folgende Mitteilung veröffentlichte: „Fiat S.p.A und Chrysler LLC geben heute bekannt, dass sie die Vereinbarung zur Gründung einer strategischen Partnerschaft beschlossen haben." Fiat erwarb dazu einen großen Anteil an Chrysler – der immer größer wurde, wie der Chef des Unternehmens, Sergo Marchionne, im Jahr darauf einräumte. Das sollte sich als lebenswichtig für den italienischen Konzern erweisen.

In den ersten zwölf Jahren des 21. Jahrhunderts setzte Fiat mit aller Kraft auf die Entwicklung ganz neuer Modelle. Zwei Höhepunkte waren 2011 und 2012. Zuerst stellte der Konzern in Frankfurt den neuen Panda vor, im Jahr darauf in Peking den in China gebauten und dort vertriebenen Viaggio. 2011 wiederum wurde in Genf das SUV Freemont präsentiert.

Andere wichtige Modelle waren der 2009 lancierte Fiat 500 C mit Faltdach, dessen Weltpremiere in Genf zu erleben war, und im Jahr darauf der von Chrysler entwickelte und in Kalifornien gebaute 500 EV. Im März 2012 kam dann die nächste Entwicklungsstufe des 500ers. L steht für „large", also groß. Funktional und emotional sollte er werden, der kompakte Fünfsitzer, 4,14 Meter lang, 1,78 breit und 1,66 hoch.

Laut Fiat war es die Weiterentwicklung des „cab forward"-Designs, wie es schon am revolutionären 600 Multipla zu sehen gewesen war. Ein ganz eigener Stil und viel Persönlichkeit zeichnen den im serbischen Kragujevac gebauten 500L aus. Dazu kamen die Gene des 500, und so entstand eine ganz eigene Crossover-Lösung zwischen MPV und SUV.

Ferrari dagegen hatte dank der boomenden Märkte in Asien – und nicht zuletzt auch dank der nach wie vor wachsenden Märkte in Europa –

296-297 In Genf wird 2012 der Fiat 500L vorgestellt. Mit dem großen 500er, der in der modernen Fabrik im serbischen Kragujevac gebaut wird, schafft Fiat eine neue Dimension der Vielseitigkeit auf vier Rädern.

297 Einer für alle. Kleinwagen-Kompetenz, jahrzehntelange Erfahrung und Beliebtheit bei Jung und Alt demonstriert Fiat mit der Werbung für den Familien-500er.

ebenfalls aufregende neue Modelle lanciert. In Maranello war man selbst überwältigt vom Erfolg. Laut Ferrari war der Erfolg vor allem den Achtzylindermotoren zu verdanken, insbesondere aber dem neuen California 30, der seinen Namen dem Plus von 30 PS und dem Minus von 30 Kilogramm verdankte. Ebenfalls zum Erfolg beigetragen hatte der 458 Spider, der zum zweiten Mal in Folge den Titel des besten Sportwagenmotors nach Maranello geholt hatte.

Stolz ist Ferrari auch auf den FF. Für den F12 Berlinetta, den der Markt und die Presse gewünscht hatten, gab es zahlreiche Auszeichnungen, darunter den „Auto Bild"-Designpreis.

2009 wurde in Frankfurt der sagenhafte 458 Italia enthüllt – im Beisein von Ferrari-Chef Luca di Montezemolo und „mit dem Segen" von Michael Schumacher. Der Supersportwagen hat einen 570 PS starken V8 mit Direkteinspritzung, der das Gefährt in 3,4 Sekunden auf Tempo 100 und dann bis auf 325 Stundenkilometer beschleunigt. Am Steuer des Italia sei alles möglich, was auch mit einem Formel-1-Renner möglich sei, sagte Schumacher.

Der Nachfolger des 430 war von Pininfarina entworfen worden, ganz in der italienischen Tradition als stromlinienförmiges und aggressives Design. Die Kurven der Karosserie erinnerten an die schönsten Autos der Vergangenheit und kamen ganz ohne die harten Kanten aus, die heute so modern sind.

Montezemolo stand zwei Jahre später erneut im Rampenlicht, als er in Frankfurt den 458 Spider mit seinem versenkbaren Aluminium-Hardtop vorstellte. Die Heckscheibe des Roadsters dient als aerodynamisch effektives Windschott, das kom-

298-299 Michael Schumacher stellte den Ferrari 458 Italia 2009 in Frankfurt vor. Der 570 PS starke V8 mit Direkteinspritzung beschleunigt den Supersportler in weniger als 3,4 Sekunden von 0 auf 100 km/h.

fortables Fahren auch bei hohem Tempo mit offenem Dach gestattet. Der 570 PS starke 4,5-Liter-V8 ist preisgekrönt; das Doppelkupplungsgetriebe kommt aus der Formel 1. In 3,4 Sekunden sind 100 Stundenkilometer erreicht, und der Vortrieb endet erst bei 320 Stundenkilometern.

Und dann ist da noch der FF. Die beiden Lettern stehen für Ferrari Four: vier Sitze und vier angetriebene Räder. Richtig gelesen: Ferrari gab es jetzt auch mit Allradantrieb. Der FF ist in jeder Hinsicht anders als die übrigen Ferraris, aber mit seiner außergewöhnlichen Schönheit, seiner Alltagstauglichkeit dank vierer vollwertiger Sitze und eines Kofferraums, der den Namen auch verdient, und nicht zuletzt dank des Vierradantriebs, ist er tatsächlich ein noch großartigeres Auto. Die Leistungsdaten sprechen für sich: V12, 6,2 Liter Hubraum, 660 PS, von Null auf 100 Stundenkilometer in 3,7 Sekunden, 335 Stundenkilometer Höchstgeschwindigkeit.

2012 kam außerdem der F12 Berlinetta, der gegenüber dem 599 GTB um 70 Kilogramm leichter ist. Allein 60 davon gehen auf das Konto besonders leichter Materialien für Fahrgestell und Karosserie. Der Beschleunigungswert von 8,5 Sekunden – diesmal von Null gleich auf 200 – sagt alles über das Leistungsvermögen des mächtigen V12, der sagenhafte 740 PS lieferte.

2013 schließlich kam der LaFerrari, wieder mit reichlich Genmaterial aus der Formel 1, diesmal als Hybrid mit HY-KERS (Kinetic Energy Recovery System) zur Rückgewinnung der Bewegungsenergie und mit Kevlar-Chassis. Im August stellte Ferrari zudem den 458 Speciale vor, der auf dem 458 Italia basiert, aber auf 1405 Kilogramm abgespeckt wurde und dessen Motor nun 605 PS leistet.

Giulietta, Flavia, Thema: Die Vergangenheit kehrt zurück

Ganz neue Designschritte taten auch die beiden weiteren großen alten Marken unter dem Dach des Fiat-Konzerns. Bei Lancia etwa wurde die Chrysler-Connection besonders deutlich. Alfa Romeo besann sich erneut auf eine topmoderne Interpretation alter Werte – und Namen. Und dann gab es da plötzlich auch wieder Autos mit dem klangvollen Namen Abarth.

Lancia präsentierte 2009 einen überaus leistungsstarken Direkteinspritzer im Delta. 200 PS leistete der 1,8 Di Turbo Jet und gab sie über eine Sechsgangautomatik ab. Der Multijet-Diesel wurde auf 190 PS gebracht. Eine feine Mischung aus Leistung und Wirtschaftlichkeit brachte 2010 Turbomotoren für den Betrieb mit Autogas.

Im gleichen Jahr war in Genf zu sehen, was die Kooperation von Lancia und Chrysler gebracht hatte. Wiederum ein Jahr später gab es gleich drei Neuvorstellungen: Der neue Ypsilon kam zum 25. Geburtstag der Baureihe, von der bereits anderthalb Millionen Exemplare gebaut worden waren. Die vierte Generation ist eine feine Kombination aus Luxus, Hightech und Leistung auf lediglich 3,84 Metern Länge.

Zum ersten Mal gibt es nun einen Ypsilon mit vier Türen, ganz der aktuellen Mode entsprechend mit optisch geschickt verborgenen hinteren Türgriffen, die dem Wagen das Aussehen eines Dreitürers verleihen. Wie üblich lässt sich der Ypsilon in atemberaubender Vielfalt – sei es in Sachen Farben, in Sachen Ausstattungen oder in der Auswahl der Felgen – ganz persönlich zusammenstellen. Dazu kam das reichhaltige Angebot aus Lancias Zubehörprogramm.

Am anderen Ende der Skala rangiert der große Thema. Der Hecktriebler ging ursprünglich auf den markant gezeichneten Chrysler 300 zurück, ist allerdings vor allem beim luxuriösen Interieur und äußerlich in vielen Details ganz auf Lancia getrimmt. Der 5,08 Meter lange und 1,89 breite Thema wird mit einem 190 PS starken Dreiliter-V6 angeboten.

Mit Lancia-Outfit gibt es außerdem den Van Voyager, einen Bestseller aus dem Hause Chrysler. Der Siebensitzer misst 5,14 Meter in der Länge, 1,99 Meter in der Breite und 1,72 Meter in der Höhe.

Kommen wir zu Alfa Romeo. Immer wieder hatte es Gerüchte gegeben, VW wolle nach Lamborghini und Ducati auch den traditionsreichen Mailänder Autobauer übernehmen. Nach wie vor aber ist Alfa Teil des Fiat-Konzerns und 2009 gab es ein paar aufregende Neuheiten. So debütierte im März der 159 1750 TBi. Die Zahl 1750 erinnerte an den legendären Doppelnockenwellen-Vierzylinder, mit dem Alfa in den Sechzigerjahren den „Bertone" und den „Berlina" zu den sehr schnellen Autos ihrer Zeit machte.

Damals bereits sollte die magische Zahl an die legendären Rennwagen der 30er Jahre erinnern. Der 159 mit seinen 200 PS verkörperte in klassischer Weise die Eleganz der italienischen Schule gepaart mir rassiger Leistung.

Nach dem gleichen Rezept gebaut war der kompakte MiTo Quadrifoglie Verde, der in Frankfurt mit einem 170 PS starken 1,4-Liter-Multiair-Motor vorgestellt wurde. Mittlerweile steht das Leistungs-Etikett des grünen Kleeblatts auch für weniger umweltschädigende Technik.

300 Zum 25. der Edelkleinwagen-Baureihe kam 2011 der neue Lancia Ypsilon heraus. Erstmals gab es das erstklassig ausgestattete Auto nun auch mit vier Türen.

301 oben Abarth, gleichsam die „Rennabteilung“ von Fiat, macht dem Grande Punto Beine. Der Punto Evo kam 2009, der 2014 aktuelle Abarth Punto Supersport hat satte 180 PS.

301 unten Ein Fünftürer mit reichlich Persönlichkeit und Leistung: Mit der Giulietta hat Alfa Romeo einen traditionsreichen Namen für ein stets gepflegtes Fahrzeugkonzept reaktiviert: die sportliche Familienlimousine.

Echte Alfa-Tradition mit einem klangvollen alten Namen brachte dann 2010 der in Genf präsentierte Giulietta. Zum 100-jährigen Bestehen der Marke gab es erneut eine sportliche Familienlimousine nach dem erfolgreichen Muster jenes Autos, das in den Fünfzigerjahren Alfa erst zum echten Großserienhersteller feiner und flotter Automobile gemacht hatte.

Der Name erinnerte an jenen Vorläufer, der in den Fünfzigerjahren ein Traumwagen für beinahe jedermann war. Es war der erste familientaugliche kompakte Sportwagen mit vier Türen, der Alltagstauglichkeit und Komfort mit rasanten Fahrleistungen und raffiniertester Technik kombinierte.

Der neue Giulietta wurde im hauseigenen Designstudio Centro Stile entworfen. Es handelt sich um einen überaus agilen und komfortablen Fünftürer auf einer Kompaktwagen-Plattform. Motoren und Leistungsvermögen sind dem klangvollen Namen des legendären Vorgängers angemessen.

Auf der Plattform des Giulietta entstanden übrigens auch der für China entworfene Fiat Viaggio und der Chrysler Dart, der 2012 in Detroit präsentiert wurde. In jenem Jahr feierte man den 50. Geburtstag der Giulia, eines der wichtigsten Autos in der langen Geschichte Alfa Romeos, das noch heute als Paradebeispiel für die technische und gestalterische Kreativität des Hauses gilt.

Die Rückkehr der Marke in die USA war auch verbunden mit der Vorstellung des ultrasportlichen

4C. Die Studie wurde 2011 in Genf gezeigt und erregte gewaltiges Aufsehen. In seiner endgültigen und serienreifen Form stand der 4C dann 2013 in Detroit auf dem Podium.

Wieder im Rennen ist auch die legendäre sportliche Marke Abarth. Unter dem Zeichen des Skorpions entstehen auf Basis des neuen Fiat 500 aufregende Kreationen ganz im Stil der schnellen kleinen Abarths, die einst viel größere Renner das Fürchten gelehrt hatten.

Zahlreiche Spezialmodelle auf Basis des Fiat 500 und des Fiat Punto sind seither entstanden. Aktuell im Programm sind der Abarth 500/595, der Abarth Punto Scorpione und unter dem Motto „Driving on the edge" der 695 Biposto, ein Zweisitzer mit einem Übermaß an Renntechnik und dem ganzen Flair historischer wie moderner Rennwagen.

302-303 Als der 4C 2011 in Genf gezeigt wurde, hofften Alfisti in aller Welt, der knackige Sportler möge auch zu kaufen sein. Mittlerweile lässt sich der 4C zum Basispreis von etwas mehr als 50.000 Euro tatsächlich beim Alfa-Händler bestellen.

Maserati und Lamborghini: Volle Kraft voraus

Trotz weltweiter Krise war es den zwei Traditionsmarken ausgesprochen gutgegangen. Rekordstückzahlen und Rekordumsätze waren vor allem den blühenden fernöstlichen Märkten zu verdanken. Mittlerweile haben sowohl Lamborghini (2013) als auch Maserati (2014) ihren 50. Geburtstag gefeiert.

Wie Ferrari ist auch Maserati ein Quell der Freude für den Fiat-Konzern. Global ist die Marke gut aufgestellt. China, Hongkong und Taiwan, aber auch die USA sind dankbare Märkte für die Supersportwagen aus Modena. Ein wichtiges Datum war 2009, als in Frankfurt der GranCabrio vorgestellt wurde. Das erste viersitzige Cabrio der Firma rundete das Programm perfekt ab. 2010 kam der Quattroporte GT S „Awards Edition", und in Paris zeigte Maserati den MC Stradale, das bis dahin schnellste, leichteste und stärkste Geschoss der Firmengeschichte. Der vom MC Trofeo und den GT4-Modellen inspirierte Supersportler erreichte 300 Stundenkilometer und Tempo 100 binnen 4,6 Sekunden. Der 4,7-Liter-V8 leistete 450 PS, das Gewicht betrug mit 1770 Kilogramm 110 Kilo weniger als das des GranTurismo S. Die Sportversion, vorgestellt 2011 in Genf, bot das gleiche Leistungspotenzial.

Ganz neu ist Maseratis Einstieg in den Edel-SUV-Markt. Ebenfalls 2011 in Frankfurt wurde das Konzept Kubang präsentiert, mit dem auch völlig neue Motoren kamen. Als Levante soll der große Wagen nun 2015 an den Start gehen. Der Name erinnerte an die Via Emilia Levante, jene Straße in Bologna, an der die Brüder Maserati fast 100 Jahre zuvor ein Unternehmen mit ihrem Namen gegründet hatten. 2012 dokumentierten der GranTurismo MC Stradale und der GranCabrio MC die Evolution der Supersportwagen aus Modena. In Paris zeigte Maserati in jenem Jahr auch den neuen Viertürer mit dem traditionsreichen Namen Ghibli.

Groß gefeiert wurde auch das Firmenjubiläum Lamborghinis. 2013 wurde die Nobelmarke 50. Nur zwei Jahre zuvor war der aufsehenerregende Supersportwagen Aventador vorgestellt worden. Das Monocoque aus kohlefaserverstärktem Kunststoff trägt zum geringen Gewicht des Wagens bei, der mit 1575 Kilogramm 90 weniger auf die Waage bringt als der Murciélago.

Der längs eingebaute V12-Mittelmotor hat 6,5 Liter Hubraum und leistet 700 PS. Damit beschleunigt der Aventador in nur 2,9 Sekunden auf 100 und weiter bis auf 350 Stundenkilometer. Die Autobauer in Sant'Agata Bolognese erwiesen sich als so produktiv wie der Aven-

304-307 Und noch ein Kampfstier. Aventador hieß ein berühmtes Tier, das dem 2011 vorgestellten Lamborghini-Supersportwagen seinen Namen lieh. Der 6,5 Liter große, längs eingebaute V12 leistet 700 PS und treibt den Aventador mit seinem CFK-Monocoque auf 350 Stundenkilometer.

tador als attraktiv für die zahlungskräftige Kundschaft. Bereits nach 15 Monaten wurde der 1000. Wagen ausgeliefert. Für das erste Tausend Muciélagos hatte man noch fast die doppelte Zeit benötigt.

Einen weiteren Knüller zeigte Lamborghini 2012 mit dem Aventador J. Der basierte auf dem „normalen“ Aventador, kam aber ohne Dach und ohne Windschutzscheibe aus und hatte eine aggressiv gestaltete Karosserie. Im Herbst gab es dann in Paris den noch einmal erneuerten Gallardo zu sehen, das bis dato erfolgreichste Lamborghini-Modell.

Ihn löste 2014 der Huracán ab, der erneut einen Namen aus der Welt des Stierkampfs trägt. Huracán soll ein berühmter Kampfstier im 19. Jahrhundert gewesen sein. Den neuen Supersportwagen treibt der aus dem Gallardo bekannte V10 an. Er leistet 610 PS und erlaubt dem Huracán eine Höchstgeschwindigkeit von mehr als 325 Stundenkilometer. Den Sprint von 0 auf 100 Stundenkilometer soll er in 3,2 Sekunden schaffen, den auf Tempo 200 in 9,9 Sekunden. Der Huracán hat Allradantrieb und ein Siebengang-Doppelkupplungsgetriebe. Mit 1422 kg kommt er auf ein Leistungsgewicht von 2,33 kg/PS.

In Peking stellte Lamborghini 2012 außerdem den Urus vor, die Studie eines SUV auf der Basis der entsprechenden Modelle des VW-Konzerns wie Touareg und Porsche Cayenne. Vermutlich, um der für 2014 angekündigten konzerneigenen Nobel-Neuschöpfung aus dem Hause Bentley nicht allzu viel Konkurrenz zu machen, wurde die Markteinführung des Urus allerdings zunächst verschoben.

Anfang 2014 gab Fiat den endgültigen Zusammenschluss mit Chrysler bekannt. Fiat Chrysler Automobiles (FCA) heißt das Unternehmen nun. Der neue Konzern bringt Fiat, Alfa Romeo, Lancia, Maserati und Ferrari sowie Chrysler, Ram, Dodge, Jeep und den Teile- und Servicespezialisten Mopar unter ein Dach. In 158 Werken sowie 77 Forschungs- und Entwicklungszentren sind 225.000 Mitarbeiter beschäftigt.

Gemeinsame Entwicklung und Fertigung werden nun wohl noch verstärkt, wie das bereits bei Jeep und Fiat mit den Mini-SUV Jeep Renegade und Fiat 500X geschieht, beim Maserati-SUV mit Jeep-Allradtechnik und beim Jeep Cherokee auf der Basis des Dodge Dart respektive des Alfa Romeo Giulietta. Weiter gestärkt werden soll die Marke Alfa Romeo. Der im Herbst 2013 erschienene Sportwagen 4C und der mit Mazda entwickelte Spider, der 2015 auf den Markt kommt, sollen die Marke auch für den US-Markt fitter machen.

Es bleibt also spannend für die italienische globalisierte Automobilindustrie. Und ganz gleich, mit welchen Unternehmskonstellationen und Vermischungen einst ganz unterschiedlicher nationaler Industrien wir es noch zu tun bekommen werden: Noch stets haben es italienische Ingenieure und Designer vermocht, die Welt mit herausragenden Innovationen, mit viel Stil und Eleganz zu begeistern.

BILDNACHWEIS

S. 1, 2-3 Ron Kimball/ www.kimballstock.com
S. 4-5, 6-7, 8-9, 10-11 Fotostudio Zumbrunn
S. 13 mit freundlicher Genehmigung von Italdesign Giugiaro SpA
S. 14-15 Ron Kimball/ www.kimballstock.com
S. 16-17, 18-19 Fotostudio Zumbrunn
S. 20-21, 22-23 Ron Kimball/ www.kimballstock.com
S. 24-25 Rue des Archives
S. 26-27 Archivio pgmedia.it
S. 27 David Lees/Corbis
S. 28 mit freundlicher Genehmigung von Audi AG/Audi Media Services
S. 28-29 Bettmann/Corbis
S. 30-31 Mary Evans Picture Library
S. 31 Rue des Archives
S. 32-33 mit freundlicher Genehmigung von Fiat AutoPress
S. 33 links, 33 rechts Rue des Archives
S. 34, 34-35 Archivio Storico Fiat
S. 36-37 Rue des Archives
S. 37 oben, 37 unten Negri, Brescia/Corbis
S. 38-39 Fotostudio Zumbrunn
S. 39 mit freundlicher Genehmigung von Fiat AutoPress
S. 40-41 Mary Evans Picture Library
S. 42-43 Ron Kimball/ www.kimballstock.com
S. 43 Hulton-Deutsch Collection/Corbis
S. 44-45 Photoservice Electa/Akg Images
S. 45 Mary Evans Picture Library
S. 46-47, 47 Negri, Brescia/ Corbis
S. 48-49 Roger Viollet/Archivi Alinari, Florenz
S. 49 unten Mary Evans Picture Library
S. 49 unten Museo Nicolis
S. 50 oben Archivio Negri, Brescia
S. 50 unten Museo Nicolis
S. 50-51 Archivio Negri, Brescia
S. 52-53 Corbis
S. 53 Museo Nicolis
S. 54 links, 54 Archivo Storico Alfa Romeo
S. 54-55 John Lamm/Transtock/Corbis
S. 56 oben, 56 unten mit freundlicher Genehmigung des Automobile Club Turin
S. 56-57 Hulton Archive/Getty Images
S. 58 National Motor Museum
S. 58-59 Corbis
S. 60 Roger Viollet/Archivi Alinari, Florenz
S. 61, 62-63 Hulton-Deutsch Collection/Corbis
S. 63 oben, 63 unten Rue des Archives
S. 65 Archivio Storico Fiat
S. 66-67 Bettmann/Corbis
S. 67 oben, 67 Mitte, 67 unten Museo Nicolis
S. 68, 68-69 Andrea Jemolo/Corbis
S. 70-71, 71 oben, 71 unten Archivi Alinari, Florenz
S. 72 Rue des Archives
S. 73 oben Archivio Negri, Brescia
S. 73 unten Museo Nicolis
S. 74, 74-75 Fotostudio Zumbrunn
S. 76 oben Ricordi & C. SpA
S. 76 unten Foto Archivio Cassetta
S. 77 oben Ricordi & C. SpA
S. 77 unten Foto Archivio Cassetta
S. 78-79 Fotostudio Zumbrunn
S. 80 Fox Photos/Getty Images
S. 80-81, 81 links, 81 rechts Rue des Archives
S. 82 Archivio Storico Fiat
S. 82-83 Museo Nicolis
S. 84 oben, 84 Mitte, 84 unten, 84-85 Fotostudio Zumbrunn
S. 86 mit freundlicher Genehmigung von Fiat AutoPress
S. 87 DeA Picture Library, mit Genehmigung von Alinari
S. 88-89 Fotostudio Zumbrunn
S. 90 oben Ist. Luce/Gestione Archivi Alinari, Florenz
S. 90 unten National Motor Museum
S. 90-91 FarabolaFoto
S. 91 Photoshot
S. 92 Rue des Archives
S. 93, 94-95, 96 Fotostudio Zumbrunn
S. 96-97 Klemantaski Collecion/Getty Images
S. 96 Photoservice Electa/Akg Images
S. 98-99 Ron Kimball/ www.kimballstock.com
S. 99 Publifoto/LaPresse
S. 100 National Motor Museum
S. 101, 102 mit freundlicher Genehmigung von Fiat AutoPress
S. 103 Mary Evans Picture Library
S. 104 Archivio Storico Fiat
S. 105 Alfred Eisenstaedt/Time & Life Pictures/Getty Images
S. 106, 106-107, 108-109, 110-111, 112-113, 113, 114-115, 115 links, 115 rechts Fotostudio Zumbrunn
S. 116 DeA Picture Library, mit Genehmigung von Alinari
S. 116-117 Fotostudio Zumbrunn
S. 118-119 Ron Kimball/ www.kimballstock.com
S. 120-121 Bettmann/Corbis
S. 121 Sante Lusuardi/Ferrari SpA
S. 122-123, 124-125, 125, 126-127 Fotostudio Zumbrunn
S. 128 Farabolafoto
S. 129 mit freundlicher Genehmigung von Zagato
S. 130 Farabolafoto
S. 131 Roger Viollet/Archivi Alinari, Florenz
S. 132 oben, 132 unten, 133 Farabolafoto
S. 134-135 Fotostudio Zumbrunn
S. 136 Farabolafoto
S. 136-137 Bettmann/Corbis
S. 138 Fotostudio Zumbrunn
S. 138-139 ANSA/Corbis
S. 140-141, 141 Fotostudio Zumbrunn
S. 142, 142-143 Ferrari SpA
S. 143 Zincografia Modenese/ Ferrari SpA
S. 144 Fotostudio Zumbrunn
S. 145 oben Hulton Archive/Getty Images
S. 145 unten, 146-147, 148-149, 150-151, 152-153 Fotostudio Zumbrunn
S. 154 oben Archivio Storico Fiat
S. 154 unten LaPresse
S. 155 Farabolafoto
S. 156 mit freundlicher Genehmigung von Fiat AutoPress
S. 156-157 Fotostudio Zumbrunn
S. 157, 158-159, 160 oben mit freundlicher Genehmigung von Fiat AutoPress
S. 160 unten National Motor Museum
S. 161, 162 oben, 162 unten mit freundlicher Genehmigung von Fiat AutoPress
S. 163 Photoservice Electa/Akg Images
S. 164 Farabolafoto
S. 164-165, 166-167 Fotostudio

Zumbrunn
S. 167 mit freundlicher Genehmigung von Fiat AutoPress
S. 168-169, 169 Foto Archivio Cassetta
S. 170 DeA Picture Library, mit Genehmigung von Alinari
S. 170-171 Fotostudio Zumbrunn
S. 172 oben mit freundlicher Genehmigung von Fiat AutoPress
S. 172 unten Fotostudio Zumbrunn
S. 173 mit freundlicher Genehmigung von Fiat AutoPress
S. 174 oben Silvio Durante/LaPresse
S. 174 unten Foto Archivio Cassetta
S. 175 oben Silvio Durante/LaPresse
S. 175 unten Car Culture/Getty Images
S. 176 Farabolafoto
S. 176-177 mit freundlicher Genehmigung von Fiat AutoPress
S. 177 Bettmann/Corbis
S. 178, 178-179, 179 Farabolafoto
S. 180 links, 180 rechts, 180-181 Fotostudio Zumbrunn
S. 181 Farabolafoto
S. 182 oben LaPresse
S. 182 unten Bettmann/Corbis
S. 182-183 Farabolafoto
S. 184 mit freundlicher Genehmigung von Fiat AutoPress
S. 184-185 Fotostudio Zumbrunn
S. 186-187 Fotostudio Zumbrunn
S. 188, 189 Farabolafoto
S. 190, 190-191 mit freundlicher Genehmigung von Fiat AutoPress
S. 192 oben, 192 unten, 192-193, 193 unten mit freundlicher Genehmigung von Italdesign, Giugiaro SpA
S. 194-195 Ron Kimball/ www.kimballstock.com
S. 196 oben, 196 unten Farabolafoto
S. 196-197 Ron Kimball/ www.kimballstock.com
S. 198-199 Fotostudio Zumbrunn
S. 200 oben, 200 Mitte Ferrari SpA
S. 200-201, 202, 202-203 Fotostudio Zumbrunn
S. 203 Klemantaski Collecion/Getty Images
S. 204-205 Ron Kimball/ www.kimballstock.com
S. 206 Mike McLaren/Central Press/Hulton Archive/Getty Images
S. 206-207 Oleksiy Maksymenko/Photolibrary Group
S. 207 Hulton Archive/Getty Images
S. 208 Ron Kimball/ www.kimballstock.com
S. 208-209, 210-211, 211 Fotostudio Zumbrunn
S. 212-213 oben mit freundlicher Genehmigung des Comitato ISO Millenium, Bresso
S. 212-213 Ron Kimball/ www.kimballstock.com
S. 214 mit freundlicher Genehmigung von Fiat AutoPress
S. 214-215, 215, 216-217 Fotostudio Zumbrunn
S. 218-219 Ron Kimball/ www.kimballstock.com
S. 219 Everett Collection/Contrasto
S. 220 oben, 220 unten, 220-221 David Lees/Time & Life Pictures/Getty Images
S. 222-223, 223 mit freundlicher Genehmigung von Fiat AutoPress
S. 224 LaPresse
S. 224-225 Foto Archivio Cassetta
S. 225 LaPresse
S. 226 Bettmann/Corbis
S. 226-227 Allsport UK/Allsport/ Getty Images
S. 227 Schlegelmilch/Corbis
S. 228, 229 mit freundlicher Genehmigung von Fiat AutoPress
S. 228-229 Michael Steele/Getty Images
S. 230-231 Ron Kimball/ www.kimballstock.com
S. 232 links, 232 rechts, 233 links, 233 rechts mit freundlicher Genehmigung von Fiat AutoPress
S. 234-235, 236-237, 238-239 Ron Kimball/www.kimballstock.com
S. 240, 241 oben, 241 unten mit freundlicher Genehmigung von Italdesign Giugiaro SpA
S. 242 oben, 242 unten, 242-243, 244-245, 245 oben, 245 Mitte, 245 unten, 246 oben, 246-247, 247 mit freundlicher Genehmigung von Fiat AutoPress
S. 248-249, 249 Maserati SpA
S. 250, 250-251, 251 mit freundlicher Genehmigung von Italdesign Giugiaro SpA
S. 252, 252-253 Ron Kimball/ www.kimballstock.com
S. 254-255, 256-257 Fotostudio Zumbrunn
S. 258-259, 260-261 Ron Kimball/ www.kimballstock.com
S. 262 oben Farabolafoto
S. 262 unten Mark Thompson/ Allsport/Getty Images
S. 262-263 Schlegelmilch/Corbis
S. 264, 264-265, 265 mit freundlicher Genehmigung von Fiat AutoPress
S. 266-267 Ron Kimball/ www.kimballstock.com
S. 268, 269 mit freundlicher Genehmigung von Fiat AutoPress
S. 270 oben Mark Thompson/Getty Images
S. 270 unten, 270-271 Schlegelmilch/Corbis
S. 272-273 Clive Rose/Getty Images
S. 273 oben STR/epa/Corbis
S. 273 unten Schlegelmilch/Corbis
S. 274-275, 276-277, 278-279 Ron Kimball/www.kimballstock.com
S. 280 mit freundlicher Genehmigung von Italdesign Giugiaro SpA
S. 280-281 mit freundlicher Genehmigung von Fiat AutoPress
S. 281 mit freundlicher Genehmigung von Italdesign Giugiaro SpA
S. 282, 282-283, 284 oben, 284 unten, 285, 286-287 mit freundlicher Genehmigung von Fiat AutoPress
S. 288-289, 289 Maserati SpA
S. 290-291, 291 Ron Kimball/ www.kimballstock.com
S. 292-293 Maserati SpA
S. 294-295 mit freundlicher Genehmigung von Touring Superleggera Srl
S. 296, 297 mit freundlicher Genehmigung von Fiat AutoPress
S. 298, 299 Ron Kimball/ www.kimballstock.com
S. 300, 301 oben, 301 unten, 302-303 mit freundlicher Genehmigung von Fiat AutoPress
S. 304-305, 306-307 Ron Kimball/ www.kimballstock.com
S. 312 National Motor Museum
Hintere Umschlagseite: National Motor Museum

AUTOREN

Giorgetto Giugiaro ist einer der berühmtesten italienischen Designer. Internationale Anerkennung erfuhr er vor allem für seine bahnbrechenden Entwürfe für die Automobilindustrie. Er hat exklusive Sportwagen ebenso gezeichnet wie Allerweltsautos. Seine Meisterstücke heißen Alfa Giulia Sprint GT, Ferrari 250 GT, Fiat Panda und VW Golf I. 1999 wurde er zum „Car Designer oft he Century" gewählt.

Enzo Rizzo ist stellvertretender Direktor der Zeitschriften *Monsieur* und *Spirito di Vino*. Seit 1992 schreibt er über Autos und hat seitdem für zahlreiche Fachzeitschriften und Verlage publiziert.

BIBLIOGRAPHIE

Valerio Castronovo, *Agnelli*, Ed. Utet

Griffith Borgeson, *Alfa Romeo, i creatori della leggenda*, Giorgio Nada Editore

Larry Edsal, *Auto e design, i maestri dello stile*, Edizioni White Star

Giuseppe Guzzardi, Enzo Rizzo, *Cabriolet*, Edizioni White Star

Giuseppe Guzzardi, Enzo Rizzo, *Cento anni di automobilismo sportivo*, Edizioni White Star

Giorgio Mori, *Il capitalismo industriale in Italia*, Ed. Editori Riuniti

L'auto 2007, sintesi statistica anni 1998-2007, UNRAE (Italian National Union of Foreign Car Representatives)

Alberto Bellucci, *L'automobile italiana dal 1918 al 1943*, Ed. Laterza

O. Sessa, A. Bruni, M. Clarke, F. Paolini, F. Manzoni *L'automobile italiana, tutti i modelli dalle origini a oggi* Giunti Editore

Valerio Castronovo, *L'industria italiana dall'800 a oggi*, Ed. Mondatori

AA.VV., *L'industria italiana nel mercato mondiale dalla fine dell'800 alla metà del 900*, Fiat historic archives

Museum of Modern and Contemporary Art of Trento and Rovereto, *Mitomacchina, il design dell'automobile: storia, tecnologia, futuro*, Skira Editore

Quattroruote, various issues, Ed. Domus

Tutte le Alfa Romeo, 1910-2000, Editoriale Domus

Tutte le Fiat, 1899-2000, Editoriale Domus

Tutte le Lancia, 1907-2002, Editoriale Domus

Tutto Ferrari, la prima raccolta di tutti i modelli Ferrari, Mondadori

DANKSAGUNG

Der Herausgeber dankt allen, die an der Entstehung dieses Werkes beteiligt waren: Lorenza Cappello und Umberto Gorio – Italdesign – Giugiaro Spa; Paolo di Taranto – Zagato; Gianni Cattaneo – Archivio Automobile Club di Milano – Autodromo Nazionale Monza; Matthias Enzinger – Audi AG – Audi Media Services; Alessandro Brioschi – Comitato Iso Millennium – Bresso; Uberto Pietra – Carrozzeria Touring Superleggera SRL; Fiat AutoPress; Automobile Club Torino

IMPRESSUM

HEEL Verlag GmbH
Gut Pottscheidt
53639 Königswinter
Telefon 02223 9230-0
Telefax 02223 923013
info@heel-verlag.de
www.heel-verlag.de

www.whitestar.it, www.deagostini.it
original English title: Legendary Italian Cars
Texte: Enzo Rizzo
Vorwort: Giorgetto Giugiaro
Project editor: Valeria Manferto De Fabianis
Editorial coordination: Laura Accomazzo, Giorgia Raineri
Grafikdesign: Maria Cucchi
Übersetzung: Giuseppe Tricarico, Berlin
und Dipl.-Ing. Maren Paetzold, Celle
Lektorat: Andy Hajenski
Titelfoto: © Ron Kimball/Kimball Stock

Printed in China
ISBN 978-3-86852-989-0

312 Sympathisch, praktisch, sparsam und längst eine Stilikone – der Cinquecento erschien 1957 und wurde bis 1975 gebaut. Der aktuelle 500er erinnert in seiner Formgebung stark an den knuffigen Kleinwagen.